《广州大典》普及书系

主编　陈建华

晚清「新学风」的倡导者

陈澧作品选读

李绪柏◎编著

广州新华出版发行集团
广州出版社

图书在版编目（CIP）数据

晚清“新学风”的倡导者：陈澧作品选读 / 李绪柏编著. —广州：广州出版社，2020.12

（《广州大典》普及书系 / 陈建华主编）

ISBN 978-7-5462-3148-8

Ⅰ. ①晚…　Ⅱ. ①李…　Ⅲ. ①陈澧（1810—1882）—文集　Ⅳ. ①C53

中国版本图书馆CIP数据核字（2020）第235565号

书　　名　晚清“新学风”的倡导者：陈澧作品选读
Wanqing Xinxuefeng De Changdaozhe：Chen li Zuopin Xuandu
出版发行　广州出版社
（地址：广州市天河区天润路87号9、10楼　邮政编码：510635
网址：www.gzcbs.com.cn）
出 品 人　柳宗慧
责任编辑　潘孟良　刘雅丽
责任校对　周卫思
装帧设计　肖晓文
印刷单位　佛山市浩文彩色印刷有限公司
（地址：佛山市南海区狮山科技工业园A区　电话：0757-88368558
邮编：528225）
规　　格　787 mm × 1092 mm　1/16
印　　张　21
字　　数　420千
版　　次　2020年12月第1版
印　　次　2020年12月第1次
书　　号　ISBN 978-7-5462-3148-8
定　　价　63.00元

《广州大典》普及书系编辑委员会

关于“广府名人读本”系列编选出版的几点说明

一、本书属于《广州大典》普及书系“广府名人读本”系列；

二、“广府名人读本”系列作为《广州大典》普及书系的开篇，将分为若干辑出版，成熟一辑，出版一辑；

三、因书系以《广州大典》所收文献为编选基础，故个人著述不存世或存世稀少者不纳入“广府名人读本”系列；

四、考虑到《广州大典》（民国篇）正在编纂和不少近代广府名人著述活动时段跨越清末民初的实际情况，“广府名人读本”系列会适当拓宽选录范围。

《广州大典》普及书系
出版前言

广州自古以来就是岭南地区的政治、经济、文化中心，是首批国家历史文化名城。自秦始皇三十三年（前214年）广州建城，至今已有2200余年，大量珍贵的地方文献翔实地反映了广州文化不断发展、不断繁荣的悠久历程。

《广州大典》是由中共广州市委宣传部、广东省文化厅策划并组织研究编纂，旨在系统搜集整理和抢救保护广州文献典籍、传播广州历史文化的大型地方文献丛书，是千年羊城的“根”和“魂”。《广州大典》收录文献的时间范围截至1911年（个别门类的时限延至民国），地域范围包括清代中期广州府所辖南海、番禺、顺德、东莞、从化、龙门、增城、新会、香山、三水、新宁、新安、清远、花县以及香港、澳门、佛冈、赤溪，内容范围包括广州人士（含寓贤）著述、有关广州历史文化的著述及广州版丛书，依经、史、子、集、丛五部分类，共计收录文献4064种，编成520册，于2015年出版。2019年，《广州大典·曲类》专辑单行出版，共计收录文献1589种，编成43册。

为贯彻落实习近平总书记关于让书写在古籍里的文字活起来、推动优秀传统文化的创造性转化和创新性发展，以及要把优秀传统文化的精神标识提炼出来、展示出来，把优秀传统文化中具有当代价值、世界意义的文化精髓提炼出来、展示出来等指示精神，开发利用《广州大典》这一广州历史文献宝库，广州大典研究中心、广州出版社有限公司决定联合编纂出版《广州大典》普及书系，努力将书系打造成集学术性、知识性和可读性于一体的优秀出版物。

书系以《广州大典》为文献基础（可根据实际情况，适当拓宽选录范围），组织一批专家学者从《广州大典》中精选最具代表性、最具可读性、对当代读者有一定借鉴价值的文献，进行普及性的内容整理、发掘，形成《广州大典》普及书系。书系按年分辑来出版，拟分为广府名人读本系列、地方风物读本系列、地方游记读本系列、西学东渐读本系列、小说读本系列、戏曲曲艺读本系列等。书系每种读本均将尽量吸收、反映学术界最新研究成果。每种读本均包括导读、代表性作品选编（含注释、翻译、评析或解题、延伸阅读等）和相关资料附录，作者均为学有专长、研究有素的专家学者。每种读本均力求做到图文并茂、雅俗共赏。因此，《广州大典》普及书系可视作《广州大典》的延伸，且与《岭南文库》的延伸《岭南文化知识书系》《广东历史文化名人丛书》等普及性读物，既桴鼓相应，又各具匠心，可谓和而不同、美美与共。

民族复兴，以文化传承、文化创新为重，既需要薪火相传、代代守护，又要与时俱进、推陈出新。《广州大典》普及书系既是一项重要的文化普及工程，又是一项推动城市文化综合实力出新出彩的切实举措。

食髓知味，小书不小。我们相信，书系的陆续出版，将充分展示广州深厚的历史文化底蕴，擦亮广州历史文化品牌，并有助于中华优秀文化的传承和发展。

《广州大典》普及书系编辑委员会

目录

导读

科举考试的失意者

陈澧像

“论中国近代学术史者一般认为，在清代末期，广东的学术有卓越的成就。当时广东的几位学者，在著述方面有重要的贡献，在教育方面造就了许多人才，他们是学术的大师，也是教育上的人师。”① 而陈澧无疑是其中最典型、最为杰出的代表人物之一。

陈澧，字兰甫，一字兰蒲。清嘉庆十五年二月十九日（1810年3月23日）出生于广州城南木排头旧宅。旧宅东面有一书塾，陈澧数十年读书于此，遂取以为号，后人称其为“东塾先生”。

陈澧先世居江苏上元县。上元县后并入江宁县，即今南京市。清乾隆年间，其祖父迁广东，遂入番禺籍。所以陈澧后来一再自称“先世江南上元人”“先世本金陵人”，自署“钟山陈澧”，即指此。

陈澧7岁入私塾读书。前后换过几位老师，授读《论语》《大学》《中庸》《孟子》《左传》等，并学习作诗及时文。在当时，时文指为应付科举考试的八股文章，又称制艺、帖括。幼年陈澧聪明颖慧，读书颇为

① 陈之迈：《陈兰甫先生的家风》，载许衍董总编纂《广东文征续编》第四册，广东文征编印委员会，1988，第396页。

用功，常得到父亲的夸奖。但每每苦于记忆力不好，所以陈澧只好以勤补拙，用加倍的努力来弥补记忆力差的缺陷。他一生勤于做读书札记，抄录批注，这都与自小养成的习惯有密切的关系。

陈澧10岁丧父，5年后，哥哥陈清又突然离世。短短几年内，父兄相继去世，家庭接连遭受不幸，这些突如其来的变故，多少会促使一个才刚刚懂事的少年，变得成熟起来。

时光一年年流逝，陈澧所读之书越来越多，内容也越来越深。很快地，他将面临当时青年士子的必经之路——科举考试。

清代科举考试分童试、乡试、会试（包括殿试）三级。其中童试又分为县试、府试和院试三个阶段，有一套烦琐复杂的考试程序。清朝沿袭明朝科举考试制度，称院试录取的人为生员，俗称秀才；乡试录取的称为举人；会试（包括殿试）录取的称为进士。童试三年内举行两次，乡试、会试均每三年举行一次。

道光三年（1823）冬，陈澧14岁，参加县试。第二年又参加府试，取第八名。县试、府试可以说一路顺利通过。但他在参加院试时，因不小心将墨渍污卷，未能被录取，院试失败。

陈澧17岁第二次参加院试，为督学翁心存考取为县附学生员。翁心存十分赏识陈澧，命其入粤秀书院就读。至此，陈澧正式结束了11年的私塾读书生活，转入更高级的学府深造。

陈澧像

粤秀书院位于广州城中，是清代广东最著名的书院，也是培养科举人才的最高学府。书院校舍建筑气势宏敞，经费充裕，规章制度肃正，是士子读书求学的理想之所。能够跻身著名学府，在如此理想的优雅环境中拜师求学，对陈澧来说，当然是梦寐以求的事情。陈澧入院就读时，与同学杨荣绪、卢同伯、桂文燿为友，极受院长陈钟麟赏誉，时有“杨陈卢桂”之称，号为“粤秀四俊”。

陈澧在粤秀书院就读前后长达 5 年。在此期间，他主要的活动为读书、求学、交友，而温习功课准备参加乡试则是其最主要目的。道光八年（1828），陈澧19岁，第一次参加乡试失败。道光十一年（1831），陈澧22岁，第二次乡试又不中。乡试是科举考试全过程中最难的一级，因为在清代，各省应试的考生数量往往大大超过所规定的录取人数。在清代笔记小说中，描写年过花甲的老秀才久困场屋未能中举的故事比比皆是，甚至有80余岁、90余岁还在参加乡试者。

道光十二年（1832），陈澧第三次参加乡试，终于考中第十八名举人。乡试中举后，自然也就结束了在粤秀书院的读书生活。他的当务之急，就是准备参加第二年春天在京师举行的会试。

所谓会试，就是全国举人集中会考。清代会试地点在京城，即今北京，每三年一科，在乡试的第二年春天举行，这是正科。若遇皇帝即位及皇室庆典加科，则称为恩科。由于会试在春天举行，因此称其为“春闱”，又由于会试由礼部主持，故又称其为“礼闱”。

道光十三年（1833），陈澧第一次入京参加会试，结果是落榜下第，以失败告终。以后一连五次参加会试，均名落孙山，金榜无名。咸丰二年（1852），陈澧抱着侥幸心理，又北上参加恩科会试，仍以落第告终。这是他第七次也是最后一次参加会试，从此绝意科举功名，以教书著述终生，足迹未出岭南一步。

陈澧从14岁开始，四次参加童试，三次参加乡试，七次参加会试，一直考到43岁为止，终未能考中进士，金榜题名，实现一生最大的心愿。他在漫长的科举考试征途上摸爬滚打了近30年，耗费了无数的精力和宝贵的光阴，可谓历尽坎坷曲折，饱尝辛酸苦涩。因此，他对科举考试制度的弊病有切身体会。他后来说："天下人才败坏，大半由于举业。"[①]这是他对科举制度发出的沉痛声讨。

学海堂的后起之秀

陈澧在科举考试上无疑是一个失败者。但他在学术著述方面却取得了骄人的成就，是一位成功者。他的成功，与阮元及学海堂有密切的关系。

清代学术以训诂考据为主流。因训诂考据主要师法汉代学者，故称为"汉学"；又因学风严谨朴实，故称为"朴学"。乾嘉时期，朴学的发展到达鼎盛阶段，史称"乾嘉学术"或"乾嘉学派"。广东是白沙学派的故乡，理学氛围十分浓郁，加上地理位置偏僻，与中原、江浙等文化发达地区阻隔，很少受到朴学风气的浸染，学术界比较寂寞、冷清。直到阮元来了以后，这种局面才彻底改变。

阮元像

阮元，字伯元，号芸台。江苏仪征（今扬州）人。乾隆进士。历官至湖广、两广、云贵总督。晚年入京，为体仁阁大学士，卒谥文达。阮元学问渊博，造诣精深，著述宏富。最为可贵的是，他每到一地做官，都提倡学问，兴建学校，奖掖人才，整理典籍，刊刻图书，被誉为一代学界泰斗。嘉庆、道光之际，阮元调任两广总督。任期内，他在学术文化方面所采取的最重要的举

① 陈澧：《东塾集》卷四《与胡伯蓟书》，光绪十八年刻本，第27页。

措，就是在广州粤秀山创建学海堂，这是近代广东学术、文化、教育史上的一件大事，影响十分深远。

学海堂是一所与旧式书院性质完全不同的新型书院。清代书院虽然体系发达，数量很多，但与宋、元、明书院不同，清代书院被纳入了科举考试的范畴，不再为学者聚徒自由讲学之所，而是沦为科举制度的附庸。乾嘉时期朴学虽然繁荣，发展达到鼎盛，但全国所有的学校和书院都为了应付科举考试，局限于讲授八股时文，与朴学宗旨格格不入。为了扭转这种局面，培养、造就朴学人才，嘉庆中期，阮元在任浙江巡抚时，首先在杭州孤山创建诂经精舍，聘请名儒教授，不考八股时文，专门考经史辞章。该书院成为清代第一所专门培养朴学人才的新式书院。

阮元来到广州后，发现广东学术界不研治朴学，于是首先仿照诂经精舍规制，创建学海堂，考经史辞章，提倡朴学。后又通过纂修《广东通志》和辑刊《皇清经解》等途径，提拔、延揽了一批知名之士和人才。这些人团结、聚集在学海堂周围，形成颇具规模的文化群体，成为广东朴学的中坚骨干力量。

学海堂不仅有独立的校舍和充裕的经费，还有完备、严密的规章制度。例如，规定每年春、夏、秋、冬举行四季考课，选定八位学长共同主持出题、阅卷等考试事宜，考生成绩优异者给予奖励，定期结集出版历年优秀课卷，等等。这些有力措施和运行机制，使得学海堂生机勃勃，长盛不衰。在阮元的大力倡导和精心培养之下，广东学风有所改变，考订校雠训诂之学蔚然兴起，一改寂寞冷清的学术局面，赶上了时代的潮流。

嘉庆末年阮元到任两广总督时，陈澧才8岁，正在私塾读书。陈澧参加学海堂考试时，阮元早已离开广州，调任云贵总督。所以陈澧实际上并未亲身受到阮元教诲，只能算是他的再传弟子。

受时代风气的影响，陈澧也是积极参加学海堂考试的年轻学子之一，由于文章才华出众，逐渐受到学海堂几位学长的赏识和器重，声名显现。

道光十四年（1834），学海堂有一项重大举措，即创设学海堂专课肄业生制度。所谓专课肄业生，即学长推荐成绩优异、品行端洁的学生，每人从《十三经注疏》《史记》《汉书》《文选》《杜诗》《昌黎先生集》《朱子大全集》等书中自选一种，作为专业。专课肄业生从八位学长中自主择师一人，向其专门请教，学长尽心辅导。显然，专课肄业生制度类似现代研究生培养制度，带有恢复古代书院自由讲学、独立研究、探讨发明等优良传统的倾向。比起之前学海堂单纯的四季考课来说，这无疑是向前推进了一大步。这一制度直接培养、造就了一批高水平的专门人才，使之成为日后广东朴学队伍的新生后备力量。

首届公举专课肄业生10名，包括陈澧、朱次琦、李能定、侯度、金锡龄等学子，他们都是经过严格的标准和程序挑选出来的佼佼者。专课肄业生每人每月获资助白银二两，后因经费来源中断，专课肄业生仅招收了一届，便自行停止。

虽然是昙花一现，但专课肄业生制度的创设，对陈澧个人来说，仍具有重要意义。陈澧被推举为首届专课肄业生，表明他已从成百上千的应考青年士子中脱颖而出，已得到学海堂诸学长即当时广东学术界老师、前辈的一致赏识，已被视为品学兼优的可造之才和朴学事业的理想接班人。毋庸置疑，陈澧后来的学术著述成就的取得，是与学海堂以及广东朴学兴起后的学术氛围等大环境密不可分的。他后来成为以学海堂为阵地的广东朴学文化群体中的重要一员，成为清代广东朴学的集大成者。追溯起来，成为学海堂专课肄业生应该是陈澧学术生涯的一个重要起点和标志。

道光二十年（1840）冬十月，陈澧被推荐补选为学海堂学长，时年31岁。阮元亲自制定的《学海堂章程》（以下简称《章程》），规定设立学长八人，共同负责出题考试、阅卷录取、评选优等诸事宜。如果出于各种原因学长出现缺额时，再由其他学长七人共同推举补充缺额人选。这个规定的最大优点，在于杜绝了地方官吏委派不学无术之辈滥竽充数的流弊，从而保证了学海堂学长人选在道德学术上的高品位、高素质。自阮元制定《章程》后，学海堂一直保持这个优良传统，坚持这个管理原则，通过遴选推举学长，推选条件极为严格。

陈澧能被补选为学海堂学长，与他个人的道德品质、学问才华是分不开的，尤其与当时学海堂几位学长对他的赏识和器重密不可分。陈澧成为粤秀书院的“杨陈卢桂”四俊之一，到首届学海堂专课肄业生，再到学海堂学长，绝非偶然，是有一条清晰的逻辑线索可以追溯的。被补选为学海堂学长，对陈澧个人来说，则更加具有不同寻常的意义。

其时在广东，学海堂可以说是学术文化中心，是朴学大本营，是广东文化群体维系和依托的主要阵地。就全国而言，学海堂也因为由一代学界泰斗阮元亲自创举经营，从而成为清代学术重镇之一，闻名遐迩，为世瞩目。所以，能够有幸被推选为学海堂学长，无疑是获得了一个重要的社会身份和学术地位，加入了学术文化主流行列，赢得了全国学界的一致认可与尊敬。这件事情当然是非同小可的。所以对陈澧而言，这是他人生

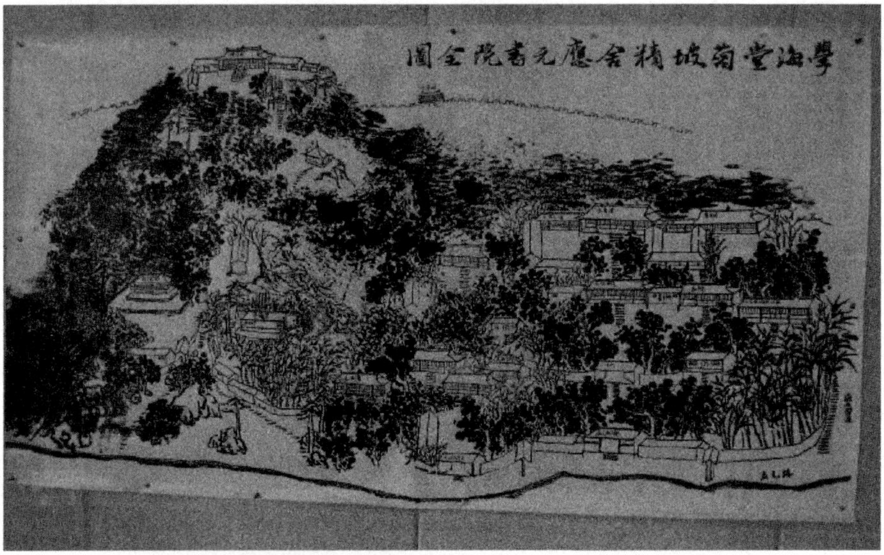

学海堂、菊坡精舍、应元书院全图

中的一次重要转折，也是他学术著述生涯的一次重大跨越。学海堂学长这一身份，无形中为陈澧提供了一个大展身手的舞台。

学术地位的初步奠定

陈澧少年时，立志要当诗人。26岁左右，正处于求知欲旺盛的时期，他的兴趣爱好十分广泛，音韵、天文、地理、乐律、算术、骈体文、填词、篆隶真行书，等等，他无不爱好，无不涉猎。后来他听从了好友杨荣绪的劝告，这才有意识地放弃部分爱好，转而将时间、精力集中到更为重要的学术研究领域上来。陈澧早期的学术研究，自然受到当时以学海堂为代表的广东朴学风气及学术氛围的影响，所以陈澧很早即开始从事经史之类的训诂考订、笺释名物的工作。他也像每位初学者一样，在学术研究的初期，经历了一个“路漫漫其修远兮，吾将上下而求索”的探索阶段。

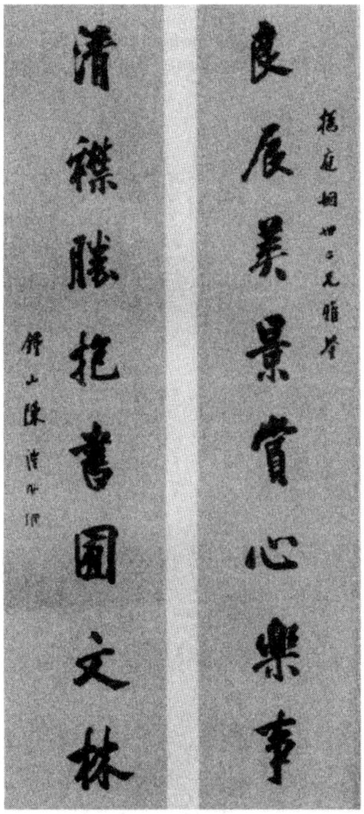

陈澧墨迹

清学自当以经学为中坚。清儒本着无征不信、求证求实的态度，崇尚以训诂考订的方法，为诸经作新注新疏，以后旁及史学、天文、地理、音韵等领域，故学者皆以治经为能事。陈澧初次治经，当在十八九岁，首先开始治《易经》，“读汉唐宋及近儒说《易》说三年，茫然无所得”[①]，后又转治《谷梁传》，屡作屡辍，久未成书。在学术研究的探索阶段，

① 陈澧著、陈之迈编《东塾续集》卷二《周易象义测序》，载沈云龙主编《近代中国史料丛刊》第77辑，台湾文海出版社，1966-1973，第53页。

受各种因素的影响，有的人旗开得胜，一帆风顺，节节领先；也有的人屡屡碰壁，一波三折，陷于困境。这些都不足为奇，都在情理之中，可以理解。陈澧也是如此，他到处拜师问学，几经周折，有成就，更有困惑苦闷。但陈澧并不是那种轻易言败、自暴自弃的人，他有一种天生的韧性，即屡败屡战的不屈精神。

道光十八年（1838），陈澧给在京师的好友杨荣绪写信。信中所表达的内容可归结为以下两点：

一是治经要“通其大义，得其时用”。即治经不能舍本逐末，以训诂考订为最终目的，陷于无谓的烦琐考证之中，而要以讲求义理和经世致用为根本宗旨和归宿。无疑，这里所表达的追求义理和通经致用的思想非常清晰明确。

二是著书要“事繁文省，旨晦词明”。即在著述中要能做到以浅持博，反对一味追求精深博奥之学。显而易见，这里已体现出他对学术的启蒙、普及或通俗化的主张的重视。

以上两点，都是陈澧针对当时学术界存在的流弊和通病而发，旗帜鲜明，毫不含糊。这是年轻的陈澧对当时的学术界及学风发表的最早的个人意见，值得重视。这封信表明，时年仅29岁的陈澧在刚刚开始走上学术著述之路的时候，即能持有自己的独立见解，善于思考观察，不喜随波逐流，苟于时俗，表现出少有的学术勇气和远见。

道光二十年（1840），鸦片战争爆发。这对于过惯安宁、富裕、悠闲生活的文人学者来说，如同晴天霹雳，使他们的正常生活受到严重冲击。尽管时局恶化，形势变幻莫测，年纪尚轻、资历尚浅的陈澧并未像有些学海堂学长如曾钊、梁廷枏等那样，卷入激烈的抗英斗争和政治漩涡之中，而是一如既往，埋首专注于自己的学术探索，著述钻研。鸦片战争爆发的这一年，恰好是他的小学著作《说文声统》（后改名《说文声表》）基本成书的一年，他早期的学术探索已开始取得实质性的成果。

《说文声统》共十七卷，是陈澧研究上古音的著作。其书取《说文解字》九千余字，以段玉裁古韵十七部为纲，按谐声偏旁重新缕列，类而聚之，形成一个谐声系统。与《说文解字》主要以形分部不同，《说文声统》主要以声分部。陈澧自言：“许慎既据形分部，创前古所未有。若更以声分部，因声明意，可以羽翼许书。”①这是其具有独到的学术眼光和思路的体现。

《说文声统》是陈澧的第一部学术著作，是他在学术研究方面迈出的重要一步。此书在陈澧生前并未刊刻，而是一直处于不断修改和完善之中。值得指出的是，这是一部具有原创性、创新性的学术著作，表明年轻的陈澧在学术研究方面敢于独辟蹊径，不落窠臼，显示了自己特有的风格和实力。

《说文声统》大体成书后，陈澧的另外两部著作《切韵考》和《汉书地理志水道图说》也相继定稿。

《切韵考》是研究古代切语的专著。所谓切语，又称反切，是汉语的一种传统注音方法，它利用两个汉字来拼注一个汉字的读音。隋朝陆词参合魏晋南北朝诸家韵书，著《切韵》五卷，这是隋唐以前古音韵的一大总

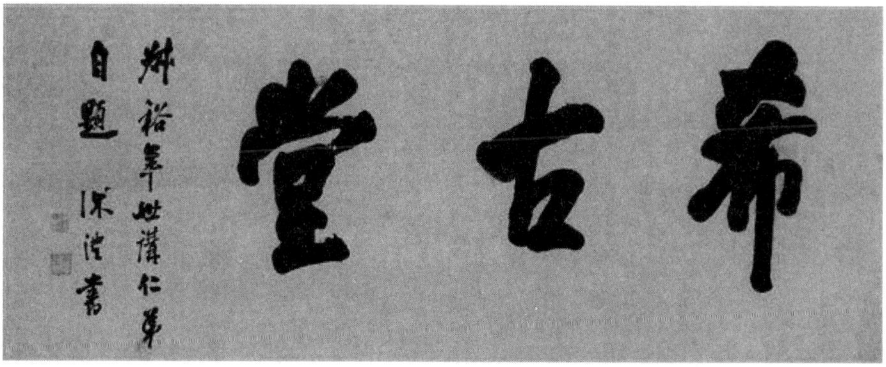

陈澧墨迹

① 陈澧：《东塾集》卷三《说文声表序》，光绪十八年刻本，第18-19页。

结，是中国音韵学史上的经典名著。

陈澧编撰《切韵考》的目的，就是要恢复陆法言《切韵》一书的原貌，这与当时学术界普遍流行的尚古、复古的风气是一致的。此外，陈澧编撰《切韵考》的另一个目的，主要还是实用。因为研究学问的基础是必须识字，识字必须读音，而读音必须懂得反切。但《切韵》一书早已亡佚，如何恢复它的原貌呢？陈澧认为，可以依据北宋初年编撰的《广韵》来进行。循此思路，陈澧创造了著名的"系联法"。

所谓系联法，即根据双声、叠韵的运作原理来归纳分类，处理声母、韵母的一种方法。陈澧进行系联的结果：得到的声类共有40个，得到的韵类共有311个。虽然结果存在某些错误及不足之处，但后世学者都十分重视陈澧的研究工作，公认《切韵考》为中国音韵学研究不可多得的杰作。《切韵考》大体完成于道光二十二年（1842），当时并未刊刻，后陈澧反复进行修改、补充，使其成为他学术著述的一部力作。

《汉书地理志水道图说》是一部研究古代河流分布走向的地理著作。一次偶然的机会，陈澧幸运地购买到康熙、乾隆、嘉庆时期的内府地图各一幅，由于拥有当时最科学、最精密的内府地图作为参考依据，陈澧在考证西汉水道时拥有前人无法企及的优势，他的学术研究成果自然胜人一筹，特别是在平原水道和边疆水道两方面。

平原地区水道，尤其像华北平原、黄淮大平原上的水道，如滹沱河、滹沱别河、滹沱别水等，古今变迁最为错综复杂。而四川、云南、贵州、广西等，古代属于边陲荒远之地，前人考证其有关河流的成果存在许多错误讹舛。陈澧利用文献地志参考互订，反复斟酌，能一一指明其故道之所在，有廓清之功，纠正了北魏郦道元《水经注》及其后众书记载的许多错误。陈澧撰著此书酝酿、准备时间较长，至道光二十八年（1848）才大体完成。以后又多次修改、增删、润饰，直到咸丰五年（1855）才正式刊刻，前后延续10余年之久。由于陈澧呕心沥血，倾注大量时间、精力，故该书考证翔实，精密周全，出版后获得学术界一致赞誉和推崇。这是陈澧刊刻问世的第一本学术专著，也是他最早的成名作之一。

在撰著《汉书地理志水道图说》的过程中，陈澧凭借内府地图，连带所及，触类旁通，还有一些意外的学术著述收获，如《考正德清胡氏禹贡图》《水经注西南诸水考》《水经注提纲》等。以上三书在陈澧生前均未刊刻，直到光绪年间才由广雅书局刊刻问世。

道光末年，陈澧的学术著述进程相对来说还比较顺利。但进入咸丰朝，鸦片战争爆发后短暂平静了的政局又风云突变，形势急转直下。咸丰四年（1854）发生的广东天地会起义，是在太平天国运动的直接影响和推动下爆发的，而广州地区是起义的中心和主要战场，战况最为激烈持久。当年六七月间，省会附近的各路天地会起义军集结约20万兵力，从水陆四面围攻广州城，连营数十里，战船数千艘，旌旗蔽天，战鼓动地，场面十分宏伟壮观。起义军围攻广州期间，陈澧携全家出城逃难，暂时避居于番

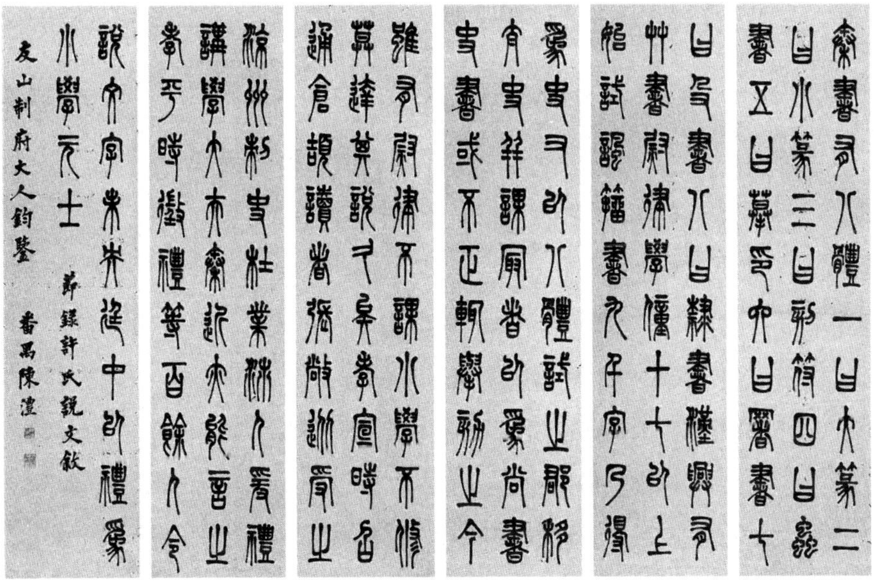

陈澧墨迹

禺县萝冈洞。他在萝冈洞前后居住了三个多月，躲过了这场激烈的围城战争，没有直接遭受兵刃之灾。

一波未平，一波又起。鸦片战争后，英、法等国为了攫取更大的在华利益，要求修改《南京条约》，并分别借“亚罗号事件”和“马神甫事件”，蓄意扩大事端，不惜诉诸武力，多次以战舰围攻炮轰广州城。这次由英法联军挑起的战争劫难，陈澧未能幸免，他身陷围城之中，时间达数月之久。这是陈澧生平第一次身处炮火纷飞的围城之中，第一次亲身经历炮声隆隆、血肉横飞的战争场面。

1857年年底，英法联军攻陷广州，广东巡抚柏贵、广州将军穆克德讷投降。英法联军在广东巡抚衙门成立以英国驻广州领事巴夏礼（Harry Smith Parkes）为首，英、法军官参加的“三人委员会”。英法掌握其实际大权，而让卖国投敌的广东巡抚柏贵、署按察使蔡振武、广州将军穆克德讷等在联军“三人委员会”的控制监督下，继续担任原职，充当维持殖民统治秩序的工具，成为中国近代史上第一个地方傀儡政权。

英法联军占领广州后，城中已不宜居住，陈澧只好再次加入逃难的人流，携全家避居于南海县横沙村。

横沙村位于广州城西北20余里处，是一个僻静的小村庄。利用寓居横沙村相对平静和无杂事干扰的有利时机，陈澧加紧著述，并修改、刊刻出版了以前已经大体完成和定稿的多种著作。避居横沙时期成为陈澧著述生涯的高产、高峰期，正如他在此时期所写的《自题所著书后》一诗所描述的那样：“羊城兵燹惊心后，剩稿犹思取次镌。”[①]

从道光末年鸦片战争爆发开始，包括整个咸丰朝在内，尽管时局动荡，兵荒马乱，陈澧历经艰难困顿之险，饱尝颠沛流离之苦，但他并没有意志消沉、自暴自弃、无所作为，反而以顽强的毅力，在困境中坚持学术

① 陈澧：《自题所著书后》，载汪兆镛辑《陈东塾先生遗诗》，1931年刻本，第29页。

研究，发愤著书立说。这个动乱不宁、多灾多难的困苦阶段，恰恰是陈澧一生之中著述成果最为丰硕的收获时期。他的几部重要的、具有代表性的学术著作，如《汉书地理志水道图说》《切韵考》《汉儒通义》[1]《声律[2]通考》等，大都完成或刊刻于这个时期。这些学术著作，初步奠定了陈澧在全国的重要学术地位。

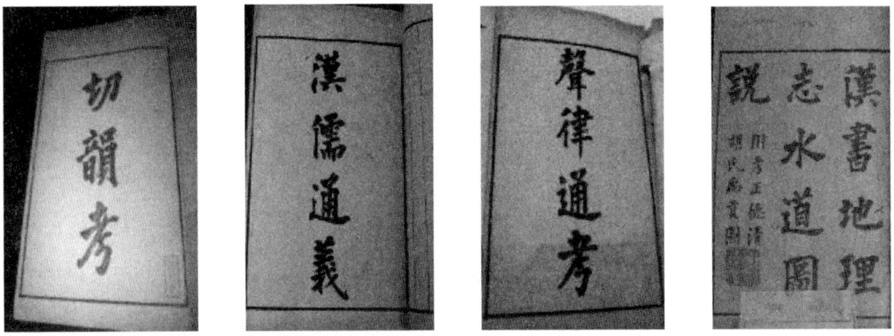

陈澧著述书影

汉宋调和思想的确立

动乱困苦的道咸之际不仅是陈澧著述成果丰硕的收获期，而且是陈澧学术思想发生重要转变的酝酿、转折时期。

陈澧的学术著述生涯，以中年为界，大致可分为两个阶段：中年以前，以从事训诂考订为主；中年以后，以致力于汉宋调和为主。当然他中年前后学术思想的转变并不是一蹴而就的，而是有一个渐进过程。

中年以前，陈澧受以学海堂为代表的广东朴学风气和学术氛围的影响，热衷于训诂名物、校雠考订，乐此不疲。中年以后，陈澧学术思想开始有所转变。他曾给友人写信倾诉：“中年以前治经，每有疑义，则解

---

① 《汉儒通义》：共七卷，节录汉儒义理之说汇辑成书，分天地、阴阳、五行、鬼神、人物、刑法、军旅、救灾、防乱等共67条目。

② 声律：五声六律，指语言文字的声韵格律。此处指音乐。

之、考之。其后幡然而改，以为解之不可胜解，考之不可胜考，乃寻求微言大义，经学源流正变得失所在。”[①]这正好表明，中年以后，陈澧学术思想正在发生深刻转变，准备开始走一条与流俗时尚不同、独立自主的新的学术道路。陈澧新的学术道路，简言之，就是从事汉宋调和。汉指汉学，即训诂考据；宋指宋学，即义理性道。时人解释说：“以训诂考据本于汉儒，名曰汉学，以义理性道阐自宋儒，名曰宋学。”[②]

清代学术凡数变。大致而言，清初承前明余绪，程朱理学占据主导地位。乾嘉以后，由于名卿巨公的影响，汉学兴起。“乾嘉以来，朝士宗尚汉学，承学之士，翕然成风。”[③]汉学风气弥漫一时，势力逐渐超过官方程朱理学，成为学术主流。

陈澧中年左右学术思想发生重要转变，与当时的政治局势、社会环境和学术趋势有直接、间接的关系。清代考据学即汉学、朴学，在乾嘉时期达到鼎盛，然而物极必反，盛极必衰，至嘉道之际，兴盛一时的汉学已处处呈现出衰落颓败之势。汉学衰落，是多重因素交互影响所致。嘉道以来，外忧内患，时局动乱是外因；汉学末流的弊病丛生，积重难返则是内因。使得昔日盛极一时的汉学江河日下，颓势难挽。汉学盛极趋衰，而宋学在沉寂百年之后，又呈现出即将兴起的征兆，学术态势已处于不得不变之际。故后人总结说：“道咸以来，儒者多知义理、考据二者不可偏废，于是兼综汉宋者不乏其人。”[④]陈澧即是在这种历史背景下，开始他的汉宋调和的学术生涯。

陈澧调和汉宋，首先是从目睹及批评汉学末流积弊开始的。他的相关

---

① 陈澧：《东塾集》卷四《复刘叔俛书》，光绪十八年刻本，第20页。

② 劳乃宣：《桐乡劳先生（乃宣）遗稿》卷一《论为学标准》，载沈云龙主编《近代中国史料丛刊》第36辑，台湾文海出版社，1966-1977，第134-135页。

③ 陈康祺：《郎潜纪闻初笔　二笔　三笔》，北京：中华书局，1997，第128页。

④ 徐世昌等编纂《清儒学案·心巢学案》卷一百八，沈芝盈、梁运华点校，北京：中华书局，2008，第6945页。

言论很多，对汉学的主要批评为：研究经学不寻求义理；喜欢追求新义；著书太烦琐芜杂；墨守成规；好诋毁宋儒，不读宋儒所著书；迷信古代而且迂腐，牵强附会；不读史，叠床架屋等。①他认为汉学治经本末倒置，将手段当作目的，脱离现实，繁碎支离，轻视个人道德修养，诋毁宋儒，流弊丛生，积重难返。

而对于未来学术发展的趋势和走向，陈澧也思考了很多，他认为：今后汉学必然要衰落，而宋学必然要兴盛；而且将来兴盛的宋学可能是陆九渊的陆学，而不是朱熹的朱学。陈澧认为陆学太“偏驳”，对社会学术危害不小，对此非常担忧。他又认为，如果青年学子都能在文字音韵等小学方面打好坚实的基础，下足功夫，则将来不论从事汉学或者宋学，都会有牢固的学问基础。取宋学、汉学二者各自之长，避二者之短，然后才可以将义理、考证合而为一，这将是最为理想的结果。

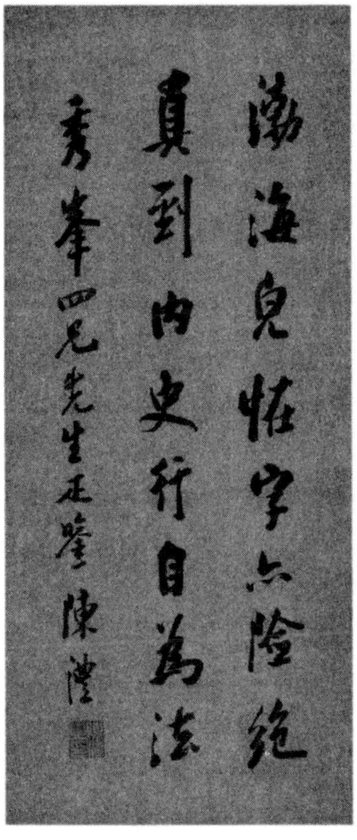

陈澧墨迹

总之，一向积极进取又善于思考的陈澧，已在开始酝酿新的出路，准备走一条独立的、与众不同的学术道路。陈澧倡导调和汉宋，主要针对汉学流弊所发，愤然而起，以纠偏补弊自任。近人钱基博指出：“陈氏何为而作《东塾读书记》也？曰以救敝也。”②一语中的。

本此精神，他首先编撰《汉儒通义》一书。

《汉儒通义》是陈澧学术思想发生转变之后的第一部重要著作，在他个人学术著述生涯

① 《陈兰甫先生澧遗稿》，《岭南学报》1931年7月第二卷第二期，第175页。

② 钱基博：《古籍举要》，上海：世界书局，1933，第1页。

中具有特殊的意义。咸丰四年（1854）左右，他即开始着手编纂，至咸丰八年（1858），该书才刊刻完成。其时正值英法联军攻占广州，陈澧避乱寓居横沙村的特殊时期。

陈澧对当时学术界普遍流行的汉学、宋学互相攻击，门户壁垒森严的风气，十分反感和不满。为了调和汉宋，证明汉儒并非像世人所认为的那样，只是一味讲求考据训诂，而是有阐发寻求义理的传统，陈澧特地编纂《汉儒通义》一书，从两汉儒家学者的著作中寻找有关阐释义理之说的点滴证据，来支持自己的立论。该书的中心思想是汉儒也言义理，与宋儒相同，二者并无区别。在陈澧之前，也有学者有过类似的观点，但特地编纂成书，陈澧是第一人，可谓用心良苦。

《汉儒通义》虽然仅节录两汉经师义理之说，分类排纂，属于辑录体，但它公开标举汉儒也言义理，与宋儒无异，因而具有鲜明的调和汉宋门户壁垒的倾向。就这一点而言，它的编纂和付梓问世是当时学术界的一个新气象，顺应了当时学术潮流发展的新趋势，开风气之先，是晚清学术风气即将发生转变的重要标志之一。

《汉儒通义》编成后，陈澧意犹未尽，认为虽然东汉郑玄集汉儒之大成，南宋朱熹集宋儒之大成，二人时代不同，立论偏重不同，但有一共同点，即讲考据不废义理，发挥义理不忘考据。这就恰好证明，汉学、宋学二家有相同、相通之处，可以调和兼融为一。据此，陈澧又准备撰著《郑学》《朱学》二书，来特意表彰郑玄、朱熹二人。但《郑学》《朱学》二书出于各种原因，未能撰成。为此，陈澧积极筹划，着手进行二人文集、语录的编辑工作，《郑氏全书》《朱子语类日钞》[1]二书就是在此思想背景下先后编纂辑刻而成的。因忙于其他事务，这两部书的摘抄、辑录、整理工作，陈澧交由他的门人黎永椿、赵齐婴及长子陈宗谊等人去负责完成。

---

① 《朱子语类日钞》：共五卷，以《朱子语类》繁博，乃择其切要语，编纂而成。

不仅如此，为了彻底弄清汉学、宋学两者之间的关系，将汉宋调和学说建立在更加牢固、更加坚实的学术论证基础上，陈澧决心去从事一项更为艰难繁重的学术探索工作，即回顾经学历史，追源溯流，探赜索隐。为此，他拟撰著《学思录》一书。咸丰八年（1858），在《汉儒通义》刊刻完成后，陈澧给门人黎永椿写信，表达了自己有撰著《学思录》的打算，说自己要“通论古今学术，不分汉宋门户，于郑君、朱子之学皆力为发明，大约十年乃可成耳”[①]。

以上是陈澧意欲调和汉宋，已做或准备做的几项工作，其中尤以《学思录》（后改名《东塾读书记》）为其后半生倾注心血之寄托，代表了他主要和最终的学术旨趣和追求，自言：“平生之志与业皆在其中。”[②]

由于陈澧在汉宋调和兼融方面，从事时间较早，实际倡导较多，成就较为突出，对学界影响较大，故当时及后世学者均将其视为晚清汉宋调和的先驱和中坚，或集大成者。这个历史地位是时人及后人一致公认的。近人楚金在《道光学术》中写道：“为汉宋兼融之学者，其端启于李申耆，而终于陈兰甫。”[③]

需要指出的是，陈澧主张汉宋调和，是立足于汉学立场，与同时代的另一汉宋调和代表人物朱次琦（世称朱九江先生）不同。近人钱穆明确指出：“东塾之旨，在融朱子于康成；九江之论，则在纳康成于朱子。”[④]二人立场趣旨大相径庭。

---

① 陈澧：《东塾集》卷四《与黎震伯书》，光绪十八年刻本，第29页。

② 黄国声选录《东塾读书论学札记》，载陈澧著、黄国声主编《陈澧集》贰，上海：上海古籍出版社，2008，第382页。

③ 沈云龙辑《中和月刊史料选集》，载《近代中国史料丛刊》第61辑，台湾文海出版社，1966-1973，第262页。

④ 钱穆：《中国近三百年学术史》，北京：商务印书馆，1997，第710页。

教育和刻书生涯

咸丰十一年九月十八日（1861年10月21日），英法联军按照《北京条约》的规定，从广州撤出，结束了长达三年多的占领统治。在此之前，见局势大体稳定，陈澧已于咸丰九年回广州旧宅，结束了避难寓居的生活。

英法联军撤出广州，标志着自鸦片战争以来长期动荡不宁的局势告一段落及相对稳定和平时期的到来。处于停滞和低迷状态的广东学术文化，也开始慢慢复苏。而此时国内的政治局势也发生了重大变化。

咸丰皇帝病逝于热河行宫，同治皇帝登基。《北京条约》签订后，中外反动势力开始走上彼此互相勾结的道路，同治三年（1864）六月，湘军攻破南京，轰轰烈烈的太平天国运动至此失败。之后清军又相继镇压了云南、贵州、陕西、甘肃的回民、苗民等武装起义，摇摇欲坠的清廷统治暂时喘了一口气，解除了生存威胁，重新恢复了苟安局面。

太平天国风暴的巨大冲击和两次鸦片战争的沉重打击，迫使清廷统治集团内一部分文武官员痛定思痛，反省自新。以奕䜣、曾国藩、李鸿章等人为代表，主张"借法自强"，以学习西方科技来挽救封建统治，于是洋务运动开始兴起。内容包括派遣留学生、翻译西洋书报、购买洋枪洋炮、开办厂矿使用机器生产、兴办铁路轮船、建立新式陆海军队，等等。在思想文化教育方面，也有一些变化，其中以曾国藩为主要推动者。湘军攻克南京后，他奏请补行江南乡试、创建官书局、恢复创办学校书院、捐赠藏书，等等，以振兴文化教育相标榜。各地官吏纷纷仿效，一时蔚为风气，学术、文化、教育、出版等事业一度趋于繁荣活跃。由于采取了以上一系列措施，清廷残破的统治局面有了一定的恢复和起色，呈现出回光返照之势，后世称之为"同治中兴"或"同光中兴"。

广东学术文化的恢复，就是在此大背景下出现的，而且出于某些客观因素，比全国其他地区还稍早一些。陈澧也由于各种机缘，参与了其中许多相关的学术文化活动，迎来了他一生中的学术文化高峰期。下面几件大事可为典型代表：

1. 补刊《皇清经解》；

2. 重刻《阮通志》；

3. 修葺学海堂；

4. 开设舆图局；

5. 恢复举办学海堂专课肄业生。

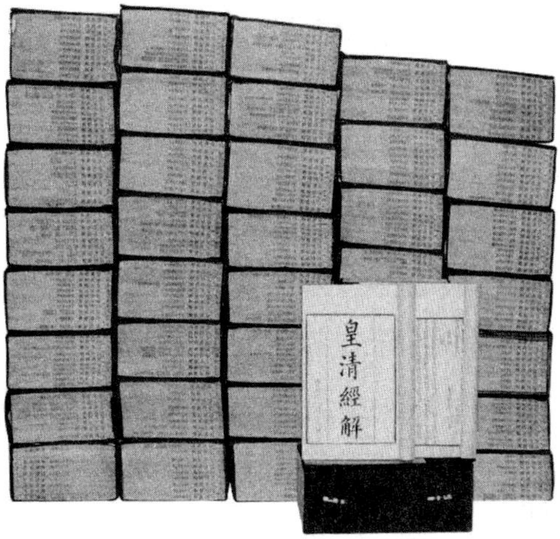

陈澧参与补刊的《皇清经解》

陈澧积极参加了以上几项广东重大的学术文化活动，并且是主要参加者或核心人物，忙得不亦乐乎。除此之外，对他个人而言，此期最为重要、最为惬意的，便是掌教菊坡精舍和主持广东书局两件大事。

（一）掌教菊坡精舍

同治六年（1867）秋，新任巡抚蒋益澧与两广盐运使方浚颐将粤秀山麓的长春仙馆，重新修葺改建为菊坡精舍，聘请陈澧为掌教。对陈澧个人的学术教育生涯来说，这是一件大事，具有特殊的重要意义。

菊坡精舍完全效法学海堂，以研究经史辞章为主，不教授八股时文。它以培养朴学人才为目的，是与诂经精舍、学海堂性质一致的新式的研究型书院。即便如此，菊坡精舍也不是亦步亦趋，完全模仿学海堂，二者在某些方面还是有一些差别：

1. 学海堂一年仅春、夏、秋、冬四季考课，而菊坡精舍每月三次考课，全年共三十余次，考课数量大大增加。

2. 学海堂实行开卷考试，课卷可以拿回家完成；而菊坡精舍却是采取闭卷考试，限定当日交卷。

3. 学海堂设学长八人，轮流负责；而菊坡精舍则仅聘一人为院长，专主阅卷。另委任监院一人，管理其他行政事务。

4. 学海堂仅为单纯的四季考试，没有教学讲授可言；而菊坡精舍每次考课时，命题之后有专门的讲授，讲学教授成为菊坡精舍的一项重要教学内容和基本的规章制度。

陈澧对能掌教菊坡精舍是十分满意的，因为长期以来，他对于学术衰歇、人才缺乏、后继无人的状况十分担忧，常常为之忧心忡忡。现在终于有了一个绝好的机会与阵地，可以公开地招收、吸引、聚集优秀青年士子，加以培养教导、提携引进，如此梦寐以求的夙愿成为现实，怎不令人万分惬意，欣喜之至呢？他在给门人廖廷相的信中写道："菊坡精舍近日课期听讲者多至四十余人，好经学能文章者今年新得六七人，甚可喜。讲授阅卷，虽劳亦乐也，特以告吾弟知之。"[①]长期有数十人听课追随，在当时这个数量也相当可观了。

菊坡精舍之所以能闻名遐迩，与陈澧在以下两方面的宣传、提倡，有十分密切的关系。

第一，提倡自由讲学。

清代学校、书院不但被完全纳入科举考试的体系，成为其附庸，而且制度腐朽，积弊丛生，最明显的表现之一就是学校、书院不再进行课堂讲授，只以考试为目的，教学活动形同虚设。"有师生之名，无训诲之实矣。"[②]

掌教菊坡精舍后，陈澧就有一个绝好的机会，实现自己自由讲学的夙愿了。他写道："每课期诸生来听讲，澧既命题而讲之，遂讲读书之

---

① 陈澧著、陈之迈编《东塾续集》卷四《与廖泽群书五首》，载沈云龙主编《近代中国史料丛刊》第77辑，台湾文海出版社，1966-1973，第208页。

② 赵尔巽等《清史稿·学校一》卷一百六，北京：中华书局，2010，第3116页。

法。”[1]讲授内容既针对命题而发，又连带讲授读书方法和治学门径。无疑，这是广东朴学兴起以来在培养朴学人才方面正式讲学授课的开端，而陈澧是开创者。

第二，标举“行己有耻，博学于文”。

陈澧十分重视道德品质修养，将人品与学问、道德与文章有机结合起来，认为二者缺一不可。他在菊坡精舍前轩大书“行己有耻，博学于文”二语作为校训。这是他教育思想的重要体现，这在当时学风、文风和社会风气十分败坏的背景下，显得尤为可贵，具有纠正乾嘉以来重“博学于文”，轻“行己有耻”的偏颇风气和学术流弊的作用。

陈澧不但在口头上公开提倡“行己有耻，博学于文”，而且身体力行，在实践中努力加以贯彻实施，这一点尤其受到当时学者的一致认同及敬重。后世学者称赞陈澧“束身自好，不愧一乡之善士”[2]“东塾先生人品学术，不愧一代儒宗”[3]就是明证。

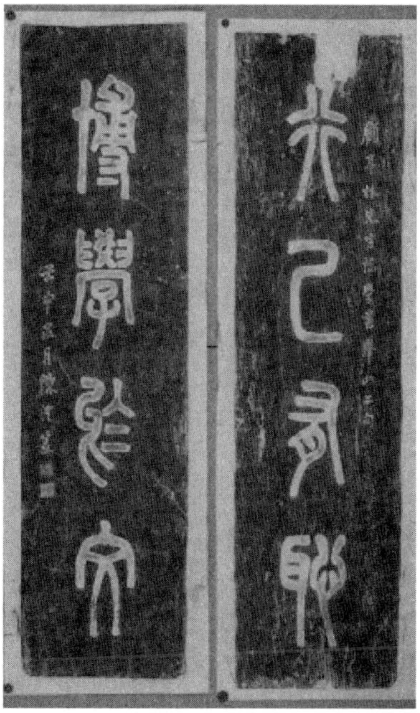

“行己有耻，博学于文”（陈澧之印）

由于十几年如一日，孜孜提引家乡子弟，诲人不倦，故陈澧声名远播，慕名前来求学、听讲、考课

---

① 陈澧：《东塾集》卷二《菊坡精舍记》，光绪十八年刻本，第29页。

② 刘师培：《清儒得失论：刘师培论学杂稿》，北京：中国人民大学出版社，2004，第267页。

③ 叶德辉：《与罗敬则大令书》，载叶启倬辑《郎园先生全书·郎园论学书札》，长沙：中国古书刊印社，1935，第34页。

的学生日益增多，菊坡精舍一跃成为当时全国为数不多的著名新型书院之一。光绪年间，袁昶将陈澧与清代主持暨阳书院的李兆洛、主持大梁书院的钱仪吉、主持钟山书院的唐鉴、主持龙门书院的刘熙载、主持广雅书院的朱一新、主持南菁书院的黄以周等著名学者、教育家一道，推尊为德高望重、博学渊雅、诲人不倦的“近世名师”。“近世名师”，陈澧当之无愧。

（二）主持广东书局

“同治中兴”在文化事业上的一个重要表现，是各省相继创建官书局，聘请名儒负责校雠，大规模刊刻经史古籍，掀起一个搜书、校书、刻书的文化高潮。晚清官书局的创始者是曾国藩、胡林翼。在此背景下，广东书局也应运而生。

广东书局始创于同治七年（1868）春，倡议者仍是广东巡抚蒋益澧和两广盐运使方浚颐二人。方浚颐更是积极筹措经费，使得书局得以实际运作，也是他大力推荐陈澧主持书局，负责总校事务。陈澧主持书局，并广泛招集门人参与其事，分工合作负责校勘，作为自己的得力帮手和辅助力量。同年秋，方浚颐移任两淮。此后，新任盐运使钟谦钧继续予以大力支持，在他任期内，广东书局刻书达到高潮。

广东书局先后重刊、辑刊、汇刊的书籍有：

1. 《四库全书总目》200卷；
2. 《四库全书简明目录》20卷；
3. 《十三经注疏》346卷；
4. 《通志堂经解》1792卷；
5. 《古经解汇函》附《小学汇函》283卷。

以上几种大部头图书，扉页都有“菊坡精舍藏板”牌记。“藏板”指刻书板片收藏存储于某处。这就清楚表明，广东书局并非是一所拥有自己的办公地址、藏板楼，以及有专门校勘、编辑人员的完整的、独立的出版实体，而是一所依托菊坡精舍，依靠其师生兼任编辑、校勘职务，松散无形，有名无实的影子、虚拟机构。正因为如此，当同治十三年（1874）钟谦钧因病辞归故里后，广东书局便无形解体，不复存在，也不再有刻书记载。它前后断断续续存在了五六年时间，与同期其他各省官书局相比，可谓昙花一现。

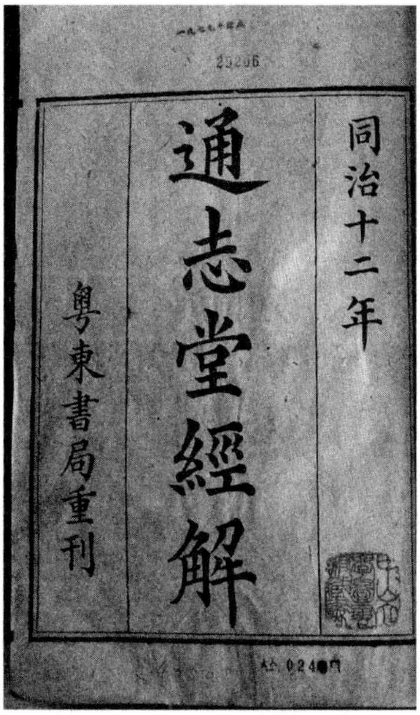

《通志堂经解》

陈澧对自己能够主持广东书局刻书，负责校勘群籍是十分满意的，他给友人郑献甫写信说："得意之事，则在刻书……当道属弟司其事，此难得之盛举，故乐此不疲。"[①]陈澧是一名典型的文人学者，对刻书出版事业情有独钟。他常常感慨地说："况今兵燹之后，天下书籍刻板毁失殆尽，读书者为之浩叹。"[②]如今能够亲自负责刊刻学术经典名著，使之流布海内，嘉惠后学，实现自己多年以来的夙愿，陈澧想起来便按捺不住内心的喜悦。

在广东书局刻书进入高潮的同时或稍后，同治、光绪之际，学海堂也紧紧相随，重刊和辑刊了几种大部帙的学术经典名著，如《经典释文》30卷、《通典》200卷、《续通典》144卷、《皇朝通典》100卷、《学海堂丛刻》29卷等。

陈澧身兼学海堂学长和菊坡精舍山长二职，这种特殊的身份和有利

① 陈澧著、陈之迈编《东塾续集》卷四《与郑小谷书》，载沈云龙主编《近代中国史料丛刊》第77辑，台湾文海出版社，1966-1973，第201页。

② 陈澧：《东塾集》卷三《南海邹氏重刻道乡集序》，光绪十八年刻本，第10页。

的地位，使得陈澧能够在二处刻书活动中发挥核心主导作用，也使得他有条件去协调二处的刻书重点，不至于重复雷同，浪费宝贵且有限的人力、物力资源。从刻书内容性质来看，广东书局所刻以经部书籍为主，而学海堂所刻则明显地偏重于典章制度方面，属于工具书，二者正好互为补充，相辅相成。这就再清楚不过地体现了陈澧刻书选题时的指导思想和主要倾向。

陈澧前后参加过补刊《皇清经解》、重刻《阮通志》，又主持广东书局、学海堂刻书，亲手校雠刊刻之书，数量达到万卷之多。他态度严谨，校对精审，一丝不苟，是晚清名副其实、当之无愧的校勘家。但他在校勘刻书方面的功绩，常常被他的学术成就所掩盖，后人知之甚少，这是应该特别指出的。

壮心不已的晚年

长期紧张繁重的讲学、校书、著述及过度操劳，使陈澧身体受到严重损害，他的健康状况明显下降。同治十年（1871），他62岁，“大病几死”，后来经过治疗调养，才逐渐痊愈。但他年老体衰，多处疾病，反复发作，不离药物，以致最后两足跛瘫，不能行走。从患上这场大病到光绪八年（1882）逝世，在生命最后十余年之中，陈澧以多病之躯，在学术文化著述方面抓紧时间，做了不少值得称述的工作。有人劝他注意节劳休息，他写下“我不敢仿我友自逸”几个大字，放在书桌旁作为座右铭，借以鞭策勉励自己。陈澧晚年除了撰写各种序、跋、墓志铭、神道碑等文章及编撰定稿《切韵考外篇》《东坡经义》等著述外，还做了以下几件工作，如编刻《听松庐诗略》、辑刊《邹征君遗书》、指导校勘《说文解字》、领衔纂修方志等。其中，《学思录》暨《东塾读书记》的写作定稿无疑最为重要、最为突出。

在菊坡精舍讲学阅卷和广东书局校勘刻书这一紧张繁忙的学术活动高潮时期，陈澧《学思录》的撰写不得不受到一定影响，进度明显放慢。但他并未完全停止写作，而是利用一切点滴空隙时间，抓紧进行，集腋成裘。光绪以后，由于广东书局停办，陈澧的时间和精力又相对宽松、富裕了一些，《学思录》的写作进度又明显加快。

陈澧为了撰写《学思录》，做了一次前所未有的、大规模的资料搜集和积累准备工作。凡与古今学术有关的文献资料，如《十三经注疏》、《二十四史》、诸子百家、典章制度，以及名家文集等，他都要仔细通读一遍，有些还要反复阅读。他的弟子文廷式回忆说：“师终身读书，必端坐。藏书五万卷，丹黄几遍。晚年复读《二十四史》，加朱点勘，至《元史》，未卒业而卒。”[1]《二十四史》已读两遍，阅读量的浩繁与巨大可想而知。

陈澧墨迹

除广泛阅读之外，陈澧还动手摘录抄写其中与《学思录》有关的各种原始资料，以便将来编撰时使用，这就是他自己所说的“抄撮群书”。由于摘录抄撮群书的工作量十分繁重，积累起来的草稿数量自然十分惊人。现存所谓的《东塾遗稿》有千余册之多，都是陈澧生前编撰《学思录》已成余稿或未成草

① 赵铁寒编《文芸阁（廷式）先生全集》第五册《纯常子枝语》卷二，载沈云龙主编《近代中国史料丛刊续编》第14辑，台湾文海出版社，1974-1982，第8页。

稿，其中绝大部分就是他广泛阅读各种经史子集、群书文献时摘录抄撮下来的原始文献材料。

陈澧并不以广泛阅读、辛勤摘抄为满足，更没有停留在“抄撮群书”的阶段。他很早就养成了作随笔札记的良好读书习惯，他自己说：“读书有所得则记之，有所论则记之，积久成编。”[①]这些所得所论就是在读书过程中随手写下来的大量眉批、评论或按语，也可称之为读书札记。札记短者十几字，简练精湛，长者达数百字，淋漓发挥，可以说是他学术思想火花的集中体现。

陈澧一面广泛阅读经史群籍，一面勤奋摘录抄撮原始资料，一面写下眉批、评论，时下按语，这就是他撰著《学思录》的一整套基本程序、方法和步骤。在这个过程之中形成的东西，可称为草稿或“长编”（“长编”是将来最终定稿成型的重要一步和必不可少的中间环节）。随着积累的资料逐渐增多、编撰工作的逐步深入，此前一直在调整变化的《学思录》一书的内容宗旨、体裁体例、结构安排、前后顺序等，也就逐渐酝酿成熟，日益清晰具体起来。大约在同治十年（1871），陈澧决定将《学思录》正式改名为《东塾读书记》。

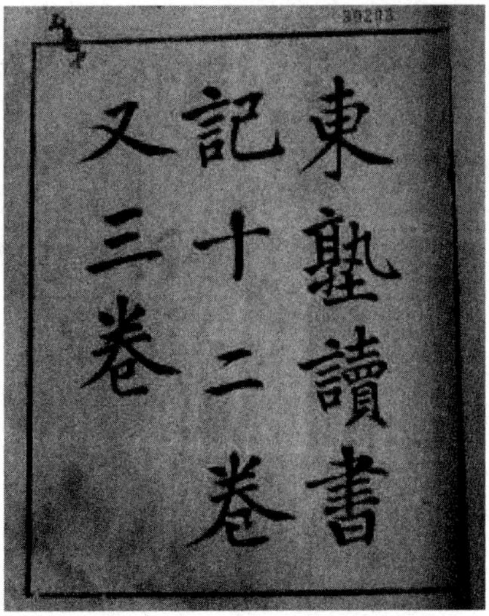

《东塾读书记十二卷又三卷》

《东塾读书记》的写作、修改前后断断续续进行了20多年，由于陈澧对自己著书要求极严，几近苛

① 陈澧著、陈之迈编《东塾续集》卷二《东塾读书记序》，载沈云龙主编《近代中国史料丛刊》第77辑，台湾文海出版社，1966-1973，第61页。

刻，因此该书一直未能最终定稿付刻。光绪元年（1875）左右，陈澧友人刘熙载向他建议：将该书已成部分先行刊刻，未成部分将来作为续编。陈澧认为这个建议很有道理，故改变等到全书定稿后再刊刻出版的初衷，采取边修改边刊刻的折中方案。这样一来，《东塾读书记》便成了随年写定、分卷刊行了。自此以后，修改刊刻《东塾读书记》便成为陈澧晚年著述生活中最主要的任务。

光绪七年（1881）夏，因两广总督张树声、广东巡抚裕宽的奏请，清廷赏给陈澧五品卿衔，作为他学问渊博、道德高尚的嘉奖。这是陈澧一生之中唯一一次享受到的官方正式褒奖，而且是最高统治者皇帝的褒扬，所以他当然视之为无上殊荣。同年九月，他为《金文最》撰序，此书乃常熟张金吾纂辑、南海伍绍棠出资刊刻，这是陈澧生前所作的最后一篇序文，是为绝笔之作。

次年正月，陈澧病情加剧。在病床上他对儿子及门人说："吾病不起矣，然年过七十，夫复何求？吾四十时，已洞明生死之理，生死犹昼夜，无所悽恋也。吾所著《读书记》，已成十余卷，其未成者，俟儿子与门人编录，名曰《东塾杂俎》，此书当可传也。"[①]并亲自将著述遗稿托付弟子陈树庸予以编录。可见他临终前最为关心的，仍是《东塾读书记》的编撰，仍是他还未完成的著述，仍是他孜孜追求为之奋斗终生的学术名山事业。光绪八年正月二十二日（1882年3月11日），陈澧逝世，享年73岁。

"新学风"的提倡者

陈澧晚年声誉日隆，尤其是在《东塾读书记》刊刻问世后，更是名

① 汪宗衍：《陈东塾先生年谱》，载沈云龙主编《近代中国史料丛刊》第77辑，台湾文海出版社，1966-1973，第120-121页。

满天下。陈澧友人刘熙载言：“与澧交契甚深，以为所著《东塾读书记》说经诸条，在顾炎武《日知录》之上。”[①]今天，学者们公认《东塾读书记》为学术经典名著，是陈澧的代表性著作。一提起陈澧，人们便联想起《东塾读书记》，反之亦然，二者已融为一体。

光绪二年（1876），沈曾植游历广东，拜访陈澧，二人讲学谈论得十分投契。沈曾植[②]后来对人说：“兰甫先生，有所不言，无所不知，盖汇乾嘉以来文儒之总也。”[③]“盖汇乾嘉以来文儒之总”，这无疑是将陈澧视为乾嘉正统考据学的集大成者。

最能说明陈澧地位和影响的，是叶德辉的一段话。光绪十一年至十八年，叶德辉曾因会试之机，寓居北京，他写道：“其时东塾先生遗书，尤为士大夫所推重，鄙人也购置一册，朝夕研求，觉其书平实通贯，无乾嘉诸君嚣陵气习，始知盛名之下，公道在人，众口交推，良非虚溢。”[④]这段文字生动地凸显出陈澧著作学说在当时文化中心京师受到欢迎和流行的情况。所以在清末，学术界流行着一种说法，叫“远师亭林，近法兰甫”[⑤]。亭林就是清初著名学者顾炎武。将陈澧与顾炎武相提并论，隐然有顾炎武为清学开山，陈澧为清学集大成者之意。因此，“南交第一儒林”“海内通儒”“东南大儒”等称呼，都表达了学术界对陈澧的普遍尊崇和敬仰。

陈澧无疑是广东学术界的骄傲，清代广东学术文化也因出现了这样一位跻身一流学者之列的大宗儒师而扬眉吐气。那么，陈澧的历史地位及学

① 桑兵主编《三编清代稿钞本（第一〇八册）》，广州：广东人民出版社，2010，第532页。

② 沈曾植，字子培，浙江嘉兴人，光绪进士，历任刑部主事、安徽提学使。

③ 文廷式：《纯常子枝语》卷二，扬州：江苏广陵古籍刻印社，1990，第7页。

④ 叶德辉：《与罗敬则大令书》，载叶启倬辑《郎园先生全书·郎园论学书札》，长沙：中国古书刊印社，1935，第36页。

⑤ 苏舆编《翼教丛编》，上海：上海书店出版社，2002，第70页。

术意义何在呢?

陈澧不仅仅是一位学识渊博、著述等身、享誉海内的著名学者，更重要的是，他长期致力于汉宋调和，倡导一种“新学风”，且身体力行，堪称学术界楷模。这才是陈澧学术意义之所在，也是他留给后世最大的精神遗产。

最早揭示这一点的，是近代学者钱穆。他指出，陈澧在当时“实目击汉学家种种流弊，而有志于提倡一种新学风以为挽救者也”①。陈澧撰著《东塾读书记》，其主要宗旨和目的，就是要提倡一种朴素稳健、严谨笃实的治学态度和优良学风。这对晚清直至今天的学术界，都有深远影响，具有现实意义。

陈澧所提倡的“新学风”，内涵广泛，包罗多方，对此他在不同场合都有所阐述发挥。大致而言，包括以下几点。

1. 强调认真读书。

陈澧一再强调说：“天下乱由于学术衰，学术衰由于懒读书，懒读书，乱天下矣。”②将读书的重要性提到如此之高，其重视程度可想而知。之所以如此，与当时整个学术界浮躁的学风和社会氛围有直接关系，而挽救方法，他认为必须从最基础的读书开始。

关于读书方法，陈澧主张应静心、要圈读、不浮躁。在《与菊坡精舍门人论学》和《论学》中，他一再说：“凡专习之书，必要落笔圈点，又要抄撮。”“不可懒读书，不可懒查字典。”③陈澧是认真读书的典范，生平读书每有心得，或批注于书中，或手记于小册中，“积稿逾千册”。

---

① 钱穆：《中国近三百年学术史》，北京：商务印书馆，1997，第676页。

② 黄国声选录《东塾读书论学札记》，载陈澧著、黄国声主编《陈澧集》贰，上海：上海古籍出版社，2008，第376页。

③ 陈澧著、黄国声主编《陈澧集》壹，载《东塾集外文》卷一，上海：上海古籍出版社，2008，第316、324页。

这些遗留至今的圈读批校书和大量的读书札记，就是最好、最有力的证明。

2. 力戒轻率著述。

关于著述，陈澧一再说："著书当有宗旨，著书当有用，著书当为世所无，著书当难，著书当简。其繁者，不得不繁者也。"[①]"著书不可有一字空设。"[②]"著书必须无一毫私伪留于心目之间。"[③]

陈澧不但著述态度极为严谨，而且更难能可贵的是，在学术著述方面特地标举"公心""私心"或者"心术"。他对比说："《黄氏日抄》于周、程、朱皆不苟同，而与戴氏之攻宋儒迥异。黄氏之心公，戴氏之心私，有夺席之意耳。"[④]黄指南宋学者黄震，戴指清代学者戴震。又举例说："王阳明，英雄人也，不是好人，心术不好。如何不好？回诈。"[⑤]

心术，这里实质上是指学者的良心或者良知，他强调学者要有实事求是、大公无私、光明磊落、不曲学阿世的高度社会责任感和道德品质。

3. 提倡"博学知服"。

"博学知服"即广博学问，犹知服畏先代贤人。这是针对当时学术界中普遍流行的轻佻浮躁的学风有感而发。陈澧提倡读书要"自首至尾读之"，反对"随意翻阅，随意驳难"[⑥]，要求"读书先求知古人所已知，

---

① 陈澧著、黄国声主编《陈澧集》贰《默记、学思自记、学思录序目》，黄国声点校，上海：上海古籍出版社，2008，第777页。

② 桑兵主编《续编清代稿钞本（第七二册）》，广州：广东人民出版社，2009，第506页。

③ 黄国声选录《东塾读书论学札记》，载陈澧著、黄国声主编《陈澧集》贰，上海：上海古籍出版社，2008，第379页。

④ 陈澧著、黄国声主编《陈澧集》贰，载《东塾杂俎》卷十一，上海：上海古籍出版社，2008，第675页。

⑤ 桑兵主编《续编清代稿钞本（第八七册）》，广州：广东人民出版社，2009，第587页。

⑥ 《陈兰甫先生澧遗稿》，《岭南学报》第二卷第三期，第190页。

勿先求古人所未知”[①]，这都是对“博学知服”不同层面的解说。

在学术争鸣和学术批评方面，“博学知服”的态度尤显重要，更需要谨慎奉行，杜绝盛气凌人的嚣张气焰。陈澧指出，进行学术批评时，“必须斟酌语气”，“不可诋諆”，“须存尊敬之意”，“不可加以谩骂，致有粗暴之病”[②]，等等。特别强调要讲究语气，认为掌握分寸至关重要。这里，主要是针砭其时汉学末流肤浅浮躁，好求新意，好与先儒立异，好露才扬己的积习流弊，提倡一种谦让、虚心、敬畏前贤的治学精神态度。

4. “专习一经而治身心”。

“专习一经”即选择专业，“治身心”即道德修养。这是将道德、学问二者有机结合起来，讲究德才兼备，是汉宋调和的重心与归宿，也是“新学风”的理想境界。近人萧一山认为，清代学者取得了很大成绩，但其流弊也不少，最为突出的就是“重学轻行”。他说：“‘文人无行’原是一句俗话，清代的学者似乎成了普遍的风气……其间真正有学行的人，固然也不少，但清人的重学轻行，似乎成了一种风气，确为后世遗留不少的恶果。”[③]

文人学者是社会精英，为天下表率。学术精英重学轻行的直接后果，是败坏世俗风气，遗患无穷。针对清儒的学行分离，陈澧倡导“圣贤之道，修己治人”，主张“效法汉儒之行谊”，强调“读书修行”等，正是贬风气挽流俗、纠偏补弊的有感而发。陈澧掌教菊坡精舍时，首先大书顾炎武“行己有耻，博学于文”二语揭于前轩，并申之曰：“读经史子集四部书，皆学也，而当以经为主，尤以行己有耻为先。”[④]均是同一意思、

① 桑兵主编《续编清代稿钞本（第七七册）》，广州：广东人民出版社，2009，第385页。

② 陈澧著、黄国声主编《陈澧集》陆《引书法》，上海：上海古籍出版社，2008，第233页。

③ 萧一山：《清代的学风》，载沈云龙主编《近代中国史料丛刊》第88辑，台湾文海出版社，1966-1973，第139页。

④ 陈澧：《东塾集》卷二《菊坡精舍记》，光绪十八年刻本，第29页。

不同层面的发挥。

清代考据学即汉学、朴学，繁碎支离，窒锢思想，泯灭性灵，人所共知。那么，在这种情况下，陈澧坚持汉学立场，出面调和汉宋，提倡新学风，意义又何在呢？

问题的关键在于，考据学或汉学虽述而不作，无思想性可言，但在治学方法和手段上却不失科学性，具有近代精神。胡适即谓："中国旧有的学术，只有清代的'朴学'确有'科学'的精神。"[①]梁启超所总结的：凡立一义，必凭证据；选择证据，以古为尚；孤证不为定说；隐匿证据或曲解证据，皆以为不德；最喜罗列事项之同类者，为比较的研究，而求得其公例……[②]以及：第一步，必先留心观察事物，觑出某点某点有应特别注意之价值；第二步，凡与此事项同类者或相关系者，皆罗列比较以研究之；第三，比较研究的结果，立出自己一种意见；第四，从正反两面博求证据，证据备则泐为定说，遇有力之反证则弃之……[③]均与近代实验科学方法吻合。如此一来，陈澧立足于汉学，强调读书，突出考据，在治学精神、治学方法方面就有其永恒的价值和积极意义。他所反复申述强调的这些人所共知的寻常道理，虽无慷慨激昂、耸人听闻之处，却稳健淳朴、笃实不欺，属于平凡真理一类，历万古而不灭。

此外，放在近代中国社会剧烈转型这个历史大背景下观察，陈澧致力于汉宋调和，他所倡导的新学风，以及他所代表的东塾精神，另有更深刻的意义所在。

今人张舜徽说："澧湛深经学，笃实不欺。平日教人及所以自励者，在平心静气，低头精读注疏，而不蹈架空立论之弊。故其自为之书，皆实

---

① 胡适：《胡适文存》卷二《清代学者的治学方法》，载谢国桢主编《民国丛书》第一编，上海：上海书店，1989，第216页。

② 梁启超：《清代学术概论》，上海：上海古籍出版社，2000，第47页。

③ 梁启超：《清代学术概论》，上海：上海古籍出版社，2000，第62页。

事求是，有乾嘉诸师治学精谨之风，而无乾嘉诸师论学门户之见，平正通达，不偏不党。”[①]

有识之士，每每以陈澧作为优良学风的旗帜榜样，晚清、民国与当代，各有实例。

晚清当推张之洞。

张之洞，字孝达，号香涛，直隶（今河北）南皮人。历任两广总督、湖广总督、两江总督等，晚年入京，掌管学部，死谥文襄。他是晚清洋务派代表人物，以大力倡导“中学为体，西学为用”著称。

张之洞生前与陈澧并未谋面，但通过东塾弟子桂文灿、谭宗浚等，间接获知陈澧的一些学行著述。光绪五年（1879），陈澧七十大寿。张之洞自京师寄赠楹帖云：“棲迟养老，天下服德。锐精覃思，学者所宗。”[②]这是他借贺寿之机，以表达敬意和仰慕之情。

张之洞像

张之洞仰慕陈澧，并非附庸风雅，而是出于二人学术立场观点的一致性。《抱冰堂弟子记》载：“公平生学术最恶公羊之学，每与学人言，必力诋之。”[③]张之洞憎恶公羊之学（指以经议政），因此，他对坚持乾嘉学派传统，以稳健、纯朴、笃实学风著称的陈澧的学行著述十分仰慕和钦佩，他成为陈澧最有力的宣传推行者，也就不难理解

① 张舜徽：《清人文集别录》，武汉：华中师范大学出版社，2004，第444页。

② 汪兆镛：《椶窗杂记》卷三，1943年排印本，第1页。

③ 张之洞辑《抱冰堂弟子记》，载《张文襄公全集》卷二二八，北京：中国书店，1990，第1033页。

了。其弟子袁昶写道："公（张之洞）于治经，最服膺陈兰甫先生澧，恨生平未见，寄篆联至自称私淑弟子。"[1]以私淑弟子自居，即学术上服膺、心悦诚服的表现。

陈澧去世后两年即光绪十年（1884），张之洞调任两广总督。在广州，他还特地去陈澧生前讲学处菊坡精舍瞻仰凭吊，并赋诗云：

乾嘉才斯盛，人耻不读书。
后进弃心得，骋骛各殊途。
谁与端经术？通德在番禺。[2]
……

"通德"指陈澧。"端经术"，蕴含有欲借陈澧大旗，力挽狂澜，重建学术规范之意。

光绪二十四年（1898），张之洞撰《劝学篇》。在《内篇·守约第八》"经学通大义"条中，公开提出："五经总义，只读陈澧《东塾读书记》、王文简引之《经义述闻》。"又在"理学看学案"条中云："陈兰甫《东塾读书记·朱子》一卷最善。"并在《外篇·变科举第八》中附录《〈东塾读书记〉引朱子论科举》一节。[3]推崇《东塾读书记》，将其列为士子必读之书，主要是因为它中正平实，不偏不倚。后清廷下诏将《劝学篇》颁各省督抚刊行，对陈澧学行的宣传推广起到的作用，自不言而喻。

---

① 袁昶：《壶公师寿言节略》，载《渐西村舍丛刻》，光绪刊本，第24页。

② 苑书义、孙华峰、李秉新等编《张之洞全集》卷二九六，石家庄：河北人民出版社，1998，第10537页。

③ 张之洞著、李忠兴评注《劝学篇》，郑州：中州古籍出版社，1998，第94-96页、第140页。

张之洞在晚清政坛、学术界具有重要的地位和崇高的声望，他大力推尊陈澧，表彰东塾精神，使陈澧及东塾学派才能在清末民初维持了一段时期的正统及主导的地位。20世纪20年代，日本学者今关寿麿于所撰关于学术界状况的书中写道："认为北方旧学势力最大的还是张之洞余风的陈澧一派。"[1]于此可见，陈澧的重要地位及深远影响。

民国时期借陈澧大旗呼吁改良学风者，可以钱穆为代表。

钱穆，字宾四，江苏无锡人。著名历史学家、教育家。历任北京大学、北平师范大学、国立西南联合大学、四川大学、云南大学等教授。1949年赴香港，创办新亚书院。1967年迁居台北，任台湾"中国文化学院"（今中国台湾"中国文化大学"）教授。

钱穆在《国学概论》中写道："盖尝论之，自清季以还，外侮日逼，国人之不自安而思变以图存者亦日切。至于最近之数十年，则凡文字、学术思想、家国社会伦常日用，无一不有急激求变之意……盖凡此数十年来之以为变者，一言以蔽之，曰求'救国保种'而已。"又说："要而言之，则此十七年之学术思想，有可以一言尽者曰：出于'救国保种'是已。故救国保种者，十七年学术思想之出发点，亦即十七年学术思想之归属处也。"[2]

钱穆像

台湾学者郑吉雄认为，钱穆撰写《国学概论》时，尚未注意陈澧，《中国近三百年学术史》有《陈兰甫》一章，殆受钱基博之影响。而《陈兰甫》章附以朱

① 桑兵：《近代中国学术的地缘与流派》，《历史研究》1999年第3期，第25页。

② 钱穆：《国学概论》，北京：商务印书馆，2003，第353-354页、第363-364页。

一新，也与钱基博之论述若合符节。[①]

钱穆接触陈澧后，大为佩服。在《中国近三百年学术史》中专立《陈兰甫》一章，当然体现出他对陈澧的高度重视。钱穆确实是认真读过陈澧之书者，故能精深入微，把握体会陈澧之用心旨趣，与张之洞一样，成为其服膺者。《陈兰甫》章分“传略”“著书大要”“东塾遗稿”“东塾论汉学流弊”“东塾所欲提倡之新学风”诸节。而全章重心，在畅论陈澧的汉宋调和思想，即“东塾所欲提倡之新学风”。钱穆详尽深入引述东塾有关治学之论述，条分缕析，赞不绝口，一唱三叹，将陈澧引为知己。他评论总结说：“凡东塾所欲提倡之新学风，大率如是，是其用心至苦，而成就亦至卓矣。”[②]

钱穆还是公开、明白无误地以东塾为旗帜，大声疾呼倡导回归理性、重建学术规范的第一人。他着重指出：“今日者，学风之坏，有甚于东塾之当年。士情之懒且躁，不肯读一部书，而好以胜古人。东塾忧之，所谓足以乱天下者，方复见于今日。安所得东塾其人者，以上挽之于朱子、郑君，相率趋于博学知服之风，而求以作人才、转世运哉？此余于东塾之一编，所尤拳拳深致其向往之意也。”[③]钱穆是迄今为止最为全面、最为详尽地从学术史的角度评介论述陈澧学术精神的第一人，不愧为陈澧的千古知音。

无独有偶，半个多世纪后，陈澧又被人重新提起，此人乃王元化。

王元化，湖北江陵人。著名思想家、文艺理论家。曾任国务院学位委员会第一、第二届学科评议组成员，华东师范大学教授，上海市委宣传部部长。

---

① 张素卿：《经及其解释——陈澧的经学观》，载姜广辉主编《经学今诠三编》，沈阳：辽宁教育出版社，2002，第678页。

② 钱穆：《中国近三百年学术史》，北京：商务印书馆，1997，第689页。

③ 钱穆：《中国近三百年学术史》，北京：商务印书馆，1997，第689-690页。

王元化是通过钱穆的著述才接触到陈澧的，时间虽晚，但立即被深深吸引，与陈澧产生强烈共鸣。他高度重视、急欲发掘陈澧的潜在价值，积极宣传、评价、阐释陈澧的学术思想。这主要表现为：

第一，重提研究陈澧的重要意义。

王元化在各种场合多次公开强调要加强对陈澧的研究。他说："近代史只研究变法维新的思想家，而缺乏学术脉络的梳理，以至像陈澧、朱一新等的学术思想研究长期成为空白，这是亟待填补的。"[①]又说："陈澧（兰甫）、朱一新（鼎甫）不为治近代史者所注意，但他们对乾嘉以后的学风影响甚大……二人著作解放后长期未刊行，直到九十年代始得重排刊印。朱维铮编《中国近代学术名著》丛书，其中收有陈澧《东塾读书记》（外一种）。此编在校勘、标点、注释及索引方面都作得较为认真，足资参考。"[②]

《东塾读书记》的印行，表明陈澧又重新被发现，开始受到主流学术界的重视。

第二，强调陈澧所代表的优良学风的价值。

王元化眼光独到，直入核心，重点发掘和阐述陈澧最有价值的部分——优良学风。他说："东塾在经学方面并没有太大的贡献，但其中有关治学精神、治学态度、治学方法的

王元化像

① 王元化：《九十年代日记》，杭州：浙江人民出版社，2001，第456页。

② 王元化：《九十年代日记》，杭州：浙江人民出版社，2001，第388页。

论述却是不容忽视的。这些方面直接关系到学术的盛衰，可供研究近现代之学术变流及发展者参考。”[①]此外他还强调指出：“清自乾嘉之后，陈澧、朱一新辈，皆着力阐述治学态度与治学精神，倡导一种优良学风，为前人所忽略，亦未为后人所关注。当时学术界偏重政治之改革，无暇顾及学术自身之问题。康梁严复诸人，变法维新之书，世相争阅。陈澧、朱一新之论虽精，关系中国学术文化发展虽巨，但风尚所偏，终为所掩。五四后，学者再拾旧绪，重新关注学风问题者，似仅熊十力一人而已。”[②]

第三，表彰陈澧倡导的“博学知服”精神。

学术争鸣和批评是学术健康发展的基础与前提。王元化对陈澧所倡导并一贯坚持的良好学术争鸣和批评态度赞不绝口，认为是其时之必须，他写道：“东塾评弹汉学的意见，《读书记》多引而不发，婉约其辞……这一点钱宾四《学术史》曾分析说：‘盖深识之士，彼既有意于挽风气，贬流俗，而又往往不愿显为诤驳，以开门户意气无谓之争，而唯求自出其成学立业之大，与一世以共见，而祈收默运潜移之效……’唯其如此，所以深识之士以传播真知为旨归，而不愿以豪言惑众，取媚流俗。”[③]

这是推崇陈澧谦虚、退让、与人为善，颇具“绅士风度”的学术争鸣和批评态度，借以纠正、扫除长期以来学术界普遍存在的暴戾之气，倡导恢复平等、和谐、求真务实的学术氛围和理想学风。

第四，认同陈澧“学术的社会效应”的表述。

王元化反对急功近利的学术躁进，但并非主张学术与社会脱节。他对陈澧提出的学术对于社会具有渐变力量的说法，尤有会心，并在此基础上加以补充发挥。他写道：“东塾说书中不谈治法，‘非无意于天下事也。

① 王元化：《九十年代日记》，杭州：浙江人民出版社，2001，第389页。
② 王元化：《九十年代日记》，杭州：浙江人民出版社，2001，第242页。
③ 王元化：《九十年代日记》，杭州：浙江人民出版社，2001，第390页。

（而是）以为政治由于人才，人才由于学术。吾之书专明学术。幸而传于世，庶几读书明理之人多，其出而从政者，必有济于天下，此其效在数十年之后也’，这里需要补充的是，其实学术还不仅为政治培育人才，更为重要的是它能够转移社会风气，提高人的文化水平，影响人的素质。学术上的虚骄浮夸陋习，往往会形成社会上的弄虚作假之风。自然这种影响正像文化人类学者所指示，是通过一些中介的媒体发生作用的。学术的社会效应不是直接的，而是间接的；不是快速的，而是迟缓的。正如东塾所说，‘其效往往在数十年之后也’。由于社会效应的间接与迟缓，故这类学者往往被急功近利者讥为迂腐。”①

王元化深知陈澧的价值之所在，亲自促成了《陈澧集》在上海的公开出版。据当事人回忆，“在编辑出版期间，元化先生经常催问编辑出版进度。他迫切想早日读到陈澧的著作。”可惜的是，2008年7月《陈澧集》出版时，“而元化先生已先两月去世，未能看到他萦系心头的这部书的问世，留给我们无尽的遗憾”②。

《陈澧集》

张之洞、钱穆、王元化，三人所处时代不同，出身、地位相距甚远，立场角度各异，但赞赏、推崇、表彰陈澧，落脚点却基本一致。

陈澧的学术意义在此，陈澧的历史地位也正在此。

① 王元化：《九十年代日记》，杭州：浙江人民出版社，2001，第389页。

② 高克勤：《王元化与古籍整理出版》，载陆晓光主编《清园先生王元化》，上海：华东师范大学出版社，2009，第318页。

选编思路与原则

陈澧一生勤奋努力，笔耕不辍，著述丰硕。但他到底有多少种著作？这个问题恐怕一下子也难以回答清楚。因为他的著作，有已成与未成之分，又有已刻与未刻之别，情况比较错综复杂。

近人汪宗衍撰《陈东塾先生年谱》，后附《陈东塾先生著述考略》，据他统计，陈澧一生共编纂著作81种，包括已刻者32种、未刻者12种、未见或未成者37种。[①]这其中有不少是有目无书，或仅撰著一二条者。由于存在以上纷繁复杂的情况，精确统计势必有不少困难。1982年，吴茂燊、黄国声在汪宗衍的基础上重新进行统计订补，“陈澧所著，包括已刻、未刻和存目，当有116种”[②]。这应是迄今为止对陈澧著作情况所作的最详尽的论述。

陈澧著作虽多，但学者们公认，其已成之作中，最重要、最具代表性的著作应为《汉书地理志水道图说》《切韵考》《汉儒通义》《声律通考》《东塾读书记》《东塾集》等。这些著述，奠定了陈澧在学术界的崇高地位，使得他跻身清代一流学者之列。

《广州大典》普及书系的基本要求是通俗易懂、雅俗共赏。而陈澧是一位学识博大精深的学者，他所研究和从事的经学、地理、音韵、乐律等学科领域，大都专门生僻、深奥难懂，与现代读者差距甚远。鉴于此，在挑选陈澧著作时，要慎重考虑，统筹安排，尽量周全，兼顾学术与普及两个方面。为此，编著者大致遵循以下原则。

第一，陈澧大部帙的代表性著述，如《汉书地理志水道图说》《切韵考》《汉儒通义》《声律通考》等，多为烦琐的训诂考证之作，内容、体

---

① 汪宗衍：《陈东塾先生年谱》，载沈云龙主编《近代中国史料丛刊》第77辑，台湾文海出版社，1966-1973，第122-141页。

② 吴茂燊、黄国声：《陈东塾先生著述考略》，《中山大学学报》1982年第4期，第55-66页。

例与现代读者距离太大，一般不予选读。

第二，考虑《东塾读书记》是陈澧最重要的著述，缺选实为不妥，难以回避。故特选择篇幅较短的《孝经》，读者可借以窥其概貌。循此原则，也挑选《水经注西南诸水考》部分篇章，作为地理考证的代表，以飨读者。

第三，《东塾集》，包括《东塾集外文》，文章众多，牵涉面广，在选择时，主要基于与当代及广东关系密切者，或与读书治学有所帮助者，或能表现陈澧学行著述不同风貌者。代表性、多角度、多层次，是选择考虑的重点。

第四，陈澧多才多艺，诗词应是其艺术才能的主要表现形式之一。但因诗词形式特殊，蕴意深远，且大量引用生僻典故，故在选择时，遵循贵精不贵多的原则。

第五，语录或札记体的《东塾遗稿》，内容多为读书论学、治学方法、往事回忆等，具有重要性和可读性两个特点，比较符合学术普及和通俗读物的要求。故本书选择《东塾遗稿》篇幅偏长，分量较大，这是需要特别指出的，望读者理解。

第六，陈澧著述版本众多，颇有可供选择的余地。但考虑2008年黄国声主编的《陈澧集》具有最新、最全和校勘较为完善诸特点，因此本书的版本选择基本上以该版《陈澧集》为准。此外，选文前后的安排和文章排列次序，大体上也依遵该版《陈澧集》体例。至于《陈澧集》中个别文字、标点符号上的明显错误，径为改正，不再另作说明。

第七，鉴于目前尚未有陈澧著作通俗选本的问世，本选本算是第一本关于陈澧立足学术的通俗性读物。

诗文选读

《东塾集》选读

题解

《东塾集》是陈澧的文集，陈澧逝世后由其门人整理辑刊，有八卷本和六卷本两个版本。八卷本刻于光绪十二年（1886），因印本太少，流传极罕。六卷本刻于光绪十八年（1892），比八卷本少文11篇，甚为流行。

六卷本收文220篇，包括说、解、议、书后、记、序、跋、碑志、传状等体裁。需要指出的是，《东塾集》所选文章，皆为陈澧生前“手定”。也就是说，都是得到陈澧自己认可的，只是未及付梓。

当时及后世学者，对《东塾集》的态度大多为赞誉和推崇。如清代学者谭献在日记中写道：“四月四日。阅《东塾文集》。经师通贯，足名其家。”（谭献：《复堂日记续录》，载李德龙主编《历代日记丛钞》第64册，北京：学苑出版社，2006，第264页。）今人张舜徽在《清人文集别录》中也评论说：“澧之可传以不朽者，本不在乎文辞之末也。澧湛深经学，笃实不欺。平日教人及所以自励者，在平心静气，低头精读注疏，而不蹈架空立论之弊。故其自为之书，皆实事求是，有乾嘉诸师治学精谨之风，而无乾嘉诸师论学门户之见，平正通达，不偏不党。”（张舜徽：《清人文集别录》，武汉：华中师范大学出版社，2004，第444页。）推崇之高，足以概见。

2008年上海古籍出版社出版黄国声主编的《陈澧集》，其中所收《东塾集》，即据六卷本点校。今选录其中与现实联系较近、较为通俗、可读性强，且能凸显陈澧代表性思想的若干篇章，借以窥其一斑。

广州音说

广州方音合于隋唐韵书切语[①]为他方所不及者，约有数端。余广州人也，请略言之。平上去入四声，各有一清一浊，他方之音多不能分上去入之清浊。如平声邕《广韵》[②]于容切。容余封切。一清一浊，处处能分。上声拥于陇切。勇余陇切。去声雍此雍州之雍，于用切。用余颂切。入声郁于六切。育余六切。亦皆一清一浊，则多不能分者。福建人能分去入清浊，而上声清浊则似不分。而广音四声皆分清浊，截然不溷[③]，其善一也。上声之浊音，他方多误读为去声，惟广音不误。如棒、三讲。似、市、恃六止。伫、墅、拒八语。柱九麌。倍、殆、怠十五海。旱二十三旱。践二十八狝。抱三十二皓。妇、舅四十四有。敛五十琰。等字是也。又如孝弟之弟去声，十二霁。兄弟之弟上声浊音，十二荠。郑重之重去声，三用。轻重之重上声浊音。二肿。他方则兄弟之弟、轻重之重亦皆去声，无所分别。惟广音不溷，其善二也。李登《书文音义便考私编》云："弟子之弟上声，孝弟之弟去声；轻重之重上声，郑重之重去声。愚积疑有年，遇四方之人亦甚多矣，曾有呼弟、重等字为

---

① 韵书切语：韵书是把汉字按照字音分韵编排的一类书。根据文献的记载，中国最早的韵书是三国时期李登编著的《声类》和晋代吕静编著的《韵集》，均已佚。切语，又称反切，是古代的一种拼音方法。上字取声，下字取韵，用两个字给一个字注音。三国魏孙炎（字叔然）撰《尔雅音义》，隋代陆词（或作慈，字法言）参酌古今南北之音著《切韵》五卷，均已佚。

② 《广韵》：全称《大宋重修广韵》，共五卷。北宋真宗时期陈彭年、丘雍等根据前代《切韵》《唐韵》等修订而成，原为增广《切韵》而作。因《切韵》已佚，故《广韵》成为汉语音韵学中的一部重要著作。

③ 溷（hùn）：肮脏，混浊。

上声者乎？未有也。”案：李登盖未遇广州之人而审其音耳。侵、覃、谈、盐、添、咸、衔、严，凡九韵皆合唇音，上去入声仿此。他方多误读，与真、谆、臻、文、殷、元、魂、痕、寒、桓、删、山、先、仙十四韵无别。如侵读若亲，覃谈读若坛，盐读若延，添读若天，咸、衔读若闲，严读若妍。御定《曲谱》[①]于侵、覃诸韵之字皆加圈于字旁以识之，正以此诸韵字人皆误读也。广音则此诸韵皆合唇，与真、谆诸韵不溷，其善三也。广音亦有数字误读者，如凡、范、梵、乏等字亦不合唇。然但数字耳，不似他方字字皆误也。庚、耕、清、青诸韵合口呼之字，他方多误读为东、冬韵。如觥读若公，琼读若穷，荣、萦、荧并读若容，兄读若凶，轰读若烘。广音则皆庚、青韵，其善四也。《广韵》每卷后有《新添类隔今更音和切》，如眉，武悲切，改为目悲切；绵，武延切，改为名延切。此因字母有明、微二母之不同，而陆法言《切韵》[②]、孙愐《唐韵》[③]则不分，故改之耳。然字母[④]出于唐季而盛行于宋代，不合隋及唐初之音也。广音则明、微二母不分，武悲正切眉字，武延正切绵字，此直超越乎唐季宋代之音而上合乎《切韵》《唐韵》，其善五也。五者之中，又以四声皆分清浊为最善，盖能分四声清浊，然后能读古书切语

---

① 御定《曲谱》：康熙年间王奕清等奉旨撰写。该书辑录并分析各种曲调格式，可供人作曲时参考。

② 陆法言《切韵》：陆法言即陆词，隋音韵学家。他所著《切韵》五卷，用反切法给每个汉字注上音，定上韵，是一部完整、标准的注音字典。

③ 孙愐（miǎn）《唐韵》：孙愐，陈州（今河南周口）人，唐音韵学家，撰《唐韵》五卷。《唐韵》是《切韵》的一个增修本，原书已佚。

④ 字母：三十六字母。宋代汉语语音三十六个声母的代表字，初由唐末守温定为三十个字母，宋代等韵学家增加六个字母，合三十六字母。

而识其音也。切语古法上一字定清浊而不论四声，下一字定四声而不论清浊，若不能分上去入之清浊，则遇切语上一字上去入声者，不知其为清音为浊音矣。如东，德红切，不知德字清音，必疑德红切未善矣。鱼，语居切，不知语字浊音，必疑语居切未善矣。自明以来韵书多改古切语者，以此故也。广音四声皆分清浊，故读古书切语了然无疑也。余考古韵书切语有年，而知广州方音之善，故特举而论之，非自私其乡也。他方之人宦游广州者甚多，能为广州语者亦不少，试取古韵书切语核之，则知余言之不谬也。朱子云："四方声音多讹，却是广中人说得声音尚好。"《语类》一百三十八。此论自朱子发之，又非余今日之创论也。至广中人声音之所以善者，盖千余年来中原之人徙居广中，今之广音，实隋唐时中原之音，故以隋唐韵书切语核之而密合如此也。请以质之海内审音者。

评析

陈澧精通音韵，相关论著很多，如《切韵考》《初学编·音学》等。此文是他用专业知识来审视乡土语音，具权威水准，读来最为亲切。

广州音接近唐宋时代的中原音，是有特定的历史背景与地理条件的。陈澧在札记中写道："余尝谓唐末中原人多来粤，故今广州音多唐时音也。"（桑兵主编《续编清代稿钞本》第八二册，广州：广东人民出版社，2009，第355页。）《广州音说》一文，就专门申述这一观点。音韵学专家罗伟豪指出，《广州音说》全文仅一千余字，篇幅虽小，却是19世纪研究粤语的一篇优秀论文，"已深刻揭示广州音的主要特征。阐明广州音最接近《广韵》，论证广州音的实质是隋唐时的中原之音”。（罗伟豪：《重读陈澧〈广州音说〉》，载詹伯慧主编《第八届国际粤方言研讨会论文集》，北京：中国社会科学出版社，2003，第199-203页。）

科场[1]议一

文章之弊，至时文而极，时文之弊，至今日而极。士之应试者又或不自为文而剿袭[2]旧文，试官患之，乃割裂经书以出题。于是题不成题，文不成文。故朱子谓时文为经学之贼，文字之妖。其割裂出题，则经学贼中之贼，文字妖中之妖也。然则考试废时文而用经说[3]、史论，不亦善乎？时文弊极矣，而不可骤废也；经说、史论善矣，而不能骤行也。大凡变法者，渐则行，骤则不行。今之士人不习为经说、史论，一旦用以考试，束手不能下笔，必哗然以为奇异，而俗士之居大官者出而阻挠之。是故时文不可骤废，经说、史论不可骤行也。时文之弊有二：代古人语气，不能引秦汉以后之书，不能引秦汉以后之事，于是为时文者皆不读书，凡诸经先儒之注疏，诸史治乱兴亡之事迹，茫然不知，而可以取科名、得官职。此一弊也。破题、承题、起讲、提

① 科场：科举考试的场所。此处泛指科举考试及其制度。

② 剿（chāo）袭：剽窃他人作品，因袭照搬。

③ 经说：经书的解说。

比、中比、后比，[①]从古文章无此体格，而妄立名目，私相沿袭，心思耳目缚束既久，锢蔽既深，凡骈散文字、诗、赋皆不能为。此又一弊也。前之弊大，后之弊小。当先去大弊，考试仍用时文而去其代语气之法，以能援据诸儒之说、引证诸史之事者为上。且时文家于题有子曰、孟子曰者，本可不代语气，奈何犹不引后世之言、证后代之事哉！今时文家亦用书卷[②]，如用三礼[③]，今特并引三礼注疏耳；用《左传》，今特并用《史记》《汉书》耳。其所谓破题、承题、起讲、提比、中比、后比者，仍而不变，虽欲委以不能而不得也。而又无可勦（剿）袭之文，则割裂之题皆不必出矣。如是，则士人渐读书，至考试三科[④]，读书渐多，乃使之去其破题、承题、起讲八比之陋格，于是出经题即成为经说矣，出史题即成为史论矣。自然而成，其势易易也。于是选古人经说、史论之精醇者，板刻颁示以为之法。又三科以后，经史之学盛，文章之道昌，如是，士习醇而人才出矣。

① 八股文是明清科举考试规定之应试文体，每篇由破题、承题、起讲、领题、提比、中比、后比、束比八部分组成。

② 书卷：书籍。古代书本多做成卷轴，故又称为“书卷”。此处指文献典籍。

③ 三礼：儒家经典著作《周礼》《仪礼》《礼记》三书的合称。

④ 三科：指三场考试，科举考试中乡试、会试之考试场次与内容。如清代乡试，乾隆时规定，第一场试四书义，第二场试经义，第三场试策论。

科场议二

今之试士，第一场以四书题八股文及八韵诗，第二场以五经题八股文，第三场对策。其法备矣，然行之久而有弊，有当改法者：其一，五经题当试经解[①]也，八股文代古人语气，古之文章本无是体也。四书文不能骤变，所当变者五经文也。夫说经者必根据先儒之说而后不失于杜撰，必博考先儒之书而后不失于固陋，又必辨析先儒之说之异同而择其善，而后不失于驳杂。今使之代古人语气，不能引证先儒之说，应试者挟一坊刻五经标题足矣。是适以困读书之人而便不读书之人，故曰五经题当改试经解也。其一，当复专经之旧例，又当增《周礼》[②]《仪礼》[③]《公羊春秋》《谷梁春秋》[④]为九经。夫《礼记》为《仪礼》之传[⑤]，朱子之言也。今但以《礼记》试士，是用传而弃经也。孔颖达曰："《周礼》为本，《仪礼》为末。"则《周礼》《仪礼》又不可

---

① 经解：历代解释儒家经典的书籍的通称。

② 《周礼》：也称《周官》或《周官经》，儒家经典之一。搜集周王室官制和战国时代各国制度，添附儒家政治理想，汇编而成。

③ 《仪礼》：简称《礼》，也称《礼经》或《士礼》，儒家经典之一。春秋战国时代一部分礼制的汇编，共17篇。一说是周公制作，一说是孔子订定。

④ 《谷梁春秋》：也称《春秋谷梁传》或《谷梁传》，儒家经典之一。专门解释《春秋》。旧题谷梁赤撰，初仅口说相传，西汉时才成书。体裁与《公羊传》相近，是研究秦汉间和汉初儒家思想的重要资料。

⑤ 《礼记》为《仪礼》之传：朱熹作《仪礼经传通解》，以《仪礼》为经，以《礼记》为传。后世学者多认同此说。

废也。朱子论《春秋》三传[①]，谓左氏长于述事，而公、谷长于经义，然则公、谷二传又不可废也。班固曰：古之学者三年而通一经，三十而五经立。此殆以意为之，试问自汉以来兼通五经者几人？夫以二千年中寥寥无几人，而悉以责之天下科举之士，无怪其粗疏蔑裂[②]，有通五经之名，而无通一经之实也。如曰不然，试问衡文者[③]曾见五经皆通之卷乎？

夫治五经而不通，不如治一经而通。今谓宜以九经试士，会试十八房[④]，每一经二房；乡试卷多者亦如之，卷少者九房皆均分其中额，以杜士之避难趋易。昔时各经中额，皆以卷多少为准，故士皆治《易》《诗》《书》而不治《礼》《春秋》。如均分中额，则经文少者治之易，而卷多难中；经文繁者治之难，而卷少易中。则无避难趋易之弊矣。如是，则经学必盛。试观乾隆以前专经之时，经学盛于今日，其效可睹也。其一，改对策为史论，而命题以《御批通鉴辑览》[⑤]为准。夫对策者，所以观其人博通今古也。然而古今之书浩如烟海，即问十对五，亦难其人。于是考官皆举浅俗习见者为问，使人易对，明知能对者亦非可贵，遂置之不阅。而士亦钞（抄）袭习见之语以待问，且又明知主司不阅而皆信笔空写数行以塞责，此而不废，

① 《春秋》三传：《春秋左氏传》（《左传》）、《春秋公羊传》（《公羊传》）、《春秋谷梁传》（《谷梁传》）的合称。《春秋》为经，“三传”是对《春秋》的引申、解释。

② 蔑裂：蔑，目受伤而不明。蔑裂，指不理解，混乱不清。

③ 衡文者：衡文，品评文章。衡文者，特指主持科举考试的考官。

④ 十八房：科举考试同考官之统称。为防止作弊，主考官之外，还有同考官，同考官按考试内容分房阅卷，最多至十八房。故同考官也称房官、房考官。

⑤ 《御批通鉴辑览》：书名，清乾隆三十二年（1767）官修，共一百一十六卷。该书编年纪事，纲目相从，起自上古，迄明末，是简明的编年体通史。

甚无谓也。夫士不可不知史事，前代之治乱兴亡，与夫典章制度、前言往行，有益于人者甚大，但二十四史之书太多，《资治通鉴》亦复繁博，且作史者人非圣贤，不能无偏，惟《御批通鉴辑览》书不多而事备，又经圣人之论定，以此命题著论，则士必通知古事，有益政治，与陈陈相因之对策相去天渊矣。又问策一道，往往举十余事，易于铺排成篇。史论则以一人一事为题，非通悉此人之事迹，此事之本末，不能成篇。夫论一事而精通，固胜于对数十事而抄袭也。其一，试诗改为试赋[1]。或不废诗，但增试赋。夫士通经史原不必以赋见长，然八股文、经解、史论或可场外预拟，以其无韵也。诗虽有官韵[2]，而一韵亦可以预拟。赋则限以八韵，虽同题而不同韵，则不可以直抄，其于鉴别真伪为最易，当以第三场试之。如其赋不通，则四书文、经解、史论非其自作，可知也。如是，则四书文为一场，经解为一场，如不废诗，则第二场并试之。史论及赋为一场，其法尽善矣。又自来以四书为一场者，以尊朱子故也。然朱子所作者，注也，以经而论，则五经为孔子所诵述，而《论语》《中庸》《大学》乃孔子与弟子之言，《孟子》又在其后。五经先于四书，于义为当，朱彝尊[3]尝有五经题为第一场之议，采而行之，尤善之善者也。

---

① 赋：文体名。先秦已有，到汉代形成一种特定的体制，讲究文采、韵节，兼具诗歌与散文的性质。

② 官韵：科举时代官定韵书中所规定的韵。宋代《礼部韵略》、明代《洪武正韵》、清代《佩文诗韵》等都是官定韵书，当时考试均以此为诗赋押韵的标准。

③ 朱彝尊：字锡鬯（chàng），号竹垞，浙江秀水（今嘉兴）人，清文学家。著有《经义考》等。

科场议三

今之科场，士子多者至万余人，人各为十四艺①，试官不能尽阅也。于是三场专重第一场，视二场三场无足重轻，甚至有不阅者。故士皆专力于四书文，而成荒经蔑古②之风也。欧阳文忠③有《论更改贡举劄子》云：“贡举④之法，用之已久则弊，当更变。然臣谓必知致弊之因，方可言变法之利。今为考官者，非不欲精较能否，而常恨不能如意。患在诗赋、策论通同杂考，人数既众，而文卷又多，使考者心识劳而愈昏，是非纷而益惑。当随场去留而后可，使学者不能滥造，考者不至疲劳。”其法云：“凡贡举，旧法若二千人就试，常额不过选五百人。今臣所请者，宽其日限，而先试以策而考之，可去五六百人。以其留者次试以论，又如前法而考之，又可去其二三百。其留而试诗赋者不过千人，于千人而选五百，则少而易考，不至劳昏，考而精当，则尽善矣。纵使考之不精，亦选者不至太滥。”窃谓文忠所云，诚最善之法也。今学政⑤及府州县之试士即此法，乡试、会试诚当仿而行之。第

① 十四艺：十四经。宋时曾在十三经外加《大戴礼记》，合称十四经。

② 荒经蔑古：荒废经学，轻视古人或传统。

③ 欧阳文忠：欧阳修，字永叔，号醉翁、六一居士，吉州永丰（今江西吉安）人，北宋政治家、文学家、史学家。谥文忠，世称欧阳文忠公。著有《欧阳文忠集》等。

④ 贡举：贡，贡士；举，乡举里选。后世泛称向君主举荐人才为贡举，科举时代也称科举为贡举。

⑤ 学政：学官名。“提督学政”的简称，也称“督学使者”。清中叶以后，学政被派往各省，按期至所属各府、厅考试童生及生员，三年一任。不论本人官阶大小，在任学政期间，与督抚平行。

一场去其文不佳者，其留者视中额[①]三十倍以为准。乃试第二场又去其不佳者，其留者视中额十倍以为准。乃试第三场然后取中如额。欧阳公以二千人为率，故试策、试论所去皆四之一。今科场人数多至万人，如第一场第二场仅去四之一，则文卷仍多，考官不能尽阅。且文之佳音，亦断不能及四之三也。其第一场第二场所取必限以数者，虑考官苟且自便，于第一场仅取足中额，而第二场第三场无去取也。今学政试正如此，故其二场、三场皆虚设。此法行则考官于二场、三场卷可尽阅，且二场、三场皆所以定去取，且亦不能不尽阅。而士于二场、三场皆所以决得失，其用力必笃，十年之后，通经博古之才，必渐多矣。且三场通阅，考官固劳，三场连试，士亦甚劳，其入二场、三场，皆疲乏之余，往往有绩学[②]工文而不能发抒者。如每场后得以休息，则亦可以尽其才也。此法于考官及士皆甚便，必可行也。

评析

陈澧在科考场上摸爬滚打了数十年，对科举考试制度弊病有切身体会。他对科举制度的批评及改良建议，散见于各种著作、书信、札记，以及与门人的讨论之中，以《科场议》三篇最为集中。

《科场议一》的中心思想，主要是批评考试八股文的“代古人语气”、抄袭旧文、割裂出题，等等。对此，陈澧主张温和的、渐进式的改革。主张在科举考试中废除“代古人语气”之法，以培育读书风气，借以

① 中额：录取的名额。明清科举考试，乡试、会试录取有固定的名额，这就是中额。

② 绩学：治理学问，也指学问渊博。

促进文风、学风的改变。

《科场议二》的中心思想，主要是批评科举考试的命题方式。他提出的改革方法：一是五经题当试经解。二是当恢复专经之旧例。三是改对策为史论。四是试诗改为试赋，或增试赋。

《科场议三》的中心思想，主要是批评科举考试只重头场的阅卷程序和录取方法。陈澧主张三场通阅，建议采取逐步淘汰的录取方法。

以上陈澧的批评和建议，都是针对科举考试制度最明显的症结和积弊而发。因为他自己是过来之人，所以感受自然最为真切，洞悉病源，所评所议无不切中要害，鞭辟入里，入木三分。他针对科举考试制度流弊丛生所提出的某些具体的改革意见和建议措施，在当时的历史条件下，不乏真知灼见，合理可行，确属难能可贵。

即便如此，以今天的立场和眼光来看这些所谓的批评和建议，终究还是囿于旧格局之中的小修小补。陈澧还不具备冲决一切藩篱罗网的勇气和胆识，他不敢，也不可能去全盘否定整个腐朽过时、积重难返的科举考试制度。这是陈澧的局限所在，也是时代使然。对此，我们不能过分苛求。

推广拔贡议

取士之法有二：荐举也，考试也。论者曰：考试善，糊名易书①，至公也。荐举不善，夤缘奔竞②，多私也。窃以为不然。

① 糊名易书：科举考试时，为防止舞弊，把考卷上考生姓名、籍贯等用空白纸弥封，叫“糊名”。为防止考官认出笔迹，安排专门人员将试卷重抄一遍，叫“易书”。

② 夤（yín）缘奔竞：指拉关系走后门，以求高升。

今之拔贡[①]，非荐举耶？举人、进士，夤缘关节者岂无其人耶？举人、进士文理不通者，多矣。而文理不通之拔贡实少。然则荐举之法善矣，其故何也？拔贡始举于教官[②]，必尝试高等而无劣行者，否则惧学政诘责。学政三年一任，其试士也再，又合前任所试以稽其高下，而三年中，于士之知名者亦必有闻焉。及教官之举之也，又一再试而后拔之，非如乡试、会试以一日之短长而去取之也。且一县而拔一人，苟文行庸劣，即不能服一县之士之心，非如乡试、会试可谢以糊名易书，而文字之真伪、素行之善否皆不得而知也。此拔贡之法所以善也。今乡试、会试作弊之案叠见矣，法久而弊多，防之不胜防，不若推广拔贡，分其登进之途。夫一县之士，文行优者必有数人，今惟拔一人焉，又十二年而一拔焉，其得才也几何？莫若仿乡试之例，三年一拔，其数以州县之大小为差。其廷试[③]授官也，与进士等。使天下之士得由二途并进，岂不善哉！至若优贡[④]三年一举，而廷试例无一等，案：同治初，官文襄[⑤]任湖广总督，奏请优贡廷试如拔贡例。自是始有一等，此文作于同治前，故云然。若三年一拔贡，则优贡可废矣。

---

① 拔贡：科举制度中选拔贡入国子监的生员的一种。清制，初定六年一次，乾隆中改为十二年一次，每府学二名，州、县学各一名，由各省学政从生员中考选，保送入京，作为拔贡。经过朝考合格，可以充任京官、知县或教职。

② 教官：又称学官。古代主管学政之官员和官学之教师之通称，此指后者。明清各级学校之教师有不同的名称，府学称教授，州学称学正，县学称教谕，副职均称训导。

③ 廷试：科举制度中由皇帝亲自发策问、在殿廷上举行的考试，通常指会试后的“殿试”。

④ 优贡：科举制度中选拔贡入国子监的生员的一种。清制，每三年由各省学政从儒学生员中考选一次，每省不过数名，也无录用条例。同治中规定，优贡经廷试后可按知县、教职分别任用。

⑤ 官文襄：官文，满洲正白旗人，王佳氏，字秀峰。历任湖广总督、直隶总督。谥文襄。

评析

除了对科举考试制度的各个方面、各个环节提出尖锐的批评及具体的改革建议和措施之外，陈澧还针对科举考试制度的狭隘性和局限性，提出了扩大拔贡的意见，借以完善选人制度。

拔贡，与科举考试不同，是一种推荐制。陈澧认为拔贡之法要比科举考试优越，这主要是因为拔贡有一套严格规范的推荐选择制度和程序方法。在科场弊案迭见，层出不穷，防不胜防的情况下，不如推广拔贡，分化登进之途。当时的拔贡之法有不够完善和需要改进的地方，如名额太少，周期太长，等等。对此，陈澧提出了具体建议，如仿乡试之例，三年一拔，增加名额，提高待遇，等等。这样在考试之外，又多了一条人才登进的途径。

讲书议

吾粤老师宿儒教授生徒百数十人者，谓之大馆[1]，其来久矣，此风气大可用也。《论语》曰：“齐一变至于鲁，鲁一变至于道。”[2]大馆者，一变而可以至于道者也。省城及近县大馆，

---

① 大馆：晚清广东私塾或学馆，十人以上称蒙馆，二三十人以上称中馆，其数十百人者号大馆。

② “齐一变至于鲁，鲁一变至于道”：齐国的政治经过一次改革，可以达到鲁国的水平；鲁国的政治经过一次改革，便可以和儒家的大道相符合了。道，指儒家思想的治国安邦之道，也即王道。

师十余人，弟子千余人，所讲授者四书五经[1]。朝一讲，暮一讲，仿古人鼓箧[2]之法以集众，师升讲堂，南面坐讲，弟子两旁坐听，美矣哉！古人授经讲学，何以异此。此天下所罕有也。然则学术日衰，人材日少，何也？但为作时文计，而非欲明圣贤之书故也。夫讲圣贤之书而但视为时文计，学术安得不衰？人材安得不少？然欲兴学术、作人材，何以兴之作之，以教官欤？以书院欤？教官不讲书也，书院不讲书也。就令讲书，一学讲之，各学不讲；一书院讲之，各书院不讲。欲其成为风气，断断难也。幸有十余大馆，讲书久成风气，兴学术，作人材，不望之大馆而更何望耶！今欲大馆讲书勿专为时文计，必使学者知此书为圣贤教我治人之法，非为我取科第之物，以朱子集注章句之道理，切实而讲明之，且不可急急而讲，今大馆限一年讲尽四书，太急矣。讲《论语》必二年而毕，《大学》《中庸》《孟子》一年而毕，使其学者三年而通四书，而后进而讲五经。夫能通四书与能为时文者，相去不可道里计也。且能通四书又断无不能为时文者也。即使弟子只为时文而来，然而数十百人中必有数人气质稍清，见识稍高，可以引而进之者。况讲书时自讲书，讲时文时仍讲时文，亦何害于其作时文也哉！如此，则变讲时文之风气为授经讲学之风气，其有益于学术、人材者甚大。但恐时文风气牢不

---

① 五经：指的是《诗》《书》《易》《礼》《春秋》。

② 鼓箧（qiè）：箧，小箱子，泛指书箱。鼓箧，击鼓集士，发箧陈书，古时入学的一种仪式。

可破，闻此言而笑之，以为迂阔，且有以为相诋诃者。所谓夜光之珠以暗投人，必遭按剑，[1]则非澧所敢知矣。

评析

清代训诂考据之学即汉学、朴学，一时称盛。但相对于此学术著述的繁荣，教育领域则严重滞后，聚徒讲学之风的稀缺，即为一个突出的表现。对于此种现状，陈澧认为很不正常，有必要加以改变。

道咸以后，汉学衰歇，陈澧认为拯救汉学的方法之一就是大力培养人才。而他有意识地提倡恢复古代书院独立探索、自由讲学的优良传统，正与此密切相关。

陈澧对于古代，尤其是汉代的传统讲学形式，抱有一种近乎顶礼膜拜崇敬的态度。清中叶以来，广东各地重视科举，广州及附近州县大馆、中馆、小馆林立，聘名师讲授其中，以猎取功名利禄，蔚为大观，对此，陈澧特著《讲书议》一文，加以发挥。

陈澧称颂广州大馆讲学方式，推崇古人传统讲学，是因为当时学校、书院教育制度已腐败不堪，教官、掌院均不讲学，只重考课。推崇广州大馆讲学，正是针对当时官方教育体系普遍存在的积弊而发。虽然广州大馆讲学内容是八股时文，是为了猎取科举功名，但陈澧认为此风气可以加以利用并改造，可以“变讲时文之风气为授经讲学之风气，其有益于学术、人材者甚大”。可见他仅仅是取大馆讲学的形式，而落脚点仍是经史实学的内容，仍是为了振兴已经衰竭的汉学、朴学。正因为如此，陈澧门人谭宗浚在《陈兰甫夫子七十寿序》中说：“盖自道咸而后，讲学渐稀，惟夫

---

① 夜光之珠以暗投人，必遭按剑：出自西汉邹阳《狱中上梁王书》，“臣闻明月之珠，夜光之璧，以暗投人于道，众莫不按剑相眄（miàn）者”。眄，斜着眼睛看。

子振厥宗风，蔚为时望。”（谭宗浚：《希古堂文乙集》卷四，光绪十六年刊本，第24页。）可谓一语中的，道出了陈澧在晚清教育界的地位及其影响。

书海国图志后呈张南山先生

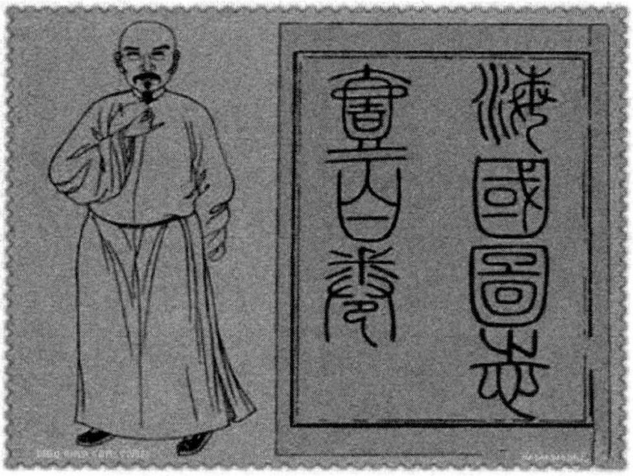

魏源与《海国图志》

前者见示魏氏《海国图志》[①]，读之三叹曰：魏君可谓有志之士矣！非毅然以振国威、安边境为己任，何其编录之周详，议论之激切如此哉！澧谓其书罗列荒远之国，指掌形势，可谓奇书。其所论则以调客兵[②]不如练土兵，及裁兵并粮[③]、水师将弁[④]用舵工炮手出身诸条为最善，切实可行，真有用之言也。此外有可议者，英

① 《海国图志》：书名。作者魏源，字默深，湖南邵阳人，道光进士，官至高邮知州，清思想家、史学家、文学家。《海国图志》叙述世界各国历史和地理，并主张学习西方国家的科学技术，“师夷长技以制夷”对当时思想界产生很大影响。

② 客兵：指由外地调来的军队。

③ 裁兵并粮：裁兵，裁减军队士兵数量。并粮，原义是合二人之粮，一人食用，此指提高士兵待遇。

④ 将弁（biàn）：武官的通称。

吉利今虽议款[1]，其患未已，诚虑他日当事者于此书[2]或不善采择，则所系不少，不得不辩。且去其瑕正所以显其瑜，固厚待魏君之意也。

此书之首，冠以《议守》《议攻》《议款》三篇，澧以为最可议者，莫如《议攻》篇以夷攻夷[3]之说也。魏君之为此说，直因廓尔喀[4]一禀[5]而起，遂欲令俄罗斯、米利坚、弗兰西皆助攻英吉利。不知廓尔喀素服中国兵强，又误闻英逆犯顺以来屡为中国击败，故欲乘势助攻，自雪仇怨。今中国议款，廓夷闻之，难保其无轻中国之意，而魏君乃欲其受我调度，此其未喻[6]一也。俄罗斯本非朝贡之国，乾隆中天威远播，令其缚献阿睦尔撒纳[7]，彼犹为之隐匿，何况今日使受驱策，此其未喻二也。当英逆犯顺，米利坚、弗兰西出为调人，不过恐英逆在广骚扰，阻彼贸易，彼但劝和，何遽[8]欲使助讨？二夷果能攻取印度，自获厚利，亦何待中国驱策？且印度属之二夷，与属英吉利何异？岂二国得之，即不种造鸦片哉！此其未喻三也。魏君谓

---

① 议款：议和，签订条约。

② 此书：指《海国图志》。

③ 以夷攻夷：使夷人自相攻伐，本是封建统治阶级对少数民族实行的一种民族分化政策。夷，中国古代指汉族以外的少数民族或外国。

④ 廓尔喀：尼泊尔中部地区，廓尔喀王朝的发祥地。

⑤ 禀：向长辈或上级报告称禀，也是旧时下级向上级报告的一种文件名称。

⑥ 未喻：指不理解，不明白。

⑦ 阿睦尔撒纳：清代西域准噶尔汗国最后一位国王。乾隆年间，清军两度进讨伊犁，阿睦尔撒纳投奔沙俄，不久病死。

⑧ 何遽（jù）：犹言怎么就，表示反问。

廓夷忠顺，谓米利坚恪拱[1]中原，何其相信之笃乎！倘请明诏[2]借外兵而四夷不奉命，岂不贻笑千古哉！然且四国果肯助攻，尤有后灾。夫胜负者，不可必[3]之事也，假令四国出兵失利，则英逆之气愈扬，我之气愈挫，其不可一也。又令四国一战而胜，则是为我复仇，为我敌忾[4]，必自谓大有造于中国，其骄抗要求，必为我之所不堪，不满所欲，必且启衅[5]，唐之回纥[6]，是其覆辙，其不可二也。英吉利以战斗为事，四国既与构怨，必相报复。自昔外夷相攻，中国可以不问，若以中国之故，四国受兵，亦将借助中国，叩关乞师。我应其请，则劳师涉远；不应，则何词以对？匪特[7]贻笑，且必反和好为仇衅，其不可三也。议者谓以夷攻夷为示弱，魏君深斥其非。澧谓示弱之说诚非也。中国兵强，乃能驱策四夷，即如魏君所称封暹罗[8]而安南、缅甸服，此正由乾隆间天戈所指，无不克捷，故暹罗有求封之事。今日安能如是？为今之计，中国贵乎崇廉耻，核名实[9]，刑政严明，赏罚公当，则可战可守，外夷自不敢欺。不循

① 恪拱：恪，恭敬，恭谨。拱，拱卫，保卫。

② 明诏：公开诏示，公开宣示。

③ 不可必：不能肯定。

④ 敌忾：是抵抗所愤恨的敌人。

⑤ 启衅：挑起争端。

⑥ 回纥（hé）：中国少数民族部落。唐代安史之乱时，唐朝向回纥求援借兵，平定叛乱，但也蒙受巨大损失。

⑦ 匪特：非特。意思是不仅，不但。

⑧ 暹（xiān）罗：中国对泰国的古称。

⑨ 核名实：考核事物的称说是不是与实际相符。

其本[①]，而效纵横家[②]言为远交近攻、近交远攻之说，譬如人有虚羸[③]之疾，不务服药培补，而但求助己者出与人斗，可乎？且秦所谓远交近攻者，皆在中国，非在徼外[④]也，安得效其说哉！魏君之言阅："内守既固，乃议外攻。"夫内守诚固，则彼技无所施，不得不仍求通商，此时虽绝其贸易可也，许贸易而禁绝鸦片可也。国威已振，大患即除，何必复攻之海外，以成奇烈哉！"海外""奇烈"语见《圣武记》。

其议守之说曰"调水师[⑤]不如练水勇"，此为水师废弛，仓卒变生，权宜之计则可耳。今日为豫备之计，当练兵不当练勇[⑥]。兵之外复有勇，则兵必卸责；勇之赀[⑦]厚于兵，则兵必解体。前年练勇时，论者多矣。今勇散为盗，在在劫掠，又其害之彰明较著，不必赘论者也。其云"守海口不如守内河"，亦不尽然。夫守必据险，海口有险则守海口，内河有险则守内河。然必海口无险可守，然后守内河，盖寇入内河，则百姓之惊惶，土贼之窃发，多内顾之忧，必分外御之力。且以吾粤言之，猎德、大黄滘地势平衍，孰如虎门险峻乎！魏君谓"诱入内河，断其出口之路而歼之。"然则非议守，仍议攻也。请即以其说论

① 其本：本，可以解释为原来的、基础的、根源的，譬如"治标不治本"。其本，指根本。

② 纵横家：主要代表人物有苏秦等人。

③ 虚羸（léi）：虚弱。

④ 徼（xí）外：徼，古代官府用以征召或声讨的文书。徼外，意指外国。

⑤ 水师：水兵，与步兵、骑兵相对应。清代八旗、绿营均有水师，为正规部队。水勇，则是清政府于鸦片战争期间组成的水上民兵。

⑥ 当练兵不当练勇：兵，此处指正规军。勇，此处指民兵。

⑦ 赀（zī）：同"资"。此处指待遇、薪金。

之，当逆夷[①]之入内河，非众艘并进也，每艘辄相去数里或十数里，而以小船联络之，彼正防我截其后路，殆惩于安南、俄罗斯之役也。二事见本书。又夷船能入之内河，必非浅狭，魏君所议下大桩、联厚缆、加以大树大石，此必旬日而后成，彼岂束手待毙而坐观我兵之下桩、下石乎！大树之说尤不可行，枝柯槎枒[②]，不能挽之赴水；去枝则漂流如一苇，前时曾试之而不可行矣。如欲断后路，惟有所云沈舟[③]一策耳。然兵无纪律，无胆气，则逃散久矣，谁与歼之？

至其议款之篇，吾以为论款夷后如何控驭，如何防范，如何渐复旧制，乃其书则追咎昔时不听米、弗二夷代款，此事后之论，何补于今日？且一篇之中，惟此条关于款夷，其余则皆论禁烟，非议款夷也。夫夷寇与烟患两事也，中国吸烟，但耗中国之财，不能致夷寇；中国禁烟，但罪中国之人，亦不能致夷寇。林制军[④]初至粤东，严办烟案，不独内地畏服，即外夷亦甚畏服。使不勒[⑤]缴烟，不勒出结[⑥]，不令关提督[⑦]击夷商之

---

① 逆夷：对外国侵略者的蔑称。此指英国侵略军。

② 枝柯槎（chá）枒：枝柯，指树枝。槎枒，指树枝错落不齐状。

③ 沈舟：沉舟，沉船于水中。

④ 林制军：林则徐，字少穆，福建侯官（今福州）人。嘉庆进士，历官至两广总督。中国近代著名的政治家、思想家。因其主张严禁鸦片，有“民族英雄”之誉。清代，总督俗称制军、制台。

⑤ 勒：强迫、强制之意。

⑥ 出结：出具事已了结或事情属实的证明。

⑦ 关提督：关天培，字仲因，号滋圃，江苏淮安人。爱国名将、民族英雄。在任广东水师提督期间，全力支持林则徐禁烟、销烟，后战死于虎门要塞。

船以取败，不讳败[1]为胜以见轻于外夷，但明谕诸夷，贩烟者与内地民人一律治罪，彼方震于制军之声威，即阳奉阴违，不肯不贩鸦片，亦断不敢犯顺[2]。而魏君乃谓激变不由缴烟，以逆夷缴烟之后旁皇[3]半年未动为说。不知逆夷归国起兵，粤人皆闻之矣，其不动者，兵未到耳。此正当日轻敌致败之由，异日所宜深戒也。故不为事后之论则已，如纵论之，则惟粤人能知其详，而传闻不足恃也。

夫兵，凶器；战，危事，不可易言之也。好奇则其祸必烈，贪功则其患必速，信影响之谈[4]则其计必误，为不可行之说则临事无一可用。澧腐儒，不知兵，魏君才高而多闻，固澧所不敢望者。聊抒管见，质诸长者，幸教之也。

后数年，魏君来粤，余以此书所说质之，魏君大悦，遂定交焉。并屡改《海国图志》之书，其虚心受言，殊不可及也。

评析

鸦片战争首先爆发于广州。战争期间，虽然陈澧未曾积极参与到抗英斗争之中，但他并未置身事外，不闻不问，而是密切关心时局，关注事态的发展。他对国家大事的关心，可从对魏源《海国图志》一书的评论、建议之中真切表现出来。

---

① 讳败：隐瞒失败。讳，因有所顾忌而不敢说或不愿说，忌讳。

② 犯顺：违背情理，违反正道。

③ 旁皇：同“彷徨”。

④ 影响之谈：传闻的、无根据的传言。

陈澧恩师张维屏与魏源是旧交，张维屏最早推荐陈澧阅读《海国图志》一书，这是陈澧与魏源交往的开始。陈澧阅读《海国图志》后，立即被该书吸引，再三赞叹，并对作者表示出由衷的敬佩。

作为一个真诚、正直的学者，陈澧并没有停留在泛泛虚誉之上，他对《海国图志》的不足之处提出了自己的不同意见和善意批评。陈澧认为，要抵抗强敌入侵，最重要的在于“中国兵强，乃能驱策四夷”。而要做到这一点，陈澧认为“为今之计，中国贵乎崇廉耻，核名实，刑政严明，赏罚公当，则可战可守，外夷自不敢欺”。当务之急在于治本，而非治标，只有从培补正本入手，才能“国威已振，大患即除”。这是陈澧所持的中心思想。此外，陈澧还对其他某些具体条款进行议论，提出了自己中肯的批评意见。

陈澧是诚挚的、认真的，他所提出的批评意见中不乏真知灼见，意见有理有据，表现了他的深思熟虑和远见卓识。但不可否认的是，他毕竟是书斋型学者，没有从政经验和军事外交阅历，故有些所论所议终不免是书生之见，纸上谈兵，失之迂阔。例如，他所提出的治本举措——崇廉耻、核名实、严刑政、明赏罚等，在当时清廷腐朽已极，文治武备松弛无以复加，社会风气糜烂的情况之下，从何着手施行？又例如，他在文中认为林则徐勒令外商缴烟、出结，又令提督关天培击夷商之船以取败，又讳败为胜以见轻于外夷等，即认为林则徐在广东禁烟举措失当，操之过急是鸦片战争爆发的主因，就显然失之偏颇，有以偏概全之嫌，不符合历史事实。

离经辨志斋记

阮文达公①督粤，设学海堂②课士。后十余年，卢敏肃公督粤，而钱给事仪吉来游，皆阮公弟子也。③钱君言于卢公，取堂中士课以十三经、四史④、《文选》、杜诗、韩文、朱子书，每人专习一书，其事四条：曰句读，曰钞录，曰评校，曰著述。未几，卢公薨⑤，其事遂罢。今三十余年矣，巡抚郭公⑥复行之。会学海堂新构书斋，澧言于众曰："是斋也，宜因事为名，《学记》⑦曰：'入学，一年视离经辨志。'郑注、孔疏曰：'离经者，断句也。辨志者，辨其志欲习何经也。'今之专习一书者，辨志也。以句读为首者，离经也。宜曰'离经辨志之斋'。"众皆曰："善。"澧遂言曰："经学深矣，博矣；史家、儒家、

① 阮文达公：阮元，字伯元，号芸台，江苏仪征（今属扬州）人。官历两广总督、云贵总督等，谥文达。

② 学海堂：位于广州粤秀山麓，道光年间两广总督阮元创建的著名书院。性质类似杭州诂经精舍，以研究学问为主，不为科举服务。学海堂培育了一大批人才，为清代广东文化教育中心。

③ 卢敏肃公：卢坤，字静之，号厚山，顺天府涿州（今属河北）人，嘉庆进士，历任湖广总督、两广总督等。钱给事仪吉：钱仪吉，字蔼人，号衎石，又号新梧，浙江嘉兴人，嘉庆进士，累迁至工科给事中。

④ 四史：指《史记》《汉书》《后汉书》《三国志》四部史书。

⑤ 薨（hōng）：古代称诸侯之死。后世封爵的大官之死也称薨。

⑥ 巡抚郭公：郭嵩焘，字伯琛，号筠仙，湖南湘阴人，清末外交官。同治年间曾任广东巡抚，与总督瑞麟不和，被黜。后任首任出使英国、法国大臣，主张学习西方科学技术。著有《养知书屋遗集》等。

⑦ 《学记》：《礼记》篇名。杂记秦汉以前贵族的教育制度、教学内容和方法，是中国古代教育史上比较有价值的教育论著。

文章家之学亦深矣，博矣，自古以来，罕有能兼之者也。不读书者，不足言。其号为读书者，则又涉猎零杂，今日读《诗》，明日读《礼》，其学必不成。今日读此卷，明日读他卷，其学亦必不成。非特不成而已，涉猎零杂，则性情浮躁，此学者之大弊也。夫救天下之弊，必以古法救之。自汉以来，儒者必专治一书，专治一书，必始于章句[①]。其时朝廷每一经置博士[②]，其私家传习者，每一经亦必有师。今诸君子各专治一书，以句读为始，合于古法，积之久，学业必成。异时朝廷傥置博士，当于是取之。即不然，而私家传习，各为一书之师，广东海滨之地，有十余人者为师，亦可谓盛矣。诸君勉之哉！且《学记》所谓离经者，注疏之说善矣，辨志之说或未尽也。盖辨其志欲为世俗名士欤？欲为古之所谓士欤？欲为古之所谓士，则自离经辨志以后，至于论学取友，为小成，知虑通达，强立不反，为大成。[③]所必至者也，诸君子勉之哉！”众皆曰：“诺。”遂书以记之。

集评

道光年间，两广总督卢坤创设学海堂专课肄业生制度，这是学海堂历史上的一件大事，也是一项重要的规章制度，具有深远影响。可惜只举办

---

① 章句：剖章析句，指分析古书章节句读，是经学家解说经义的一种方式，重在解释篇章字句，后泛指书籍注释。

② 每一经置博士：指五经博士，汉武帝始置，此后博士成为专门传授儒家经学的学官。

③ 小成、大成：指学问成就。语出《学记》，“一年视离经辨志，三年视敬业乐群，五年视博习亲师，七年视论学取友，谓之小成。九年知类通达，强立而不反，谓之大成”。

了一期，便因经费问题而中断。直至同治年间，陈澧向广东巡抚郭嵩焘建议，才又恢复举办。

陈澧借学海堂新构书斋之机，特地提议将书斋命名为“离经辨志斋”，并撰文予以阐述和发挥。此文中心思想是论述学习思想和学习方法，认为读书重点在“断句”和“专习一书”，反对“涉猎零杂”，反对“性情浮躁”，认为这是“学者之大弊”。文章最后提出的“世俗名士”与“古之所谓士”的区别，直至今天仍有借鉴和启发意义。“古之所谓士”，指专心学术，不为世俗名利所诱惑的真学者。陈澧以此为榜样，勉励学生追求、仿效。

菊坡精舍记

澧掌教菊坡精舍，方子箴方伯[①]命之曰：“精舍宜有记，吾子宜为之。”澧敬诺。初，粤秀山有道士祀神之庙曰应元宫，其西偏有台榭树木曰吟风阁，后改曰长春仙馆，遭夷乱[②]废圮。蒋香泉中丞[③]与方伯议改为书院，方伯葺而新之，题曰菊坡精舍，言于中丞，以澧为掌教[④]。澧辞，方伯命之再三，乃敬从。始议

---

① 方子箴（zhēn）方伯：方浚颐，字饮苕，号子箴，又号梦园，安徽定远人。道光进士，曾任两广盐运使兼署广东布政使。著有《二知轩诗文集》等。方伯：明清时布政使也称方伯。

② 夷乱：咸丰六年（1856），英国借“亚罗号事件”进犯广州，被当地军民逼退。次年英、法组成联军，十十二月攻陷广州，成立傀儡政权。《北京条约》签订后，咸丰十一年（1861）英法联军从广州撤出，结束了对广州长达3年多的占领。

③ 蒋香泉中丞：蒋益澧，字芗泉，湖南湘乡人，湘军将领，同治年间曾任广东巡抚。中丞：明清时巡抚也称中丞。

④ 掌教：明清时以“掌教”称府、州、县教官及书院主讲、院长、山长等。

为书院时，以书院多课时文[1]，此当别为课。澧既应聘，请如学海堂法[2]，课以经史文笔。学海堂一岁四课，精舍一岁三十课，可以佐之，吾不自立法也。每

学海堂、菊坡精舍、应元书院图

课期，诸生来听讲，澧既命题而讲之，遂讲读书之法，取顾亭林说大书“行己有耻，博学于文”二语揭于前轩，吾不自立说也。因而申之曰：博学于文，当先习一艺，《韩诗外传》[3]曰“好一则博”，多好则杂也，非博也。又申之曰：读经史子集四部书，皆学也，而当以经为主，尤以行己有耻为先。吾老矣，勉承方伯命，抗颜[4]为师，所以告诸生者如是，诸生欣然听之。澧遂记之以答方伯盛意焉。

评析

此文虽仅寥寥数百字，但对菊坡精舍的创建过程、教学宗旨、教学方

---

① 课时文：指平时考课时文。时文指八股文，八股文是明清科举考试规定的一种文体，遂成当时流行之文体，故称“时文”，也称制义、制艺、八比文等。

② 学海堂法：道光年间阮元于广州粤秀山创建学海堂，规定不考课时文，专勉实学，考课经解文笔古今诗题。即不以科举考试为主，而以训诂考证、研究学问为主。

③ 《韩诗外传》：西汉韩婴撰。杂述古事古语，虽每条皆征引《诗经》中的句子，然实系引《诗经》以与古事相印证，非引事以阐释《诗经》本意。

④ 抗颜：犹正色。谓态度严正。

法等有清楚明晰的交代。因为陈澧是当事人，故其所记最为权威可靠。

同治年间菊坡精舍的创建，不仅是近代广东教育、学术、文化史上的一件大事，对陈澧个人而言，也具有非同寻常的意义。陈澧受聘掌教菊坡精舍，这样一来，无形之中，菊坡精舍即为陈澧提供了一个长期的、难得的专门讲坛，陈澧不但终于有机会实现自己多年来在教育方面的理想、夙愿和抱负，而且他与听课和应考学生之间的师生关系，相较于在学海堂时，空前明晰、密切。这一点，对于东塾学派的形成和发展，具有十分重要的意义。在某种意义上，菊坡精舍的创建，可以说标志着东塾学派的正式形成。

重修萝峯书院[①]记

广州城东六十里，群山环合曰萝冈洞，洞之东一峯秀出，曰萝峯。峯之麓有精舍曰萝峯书院，其翼然[②]高者曰余庆楼。洞中十余村皆钟氏。钟氏之先曰玉岩公，尝结一庵读书，曰种德庵。其曾孙曰子还公，拓其庵为书院，而筑楼奉玉岩公像，每岁以正月之望[③]祭之。族人能文章者与于祭，不能者不与于祭，祭毕命题为文赋诗乃退，世守其法不替。道光中，子还公裔孙、内

① 萝峯书院：又名玉喦书院、萝峰寺，位于广州市黄埔区萝岗街萝峰山麓，是广州现存最早的书院之一。

② 翼然：鸟展翅貌。常用以形容自然飘逸、恭谨端好之状，也用以形容山石或亭台等建筑物高耸开张之状。

③ 望：农历每月十五日称望，初一称朔。

萝峰书院

阁中书①衔举人讳逢庆者，偕其族人曰礼门、曰杰轩、曰辅斋，推广先志，每月之望课文②于斯楼。中书殁十余年，其法亦不替③。甲寅之乱④，盗贼蜂起，洞中课文如故。今钟氏诸君子以书院将圮，葺而新之，请余记其事。余与中书同举于乡⑤，又申以婚姻⑥。甲寅避乱来洞中，钟氏父老子弟皆相与欢洽，萝峯水石幽邃，时往游憩，为之记，其可辞乎！吾粤风俗日坏，贪诈浮薄，愈趋愈下，惟萝冈以农圃为业，风气古朴。然其先人立法必课以文章，非贵文而贱质也，盖能文必读书，读书必知礼义，为士者率之，而为农圃者效之，不敢为悖礼犯义之事。使巨族皆如此，岂有扰乱之患哉！钟氏立法既善，其后人又能遵守之，诚可尚也。抑闻钟氏有铁桥先生者，乾隆中举博学鸿词⑦，

---

① 内阁中书：清代官名，掌撰拟、记载、翻译、缮写。或由举人考授，或由特赐。

② 课文：类似今天的作文比赛。

③ 不替：不衰败，不改变。

④ 甲寅之乱：甲寅，此指咸丰四年（1854）。甲寅之乱指1854年广东发生的洪兵起义（也称红巾军起义）。

⑤ 同举于乡：同年乡试中举，也称同年。

⑥ 申以婚姻：结为儿女亲家。

⑦ 博学鸿词：科举名目的一种，也称博学宏词。始于唐代，清康熙、乾隆年间重设，因避乾隆讳而改为博学宏词科。先由内外大臣荐举，不分已仕、未仕，定期在朝廷考试，录取者授以翰林官。

此钟氏之美谈也。今课文之士，宜有奋起而继其学者，又将以新修书院卜之也。

评析

萝峰书院，如今已成为广州一处著名的文化名胜和旅游景点。陈澧此文，对萝峰书院的渊源及祭祀课文的传统进行了简明扼要的叙述，并且指出自己与钟氏族人钟逢庆有同年及姻亲关系。全文对陈澧重文崇礼，尤其对萝峰书院每月举行的课文一事表示赞赏。他认为以上传统可以起到使人知书达礼、不犯上作乱，转移社会风气的巨大作用。这是陈澧传统儒家思想的典型表现，也是他心目中最为向往的社会理想秩序和环境氛围。

记地图三本

余昔为《汉书地理志水道图》，有以地图三本求售者，一为康熙内府图，一为乾隆内府图，皆刻本；①一为道光时修《会典》②地图写本，自言其父昔为会典馆供事所得也。余买

---

① 康熙内府图即《皇舆全览图》，在康熙皇帝的要求下由法国传教士主持测绘完成。包括全国总图和32幅（一说41幅）分省图和地区图，因经过大规模全面实测绘得，故该图是当时最先进、最科学的实测中国地图。乾隆内府图即《乾隆内府舆图》。乾隆时，又在《皇舆全览图》的基础上修订补充而成《乾隆内府舆图》，共104幅，内容相较康熙内府图更为丰富、精密。

② 《会典》：记载一代典章制度之书，专重制度法令，不详史实，为会要之别体。《清会典》一般是康熙、雍正、乾隆、嘉庆、光绪五个朝代所修会典的总称，记叙了五个朝代各级行政机构的编制、职掌、事例。道光所修未成。有的朝代还同时纂修《会典图》。

得之，翻阅《会典》图稿，有提调官给事中钱仪吉衔名及押字[①]，又有馆中致董姓小札，言绘地图事。昔钱君客广州，为余言官京师时请董方立[②]课子，方立摹内府地图[③]，钱君之子实助成之。然则小札董姓必方立也。李申耆[④]刻董图，跋尾云："方立所绘，分为四十一图，大者数尺，小亦尺余。"则是每省为一图也。今观乾隆图，各省之界皆有剪截之迹。又董图有蒙古诸旗名，而此乾隆图蒙古诸旗名皆硃字添注，然则此图乃董图所据为底本者也。番禺吴菊湖[⑤]刺史道光中在京师与潘谷香员外游厂肆[⑥]，菊湖买乾隆地图，谷香买康熙地图，其价皆银二十两。未几，厂肆以倍价求菊湖还其图，菊湖不可。明日增五倍，又明日增十倍，菊湖怪而问之。其人曰："钦差武隆阿[⑦]将往新疆，以不识地形，乞上赐地图。上许之而内府无印本，命取板印之。板已毁矣，故武公求之厂肆也。"菊湖曰："然则此希有之宝，虽十倍其价，吾不与也。"菊湖告余此事，并记之。

---

① 押字：签字。

② 董方立：董祐诚，字方立，初名曾臣，江苏阳湖（今属常州）人。嘉庆举人。长于数学及律历、舆地之学。著有《水经注图说》等。

③ 方立摹内府地图：道光初年（1821），董方立以乾隆内府地图为基础，编绘了《皇清地理图》。道光十二年（1832），李兆洛在此图基础上，做了改进和创新，编绘了《皇朝一统舆地全图》。

④ 李申耆：李兆洛，字申耆，晚号养一老人，江苏阳湖（今属常州）人。清代学者、文学家。精舆地、考据、训诂之学。

⑤ 吴菊湖：吴家懋，字菊湖，广东番禺人。嘉庆进士，改翰林院庶吉士，历官至广西归顺州知州。著有《欣所遇斋诗集》。

⑥ 厂肆：棚舍、店铺。通常指北京琉璃厂之书铺。

⑦ 武隆阿：瓜尔佳氏，满洲正黄旗人。清将领，曾率部平定回疆叛乱，官历直隶提督和阆办事大臣等。

评析

陈澧在酝酿、写作《汉书地理志水道图说》的过程中，十分幸运地购买到三幅当时最先进、精确的内府地图作为参考，古今迁异变化，了然在目，这对他从事地理考证研究，无疑是一个极大的帮助，也是一个极为有利的条件。

此篇短文，不仅可以帮助我们了解陈澧成名之作《汉书地理志水道图说》某些特殊的著述背景，同时还透露了不少当时的逸闻典故，如：钱仪吉之子曾协助董方立编绘《皇清地理图》；道光中，皇室内府已无康熙、乾隆内府地图印本，而且板片也已损毁；当时京师琉璃厂购康熙、乾隆地图需银二十两左右，以及厂肆以十倍之价请求顾客退还所购图籍而不得等。读来意趣盎然。

送巡抚郭公入都序

同治五年四月，抚部郭公[①]奉旨入朝。澧送公于珠江之湄，慨然不能已于言。公始至粤，辱临敝庐。明日澧谒谢，会有白抽厘事者[②]，公谓澧曰："此汉之算缗[③]也。是病民者也，不得已

① 抚部郭公：指郭嵩焘。

② 白抽厘事者：白，告白，汇报。抽厘，抽取厘金。厘金原是清咸丰年间为筹措镇压太平天国的军饷而额外加征的一种商税，分为两种。一种是对行商设卡收捐，一种是对坐贾按月收捐。该税原定税率值百抽一，故名"厘金"，或"厘捐"。

③ 算缗（mín）：西汉初年所行税法之一。缗、算为货币单位，一缗为一贯，一贯为1000钱，一算为120钱。

郭嵩焘像

而为之。”澧于是知公之仁。无何，议设省团局①，公曰：“广东有二弊，吾知之：民情不通也，义与利不辨也。”澧于是知公之明。公命澧司局事，澧固辞。自是以后，澧不数数见，见则公与论经史不及时事。所论多不悉记，记其一说曰：“西汉人好利，东汉人好名。唐人好利，宋人好名。元人好利，明人好名。今人好利。自古以来，名利交相胜而已矣。”澧于是服公议论之深且大也。算缗病民之语，澧与人言，尤时时述之，曰：“此公之心也，存其心而不能遽②止其事，则时会③之艰难为之也。”至艰难之事渐平，而公去矣。公未去，澧有干谒④之嫌，不敢以文辞献。公今去矣，二三年来辱公下交，澧虽不文，不敢自匿。夫赠人以言，古之义也，顾以澧之言赠公，何如记公之言以赠公。他日公奉恩命复任吾粤督抚，澧复得谒见，追维⑤往日之语，当有感慨系之者矣。

① 省团局：清代省一级半官方社团机构，如负责治安的团练局、负责救济的慈善局等。

② 遽：急，很快，仓促。

③ 时会：形势和机缘巧合。

④ 干谒：为某种目的而求见（地位高的人）。

⑤ 追维：也作“追惟”，指追忆、回想。

评析

同治初，清廷命郭嵩焘署理广东巡抚。署理即代理之意。郭嵩焘由于求治心切，操之过急，得罪了不少地方绅商官吏，故政声褒贬不一，毁誉参半。

郭嵩焘政绩之佳劣，姑置勿论。但他在广东三年颇得文人学者的好感，却是明显的事实。他恢复举行学海堂专课肄业生制度，仅此一点，足以使广东士人对他感戴不尽。而向他建议并促成此事者，正是陈澧。此外，任期内，郭嵩焘还上疏荐举陈澧，在《保举实学人员疏》中称陈澧“行谊渊茂，经术湛深”（王先谦编《郭侍郎奏疏》卷十，载沈云龙主编《近代中国史料丛刊》第十六辑，第1–2页。），建议可选拔去京师国子监教书。足见他对陈澧的由衷敬佩。

同治五年（1866）五月，由于与总督瑞麟意见不合，关系紧张，郭嵩焘被黜归里。临行前，陈澧特地写了《送巡抚郭公入都序》一文。文中他对郭嵩焘充满好感，基本上持肯定和赞誉态度。郭嵩焘归里后，著《礼记质疑》，还寄书求序，陈澧欣然命笔，二人友谊断断续续维持了一段时间。郭嵩焘黜归故里长达8年。其后入都，擢兵部侍郎。旋任首任出使英国大臣，不久兼驻法国大臣。

郭嵩焘被公认为是中国外交家的先驱，又是近代洋务思想家，是中国十九世纪末维新派的先声。他力主开眼看世界，主张学习西方文明，是超越时代的先行者。郭嵩焘与陈澧的这段友谊，是近代学术文化史上的一段佳话。

送吴子登[①]太史序

南丰吴子登编修精算学，客粤东。粤东议开同文馆，巡抚郭公曰："是当兼算学，请吴君掌教。"既开馆，而算学之说不果行。顺德黎召民[②]欲开算学书院，请吴君掌教，又不果行。江南开算学书院，总督中堂曾公、巡抚丁公[③]请吴君及南海邹特夫[④]掌教。邹君病不能往，吴君往就之。初，粤东无知算者，惟顺德何西池[⑤]知之。后有黎见山[⑥]者，召民之叔祖也。番禺梁南溟[⑦]亦知算，澧与侯君模子琴[⑧]兄弟、章云軿[⑨]尝请教焉，皆未成，而南溟、二侯没矣。今粤东精算学者，惟特夫。钱塘夏紫笙[⑩]客粤东，吴君与同访特夫，谈算学甚相得。未几，紫笙没。今吴君

---

① 吴子登：吴嘉善，字子登，江西南丰人，咸丰进士。历仕翰林编修、广州同文馆教习、驻西班牙使馆参赞、幼童出洋肄业局委员（留美学生监督）。著有《算书二十一种》等。

② 黎召民：黎兆棠，字召民，广东顺德人。咸丰进士，官历江西南安知府、直隶布政使、福建船政大臣等。

③ 总督中堂曾公、巡抚丁公：指两江总督曾国藩、江苏巡抚丁日昌。

④ 邹特夫：邹伯奇，字特夫，广东南海人。学海堂学长，著名科学家，陈澧好友。

⑤ 何西池：何梦瑶，字报之，号西池，广东南海人。多才多艺，富于著述，旁通百家，著有《算迪》等。

⑥ 黎见山：黎应南， 字见山，号斗一，广东顺德人。清代著名数学家李锐弟子，李锐所著《开方说》三卷，生前甫及上、中二卷，黎应南续成下卷，并付梓刊行。

⑦ 梁南溟：梁汉鹏，字南溟，广东番禺人。精通算学。

⑧ 子琴：侯度，字子琴，广东番禺人，侯康胞弟，撰有《算学类钞》等。

⑨ 章云軿：章凤翎，字云軿，广东番禺人。他是陈澧同父异母兄长陈清的女婿，曾助陈澧绘制《古郡县图》。

⑩ 夏紫笙：夏鸾翔，字紫笙，浙江钱塘（今杭州）人。精算学，著有《洞方术图解》等。同治二年（1863）游广州，与南海邹伯奇、南丰吴嘉善相友善，次年五月，不幸病逝于广州。

又去，特夫学益孤矣。学海堂旧设专门之学，各习一经及文史，无算学。郭公增算学[①]一人，请特夫教之，粤东虽无算学馆，或者此学其不绝乎！澧尝慨今日书院遍天下，皆作时文以应举，其人皆曰尊朱子，然而朱子之语曰："算学甚有用，若时文整篇整卷，作何用耶？徒坏士人精神。"《语类》卷十四。尊朱子者，知之否乎？《宋史·选举志》曰："书学[②]补试，升降略同算学，惟推恩[③]降一等。"今之工书者，可以魁天下为状元，而算学何如也？考选举之制者，知之否乎？吴君既往江南，杭州李壬叔[④]亦在江南，江南复有刘君融斋[⑤]，皆精算学。吴君此行，吾知江南算学必大盛也。吴君厚重简默，君子人也，学问深博，澧所窥见者独算学。惜吾老，不能从而学也。于其行，书此以赠别。

评析

清中期，广州天文算学研究取得了骄人的成就，典型代表人物就是堪称全国一流的近代科技先驱邹伯奇。陈澧此文，对其时广州算学研究各方

---

① 郭公增算学：道光间学海堂设专课肄业生，不久因经费停办。同治年间巡抚郭嵩焘恢复举办，公举专课肄业生十名，其中包括以前没有的算学肄业生一人。

② 书学：指中国古代专习书法的学校或科目。如唐贞观二年（628）于国子监设书学，有博士二人、助教一人、典学二人、书学生三十人。

③ 推恩：古代帝王对臣属施行封赠赏赐，以示恩典。

④ 李壬叔：李善兰，字竟芳，号秋纫，别号壬叔，浙江海宁人。近代著名数学家，著有《对数探源》等。

⑤ 刘君融斋：刘熙载，字伯简，号融斋，江苏兴化人，清文学家。同治年间曾任广东学政，著有《艺概》等。

面情况有所涉及，颇具史料价值。

关于清代算学发展态势，梁启超曾说："顺、康间仅消化西法，乾隆初仅杂释经典，其确能独立发明者，实自乾隆中叶后，而嘉、道、咸、同为盛。"又说，道光末迄咸、同之交，则钱塘戴煦、夏鸾翔，南海邹伯奇，海宁李善兰"为斯学重镇"。（梁启超《中国近三百年学术史》，天津：天津古籍出版社，2003，第383-385页。）足证邹伯奇已跻身全国一流学者之列，广东天文算学成就开始在全国占有重要地位，这在广东历史上是前所未有的。

《送吴子登太史序》一文，对广东算学研究的历史渊源、几位代表性人物，具体的措施如"议开同文馆""欲开算学书院"、学海堂增算学一人、梁南溟开馆讲授算学，以及曾国藩欲请邹伯奇掌教江南书院等，都有简明扼要的叙述，实为近代广东重要的科学史资料。此外，同治间，有几位全国知名的算学家，如夏鸾翔、吴嘉善等，齐聚广州，与邹伯奇、陈澧等切磋交流，商榷启发，使学术繁荣发展，是清代天文算学史上不可多得的生动一幕。

郑氏全书序

孔子删述六经，而郑康成氏为之注，其细者，训诂名物，其巨者，帝王之典礼，圣贤之微言大义，粲然具备。其于先师之说，有宗主①，有不同，赞而辩之，家法②至善，传之百世而无

① 宗主：崇奉的权威。

② 家法：汉初儒家传授经学，均由口授，数传之后，句读义训互有歧异，乃分为各家。师所传授，弟子一字不能改变，规矩甚严，称为家法。

弊；又于纬候[1]之书，历数、律令之学，莫不贯综，是亦所谓集大成者也。自魏晋至隋唐数百年，朝廷之议论，儒生之讲诵，得所依据，圣人之道不坠于地，惟郑学是赖，虽王肃、许敬宗[2]辈妄肆讪毁，无伤日月。至孔、贾义疏[3]颁行，乃盛极而浸衰[4]焉。宋儒代兴，朱子犹称述郑学，洎[5]元明而遂衰绝。然王伯厚[6]采集《易》注，实郑学复兴之兆。本朝儒者讲汉学，尊郑氏，此则无往不复[7]之道也。《毛诗》之笺，三礼之注，炳如日星。其余佚书，近人辑本亦已粗备，然各家刊行，无所总会，又采辑不尽精审，诬古人而误后人者，亦有之矣。澧与同学诸子窃尝论此，诸子乃取诸书辑本重为校定，削其虚谬，存其真确，各殚[8]心力，至详至慎；又取《诗》笺、《礼》注善本缮写整齐，服氏[9]《左传解谊》，郑君既有所授[10]，则为附录；史传轶事以至后代

---

① 纬候：谶纬（chèn wěi）之学。多指天象符瑞、占验灾异之术。

② 王肃、许敬宗：王肃，三国魏经学家，曾编注群经。许敬宗，字延族，杭州新城（今浙江杭州富阳区）人，唐代大臣。

③ 孔、贾义疏：孔指孔颖达，唐经学家，曾奉唐太宗命主编《五经正义》。贾指贾公彦，唐学者，撰有《周礼义疏》《仪礼义疏》。孔、贾义疏为当时政府规定的经学标准。

④ 浸衰：渐趋衰落，渐趋衰退。

⑤ 洎（jì）：到，及。

⑥ 王伯厚：王应麟，字伯厚，庆元府鄞县（今浙江宁波市）人，南宋学者。博学多才，长于考证，为清代考据学先驱。著有《困学纪闻》等。

⑦ 无往不复：本义是未有往而不返的，意谓事物的发展是循环反复的。

⑧ 殚（dān）：竭尽。

⑨ 服氏：服虔，字子慎，河南荥阳人，东汉经学家。著有《春秋左氏传解谊》等。

⑩ 郑君既有所授：据《世说新语》载，郑玄注《左传》，未成。后遇服虔，知其也注《左传》，且多与己同，乃以自己所注尽付服虔，世遂传服氏注。此指服虔《春秋左氏传解谊》中有部分为郑玄成果。

碑文、祀典[1]，汇集于后。编写既成，题曰《郑氏全书》，今而后，读郑君书者无复遗憾，则诸子之功也。若夫读郑君之书，尤必志郑君之志，学郑君之学，澧愿与诸子共勉之。

评析

汉宋调和是清后期兴起并盛行一时的学术思潮，而陈澧则是汉宋调和的主将和集大成者。陈澧调和兼融汉宋的学术探索，主要表现在以下几方面：首先是编纂《汉儒通义》；其次是大力表彰郑学、朱学；最后是撰著《学思录》（后改为《东塾读书记》）。

陈澧认为，郑玄集汉儒之大成，朱子集宋儒之大成，二人时代不同，立论偏重不同，但有一共同点，即讲考据不废义理，发挥义理不忘考据。这就证明，汉学、宋学二家有相同、相通之处，可以调和兼融为一。据此，陈澧本打算撰著《郑学》《朱学》二书。但出于各种原因，二书并未撰成。为此，陈澧乃着手编辑二人文集、语录的工作。《郑氏全书》《朱子语类日钞》二书就是在此背景下先后编纂辑刻而成。

陈澧最为推崇东汉郑玄，《郑氏全书序》一文将此思想发挥得淋漓尽致。他将编纂《郑氏全书》时应注意的各项要点，如版本挑选、结构体例、校勘事宜等，做了周密细致的安排。将服氏《春秋左氏传解谊》作为附录，同时也将史传轶事和后代有关碑文、祀典文献等，汇集于后。凡此，都可以看出陈澧一贯的严谨精神。但《郑氏全书》是否编纂完成，以及刻梓问世与否，因未见刊本，不得而知。

---

① 祀典：记载祭祀仪礼的典籍，此指历代祭祀中有关郑玄的记载。

谷梁礼证序

《谷梁礼证》者，吾友侯君模孝廉未成之书也。甲午[①]岁，余治《谷梁春秋》[②]，君模出示此编，曰："此传今为绝学，君当努力，吾方治诸史，未暇卒业也。异时君书成，当以此象付。"因举郑康成、服子慎说《左传》事语[③]，相与欢笑。未几，而君模卒。今其弟子琴[④]将刻君模遗书，属余序此编，追忆曩昔[⑤]语，怆然出涕。君模之学，最精三礼，以三礼贯串汉、晋、南北朝诸史志，精深浩博，为诸儒所未有。此编虽未成之书，亦略见一斑矣。自君模之殁，忽忽十二年，余学业无所成就，尝欲撰《谷梁释例》，屡作屡辍，负良友于地下。近有镇江柳孝廉兴恩、杭州曹秀才籀于此传皆有所述，[⑥]二君见君模书，当恨与君模并世而不得相见也。余异时得读二君书，或《释例》竟可不作，但使海内有人明此绝学，何必其书之出于己耶！君模以《礼证》相付，亦此意也。

① 甲午：此处指道光十四年（1834）。

② 见第52页注④。

③ 郑康成、服子慎说《左传》事语：此即《世说新语》载郑玄将自己所注《左传》未成稿，无私交予服虔，促成《春秋左氏传解谊》问世。此段故事遂成为千古美谈。

④ 见第80页注⑧。

⑤ 曩（nǎng）昔：往日，从前。

⑥ 柳兴恩著有《谷梁春秋大义述》。曹籀（zhòu）著有《谷梁春秋释例》等。

评析

侯康曾任学海堂学长，是清代广东著名学者，长于经史。近人刘师培在《清儒得失论》一文中评论说："广东学者，惟侯康为最深醇。"（《刘师培辛亥前文选》，北京：生活·读书·新知三联书店，1998，第173页。）推崇尤高，而侯康也确能当之无愧。陈澧在早期学术探索中，曾向侯康请教研治《谷梁传》，故尊之为师。

孔子修《春秋》，世传有《左传》《公羊传》《谷梁传》，称为"春秋三传"。汉唐以来，治《左传》《公羊传》者无虑数十家，独治《谷梁传》者寥寥，为千年以来绝学。其时侯康正从事于《谷梁传》的研究，著有《谷梁礼证》二卷，为未完之书，于是陈澧便向他请教。

关于向侯康从学请益的一些细节，陈澧在《谷梁礼证序》中叙述得比较清楚。其中最重要的是，侯康把自己的未成稿《谷梁礼证》交给陈澧，并引证历史上郑玄、服虔说《左传》事，相与欢笑。所谓郑康成、服子慎说《左传》事，指东汉时郑玄与服虔二人学术交往中的一段故事。据《世说新语》载，郑玄注《左传》，未成。后遇服虔，知其也注《左传》，且多与己同，乃以自己所注尽付服虔，世遂传服氏注。此段故事遂成为千古美谈。陈澧认为，"郑康成注《左传》未成以付服子慎，此著书之公心，后儒当以为法也"。（《陈兰甫先生澧遗稿》，《岭南学报》第二卷第二期，1931年7月，第181页。）他认为侯康也具有这种公心美德，所以对侯康十分敬重和钦佩，并终身以其作为榜样，勉励自己。序文最后所说"但使海内有人明此绝学，何必其书之出于己耶！君模以《礼证》相付，亦此意也。"正点明了主题。

邹特夫学计一得序

《学计一得》者，吾友南海邹君特夫所作也。昔余未识特夫，见所作《戈戟考》，知其精通算术，乃定交焉。相见之初，特夫告余以墨子①书有算术，且有西法。发书共读，相对抚掌，因叹昔人若有明其说者，则西洋为辽东豕②也。余欲为书告阮文达公，以墨子补入《畴人传》③。会文达薨，乃已。又尝在余斋中论测日旧法未密，日光穿表端之孔而下为圆锥形，斜射平版而成椭圆，椭圆心非圆锥心，即非日心，乃创椭圆求圆锥心法。时梁南溟、侯子琴、徐子远同在座，④三君与余皆疑圆锥斜截之面两端不等，非真椭圆也。余遂设数以算之，两端正相等，乃叹此法为中西天算诸书所未及也。特夫聪颖绝人，非但精算术，凡古书疑难讹脱千古不解者，辄得其解。尝告余曰："《大戴礼》⑤说明堂⑥所谓'二九四七五三六一八'者，此当有图而

---

① 墨子：名翟，相传原为宋国人，后长期住在鲁国。春秋战国时期的思想家、政治家，墨家学派的创始人。《墨子》是墨家学派的著作总汇。

② 辽东豕（shǐ）：比喻知识浅薄，少见多怪。典故出自《后汉书·朱浮传》。

③ 《畴人传》：阮元主编，记述中国历代天算家学术活动的传记集。畴人：《史记集解》谓"家业世世相传为畴……各从其父学"。中国古代天文学家和数学家多是师承家学，所以称为"畴人"。

④ 梁南溟、侯子琴、徐子远分别指梁汉鹏、侯度、徐灏，三人为陈澧师友，均通数学。

⑤ 《大戴礼》：也称《大戴记》或《大戴礼记》，是秦汉以前各种礼仪论著的选集。相传为西汉戴德编纂。是研究中国古代社会情况、文物制度和儒家学说的参考书。

⑥ 明堂：古代天子施行政教的地方。凡朝会、祭祀、庆赏、选士、养老、教学等大典，都在其中举行。

邹伯奇像

记其数，横书之自左而右。及图亡字存，后人纵写之，自右而左，故错乱如此。且图有赤点、白点以记户牖[①]，故曰‘赤缀户也，白缀牖也’。缀者，点也。”余为之惊喜。后在京师以告镇江柳宾叔，亦惊喜，录其说置怀袖间而去。凡此诸说今皆在此编中，旧事历历在目，而俯仰之间，不觉十余年矣。

昔当无事之秋，吾辈相聚谈艺，乐何可言！南溟、子琴皆殁，子琴钞撰《算书》，为夷炮所毁，特夫以此编属余为序，前年夷乱[②]，余纳之复壁中，幸不散失。去年与子远避乱于横沙[③]，复携以行，屡欲为序而不成，不觉又三年矣。兴感今昔，遂书此以复于特夫，并劝刻梓。当寄宾叔读之，不知其惊喜又当何如？惟镇江破后，更不知宾叔在何处也。

评析

在学术著述和探索钻研之中，师友交流切磋是不可或缺的重要环节，陈澧也常与师友交流。在诸多师友之中，邹伯奇与陈澧关系最为密切。

在此文中，陈澧追忆了二人最初的相识过程，二人因为兴趣爱好一

---

① 户牖（yǒu）：门和窗。户，指门；牖，指窗。

② 见第71页注②。

③ 横沙：横沙村，位于广州城西北20余里处，属南海县草场堡。陈澧曾携全家避难于此。

致相互仰慕走到一起，是纯粹的学问之友。自订交后，陈澧与邹伯奇越谈越投机，二人志同道合，关系日益密切，遂成为挚友。二人时常见面，见面即谈论学问，内容包含天文、地理、历算，以及经史疏注，交流心得体会，互相探讨发明，引为至乐。关于他们切磋学问的情况，序文中特地提到有关“椭圆求圆锥心法”的事，以及邹伯奇对《大戴礼》“说明堂文”进行梳理解析的情况，具体而生动。这段记载，既反映了邹伯奇在算学方面精邃的学识和过人的发明创解，又是陈澧与邹伯奇诸师友相互探讨析义、切磋砥砺的生动写照。

清道光年间，广州天文算学研究已有不俗的表现，算学研究群体以学海堂为中心，包括邹伯奇、梁南溟、陈澧、徐灏、侯度等人。文化群体的形成有利于互相切磋，析异辨难，启发砥砺，相得益彰，营造了一个良好、浓郁的学习研究氛围。《邹特夫学计一得序》正是最好的见证。

新刻说文解字附通检序

《说文解字》十五卷，番禺陈昌治[①]绳斋校刊，附《说文通检》十六卷，同县黎永椿[②]震伯编集。序曰：《说文》，小学书也。《周礼》：“八岁入小学，保氏[③]教国子，先以六

---

① 陈昌治：字绳斋，广东番禺人。陈澧学生，精邃于小学、算术。著有《论语朱注疏》《算学汇通》等，又校刊《说文解字》。

② 黎永椿：字震伯，广东番禺人。陈澧关系密切的弟子。好读古书，治经深于舆地，肄业学海堂，为知名士。著有《禹贡图说》《周礼职方山川图考》等。

③ 保氏：古代职掌以礼义匡正君王、教育贵族子弟的官员。

书[①]。”汉尉律[②]：“学童十七已上始试，讽籀书[③]九千字乃得为史[④]。”今人以识篆书[⑤]习《说文》者为古学，岂能八岁教之，十七岁试之哉！然则欲兴小学，其道奚由？昔徐鼎臣、楚金兄弟[⑥]以《说文》名家，犹谓偏旁奥密，不可意知，寻求一字，往往终卷，乃编为《篆韵谱》[⑦]。李仁甫亦编为《五音韵谱》[⑧]，然皆改《说文》次第。段懋堂《说文注》[⑨]附以部目分韵，而部中之字，寻求终卷如故也。惟《钦定康熙字典》以字画之数为次第，又为检字一卷置于卷首，寻求最易。考

① 六书：指象形、指事、会意、形声、转注、假借这六种造字方法。

② 尉律：汉代，律令为廷尉所掌管，故称“尉律”。段玉裁注：“谓汉廷尉所守律令也。”

③ 籀书：也叫“籀文”“大篆”。因著录于《史籀篇》而得名。字体多重叠。春秋战国间通行于秦国。今存石鼓文即这种字体的代表。

④ 史：应为“吏”。《说文·叙》：“尉律：学僮十七已上始试，讽籀书九千字乃得为吏。”

⑤ 篆书：大篆、小篆的统称。大篆指金文、籀文、六国文字，它们保存着古代象形文字的明显特点。小篆也称“秦篆”，是秦国的通用文字，是大篆的简化字体，其特点是形体均匀齐整、较籀文容易书写。

⑥ 徐鼎臣、楚金兄弟：徐铉，字鼎臣。广陵（今江苏扬州）人。生活于五代至北宋初年。其弟徐锴，字楚金。二人皆工书法，有文名，并精小学，世称“江东二徐”。徐铉曾奉旨校定《说文解字》，经他校订增补的《说文解字》世称“大徐本”。徐锴著有《说文解字系传》，世称“小徐本”。

⑦ 《篆韵谱》：《说文解字篆韵谱》成书于五代宋初，是一部按韵排列的字书，作者徐锴。成书时为十卷本，后来徐锴的哥哥徐铉对其进行修订，改为五卷。

⑧ 《五音韵谱》：宋李焘撰。李焘，字仁甫，号巽岩，眉州丹棱（今属四川）人。南宋史学家。《五音韵谱》不但完整地保存了大徐本的内容，而且按照韵目排列部首，便于检阅，故广为流传。

⑨ 段懋（mào）堂《说文注》：段玉裁，字若膺，号懋堂，江苏金坛人。乾隆举人。清代文字训诂学家、经学家。《说文注》即《说文解字注》，是段玉裁耗近三十年的时间对《说文解字》所作的注解、考辨与补充。段玉裁为清代研究《说文解字》的学者中最有成就者。

《广韵》《隶释》[1]皆载汉时"桂""吞""炅""炔"四字一音皆九画，则字以画数，自古有之矣。今绳斋刊《说文》依阳湖孙氏旧刊宋本[2]，而写为一篆一行，整齐画一，罗罗罗可数，仍不失《说文》次第。震伯为《通检》，用真书[3]画数为次第，而注《说文》部数、字数于其下，寻求新本《说文》，应手而得。其书相辅而行，取徐氏、李氏、段氏之意而遵《字典》之法，宜于古亦宜于今。此书之出，将使人人能识篆书，能习《说文》，八岁可教，十七岁可试，古之小学可兴于今日矣。余不胜喜慰而为之序。

评析

《说文解字》，东汉许慎编撰，是我国第一部以六书理论系统分析字形、解释字义的字典。成书之后，经过数百年的辗转传写，以致产生错误遗脱，违失本真。由于许慎原本失传，流传于世的是北宋年间徐铉等人校定之本，但不免穿凿附会，错误尤多。

陈澧早有校刊《说文解字》之志，曾与友人俞凤翙商议，请他从事，未果。此后，陈澧便将此事嘱门人陈昌治进行。陈昌治校刊《说文

① 《隶释》：宋洪适著，著录汉魏隶书石刻文字一百八十三种，并附辑《水经注》中的汉魏碑目和欧阳修《集古录》、欧阳棐《集古录目》、赵明诚《金石录》和不著撰人《天下碑录》中的汉魏部分。是现存年代最早的一部集录和考释汉魏晋石刻文字的专著。

② 阳湖孙氏旧刊宋本：孙星衍，字渊如，号伯渊，江苏阳湖（今属常州）人。清代著名藏书家、目录学家、经学家。孙星衍平津馆仿宋刊本《说文解字》是清代《说文解字》流传史上的重要刊本。

③ 真书：也叫"楷书"。"真"是"正"的通假字，也含有楷模之义。因此，人们习惯上又把楷书称为正书、真书。

解字》，以孙星衍所刻北宋本为底本，为寻求简便，乃改刻为一篆一行，以许书原文为大字，徐铉校注者为双行小字，每部之后新附字则低一格。后人评论说："如此乃觉眉目清朗，开卷瞭然。"［殷韵初：《前言》，载许慎《说文解字（附检字）》，北京：中华书局，1981，第4–5页。］

与此同时，另一弟子黎永椿在陈澧指导下，编撰《说文通检》16卷，并特地指出："近者质之吾师陈兰甫先生，定其凡例。"［黎永椿：《说文通检》卷首《说文通检例》，光绪五年重刊本，第1页。］黎书附于陈书之末。二书刻成后，陈澧大加赞赏，并亲自撰写序文。

在学术著述上，陈澧一贯主张以浅持博、普及启蒙、便利后学。陈澧赞赏陈、黎二书，正是从这个角度出发的。校刊《说文解字》的夙愿，终于由门人实现了，故他"不胜喜慰"，欣喜兴奋之情溢于言表。

张之洞在《书目答问》中称："孙本最善，陈本最便。"孙指孙星衍，陈指陈昌治。又称黎书"此书为翻检《说文》而设，极便"。（范希曾编《书目答问补正》卷一，上海：上海古籍出版社，1983，第68、74页。）另在《輶轩语》中说："《说文通检》亦可谓初学翻检《说文》之门径。"［张之洞：《輶轩语》（一），载王树枏编《张文襄公全集》卷二百四，1928年刊本，第27页。］予二书以高度评价，极为推崇。后世学者公认，陈昌治校刊的《说文解字》是至目前为止的最佳版本，1963年中华书局影印《说文解字》，即为陈刊本。这是清代广东学者在小学领域里做出的一个值得称道的重要贡献。

重刻琅邪台秦篆拓本跋

天下石刻最古而无疑议者，惟琅邪台秦篆诏书①独完存于世，拓本难得。翁覃溪②集中有此碑跋尾云：“壬子③夏，按试④青州，访诸学官，弟子有段生松岑诺⑤为拓之。时以夏秋海水盛长，不可往。”阮文达公集中有此碑拓本，跋云：“琅邪台在诸城县治东南百六十里，东南西三面环海，台上有海神祠，秦碑在焉。拓时须天气清朗，否则雾重风大，拓不可成。”观此可知拓本之所以难得矣。宋熙宁九年，东坡守高密，摹刻于超然台⑥。高密距琅邪仅百余里，尚摹而刻之，盖亦以椎拓⑦之难故也。今去东坡八百余年，岭南又远隔数千里，学篆者欲求拓本一纸而不易觏⑧也。余昔时得一纸，凡十三行，钩摹者屡矣。后借得友人二本，亦十二行，盖皆孙渊如⑨所拓，与余所藏本互相比较审

---

① 琅邪（láng yá）台秦篆诏书：又称“琅琊台刻石”。秦代记功刻石，内容包括诏书及从臣的官职和姓名，传为李斯所书。

② 翁覃溪：翁方纲，字正三，号覃溪，直隶大兴（今属北京）人。清代书法家、金石学家。著有《两汉金石记》等。

③ 壬子：此处指乾隆五十七年（1792）。

④ 按试：清代学政的主要职责，是按期至所属各府、厅考试童生及生员，称为“按试”。

⑤ 诺：承诺，答应。

⑥ 超然台：位于山东省诸城市内，为北宋熙宁年间苏轼任密州（今山东诸城）太守时所建，苏轼撰有《超然台记》。

⑦ 椎拓（zhuī tuò）：也作“椎榻”。将纸覆于金石器物上，铺毡捶击，以摹印其形状和上面的文字、图像。

⑧ 觏（gòu）：遇见，看见。

⑨ 孙渊如：指孙星衍。

谛[1]，摹成定本，适得百年前断碑无字者，其石坚厚无匹，乃刻而置之学海堂。近日广州人士多学篆书者，可以得秦篆之法矣。余既题记刻秦篆下，复详述于新拓本后。

评析

陈澧爱好书法篆刻，因而自然而然地连带喜好金石文字和碑版书帖，平时也颇留心于搜集名碑摹拓，如《石鼓文》《琅邪台秦篆诏书》《阁帖》《绛帖》《逐启諆鼎铭》《天发神忏碑》《升仙太子碑》等，或自己购买，或托人搜集，或友人馈赠，也有亲自摹拓者。最难能可贵的是，陈澧还亲自出资出力，将一些珍贵的名碑拓本临摹勒石，公之于众，以便青年士子学习临摹书法。如重刻《琅邪台石刻》后，陈澧复以余石摹泰山秦碑残字、孔林二坟坛汉隶石刻二种。咸丰年间，陈澧又以俞文诏（字梧生）手摹旧拓《天发神忏碑》，重刻于石，嵌置于学海堂壁间，俾供传拓，嘉惠士林，并撰有《重刻天发神忏碑以诗纪之》诗一首。这是陈澧在普及书法知识方面所做的公益事业之一，推动了广东书学的发展，值得后人仿效。

与周孟贻书

前者在学海堂，足下问读书法，欲以仆为师。仆辞不敢当，因劝足下专治一经，足下颇疑之。仆归而思之，此非所

① 审谛（dì）：仔细考察或观察。

以告足下也。足下才高志博，专经非性所近也，今别有以告足下。凡为学者，当于古人中择师，仆为足下择之，其昌黎乎！昌黎《进学解》曰："先生口不绝吟六艺[①]之文，手不停披[②]百家之篇，记事者必提其要，纂言[③]者必钩其玄。"此昌黎读书法也。上规[④]《尚书》《春秋左氏》《易》《诗》，下逮《庄》、《骚》、太史、子云、相如，[⑤]此昌黎作文法也。篇末言孟子、荀卿，此昌黎之学之大旨也。其吟六艺若何？则沈潜[⑥]乎训义，反复乎句读也。其披百家若何？则识古书之正伪与虽正而不至者[⑦]，知其有醇乎醇者，有大醇而小疵者也。其提要钩玄若何？则掇[⑧]其大要，奇辞奥旨而著于篇也。其作为文章也，有浑浑无涯者，有佶屈[⑨]者，有谨严者，有浮夸者，奇者，葩[⑩]者，似《庄》者，似《骚》者，似太史公，似子云、相如者，虽其陶冶镕裁合为一家，而犹可以寻其所自出。至其学既成，而谓观圣人之道必自孟子始，遂驾乎荀、扬[⑪]之上矣。昌

---

① 六艺：六经，包括《诗》《书》《礼》《易》《春秋》《乐经》六部儒家经典。也指古代学校的教育内容，即礼、乐、射、御（驭）、书、数。

② 披：翻开，翻阅。

③ 纂言：撰述。

④ 规：规范，效法。

⑤ 《庄》、《骚》、太史、子云、相如：指《庄子》、《离骚》、司马迁、杨子云、司马相如。

⑥ 沈潜：指沉浸其中，意谓深入探究。

⑦ 虽正而不至者：虽然正确但还不够完善。语出韩愈《答李翊书》。

⑧ 掇（duō）：拾取，采取。

⑨ 佶屈（jí qū）：曲折，形容文字艰涩难懂。

⑩ 葩（pā）：花，引申为华美。

⑪ 荀、扬：荀指荀卿，扬指扬子云。

黎一生读书为文，求圣人之道，一一自言之，又屡言之，粲然而可见，确然而可循如此。才真高矣，志真博矣，足下性所近矣。仆劝足下先取《昌黎集》熟读之，又取《尚书》、《春秋左氏》、《易》、《诗》、《庄》、《骚》、太史、子云、相如十书熟读之。然后披览百家，提要钩玄，一一如昌黎之所为。而尤以孟、荀为宗，而又取荀之醇，去荀之疵，凡昌黎之学，一一奉以为法。积之以十年二十年，吾不知其所成如何，虽与李习之[①]、皇甫持正[②]，正如骖之靳[③]，不难也。仆尝叹天下之言文者谁不称昌黎，虽三尺童子谁不读《进学解》，而五六百年来，文士学昌黎登其堂而哜其胾[④]者，几人哉？昌黎诚不易学，而亦实无学昌黎者故也。何也？吟六艺、披百家者有人，而为说经考据之学；观圣人之道自孟子始者亦有人，而为道学[⑤]。是二者，多薄文章而不为。其为文章者，既不专学昌黎，学昌黎者则又多以摹仿为事。夫学昌黎者，其聪明才力万万不及昌黎，不待言也。昌黎犹吟六艺、披百家，上规诸经，下逮子

① 李习之：李翱，字习之，陇西成纪（今甘肃秦安）人。唐散文家、哲学家。曾从韩愈学古文，是古文运动的参加者。著有《李文公集》等。

② 皇甫持正：皇甫湜，字持正，唐睦州新安（今浙江淳安）人。唐文学家。从韩愈学古文，文章奇僻，流于险奥。著有《皇甫持正文集》。

③ 如骖（cān）之靳（jìn）：语出《左传·定公九年》中“吾从子，如骖之有靳”。后以“骖靳”比喻前后相随。

④ 哜（jì）其胾（zì）：哜，尝（滋味）。胾，切成的大块肉。比喻真正学到真谛。

⑤ 道学：宋儒的哲学思想。以继承孔孟“道统”，宣扬“性命义理”之学为主。元朝人写《宋史》，把周敦颐、程颢、程颐、张载、朱熹等二十余位哲学家，归于一类，列入《道学传》。后来用作理学的同义语。

云，而学昌黎者，以其有限之聪明才力欲摹仿而得之，真所谓航断港绝潢以望至于海也[①]。且昌黎吟六艺、披百家，而我不吟不披，昌黎上规下逮，而我不规不逮，是直与昌黎相反矣。而自云学昌黎，夫谁欺耶！

本朝古文[②]已不及古人，广东尤自古无其人，有志之士，正当奋然而起。仆老矣，虽知之而不能学矣，幸遇足下勤勤下问于仆，安得不以此学劝足下。足下欲以仆为师，此正柳子厚之讥昌黎者[③]。且仆何足师，谨述昌黎之学，请足下师之，其真可谓得师矣乎！

评析

青年士子从事于学术著述或学做文章，择师而从，本是常事，也是常识。陈澧建议周孟贻以韩愈为师，学习韩文，但特地告诫他不能以模仿为事。仅仅模仿，只能学习皮毛，而学不到精髓。《与周孟贻书》一文着重阐述这一基本道理。

陈澧认为，学习韩愈读书的方法，重点在于要仿效韩愈“吟六艺”“披百家”“提其要”“钩其玄”。即反复阅读儒家原著、经典著作，揣摩诸子百家学说，勤做读书笔记，多写心得体会，打好基础。并

① 航断港绝潢以望至于海也：出自韩愈《送王秀才序》。港，与江河相通的小河。潢，低洼的水坑。断港绝潢，比喻错误的、不可能达到目的的路径或办法。

② 古文：文体名，指以文言文所写的散体文。唐韩愈反对魏晋以来骈俪的文风，提倡先秦汉代所普遍使用的散体文，并称散体为古文。

③ 柳子厚之讥昌黎者：出自柳宗元《答韦中立论师道书》，“……独韩愈奋不顾流俗，犯笑侮，收召后学，作《师说》，因抗颜而为师”。

且不能指望速成，一蹴而就，要用“十年二十年”的苦功，逐渐积累。这样才是正确的读书途径，才能取得实际成效。可以说，陈澧关于怎样正确学习韩愈读书的方法的论述直到今天仍未过时，仍有启发和借鉴意义。

复刘叔俛[1]书

昨得手示，藉悉起居安胜。承询贱体，近日气虚欬嗽[2]，此乃衰老，非病也。深蒙关注，感谢之至。来示云：汪君仲伊、张君啸山[3]皆倾倒于拙著《声律通考》，何期并世得遇赏音。弟先世本金陵人，惟以衰老，不能回乡与阁下及诸儒相见，以此为憾耳。近来于声律复有撰述，兹录一篇呈教，并乞转呈汪、张二先生，然须正其疏谬，乃使弟受益也。拙著《东塾类稿》[4]近年不复刷印者，中年以前治经，每有疑义则解之，考之，其后幡然而改，以为解之不可胜解，考之不可胜考，乃

① 刘叔俛（miǎn）：刘恭冕，字叔俛，号勉斋，刘宝楠次子。江苏宝应（今属扬州市）人。著有《何体注论语述》等。

② 欬（kài）嗽：咳嗽。

③ 汪君仲伊、张君啸山：汪君仲伊，汪宗沂，字仲伊，安徽歙县人，曾从刘文淇研究汉学，著有《礼乐·贯录》等。张君啸山，张文虎，字孟彪，一字啸山，江苏南汇（今属上海市）人，曾任南菁书院院长，著有《古今乐律考》等。

④ 《东塾类稿》：陈澧第一部自刻文稿，始刻于道光二十九年（1849），系散篇，不记页数，后有所作，亦随时刻入，又复有删改，故版刻字样，略有不同，各家藏本亦互有多少。

寻求微言大义[①]、经学源流正变得失所在，而后解之，考之，论赞之，著为《学思录》[②]一书，今改名曰《东塾读书记》。此书自经学外，及于九流诸子[③]，两汉以后学术，至宋以后，有宋、元、明学案之书[④]，则皆略之，惟详于朱子之学。大旨在不分汉、宋门户，其人之晦者，则表章之，如宋之王万[⑤]、明之唐伯元[⑥]；文之晦者，则采录之，如《宋文鉴》[⑦]所选林希《书郑康成传》《广东通志》所录林承芳《重刻十三经注疏序》是也。承命将说《论语》《谷梁》者钞寄，兹呈一帙，敬求教正。来示云：《谷梁》之说，友人索之者众。知江南多治此经者，弟少时稍涉此经，其后辍业矣。尊著《论语疏》明岁刻竣，乞示读。承索为序，此过爱之盛意，所不敢辞。惟著书必须自序，乃能深透，他人不能及也，如韩文公“补苴罅

① 微言大义：含蓄微妙的言语，精深切要的义理。微言，精当而含义深远的话。大义，本指经书的要义，后指大道理。

② 《学思录》：陈澧编撰，宗旨是“通论古今学术”“不分汉宋门户”，后改名《东塾读书记》。

③ 九流诸子：中国古代对儒家、道家、阴阳家、法家、名家、墨家、纵横家、杂家、农家九个学术流派的总称。

④ 学案之书：如清学者黄宗羲著《明儒学案》，以及黄宗羲、黄百家父子和全祖望著《宋元学案》等。

⑤ 王万：字万里，号淡斋，邛州蒲江（今属四川）人，宋学者。著有《心铭》《淡斋规约》等。

⑥ 唐伯元：字仁卿，号曙台，广东澄海（今属汕头市）人，明学者。著有《醉经楼集》。

⑦ 《宋文鉴》：总集名，原名《皇朝文鉴》。南宋吕祖谦奉敕编选，共150卷。仿萧统《文选》体例，选录北宋时期诗、赋、奏疏、杂著等，分为61类。

漏[①]”六句，其后李南纪[②]亦不能道，但能云“诡然而蛟龙翔[③]”云云耳。来示云：刻诸史至南北朝而止，接刻《通典》[④]，不审唐以后诸史不刻欤？《通典》粤东已刻毕，今接刻《续通典》[⑤]《皇朝通典》[⑥]，明春亦可毕。近日刻《通志堂经解》[⑦]及《四库总目》内唐以前甲部书，不能精工，然弟亦不愿其精工，但愿其速成。年老急欲观厥成[⑧]，且宋板书今人宝贵者亦不尽精工也。陈君卓人[⑨]，弟旧交也，其书已付梓，甚慰。柳宾叔、汪梫村两先生安健，尤欣慰也。

评析

此信虽文不长，但内容却很丰富。所述要点有：江浙学者汪宗沂、张文虎等对《声律通考》的钦佩；《东塾类稿》近年不再刷印；《学思录》

---

① 补苴罅漏（bǔ jū xià lòu）：补好裂缝，堵住漏洞。比喻弥补事物的缺陷。语出唐韩愈《进学解》：“补苴罅漏，张皇幽眇。”

② 李南纪：李汉，字南纪，陇西（今属甘肃）人。韩愈弟子，曾编纂《昌黎先生集》。

③ 诡然而蛟龙翔：此语出自李汉《昌黎先生集序》。

④ 《通典》：书名。唐杜佑撰，共200卷，记载历代典章制度沿革的专著。内容始自传说中的唐虞，止于唐玄宗天宝之末，附注间及肃、代两朝。分为食货、选举、职官、礼、乐、兵、刑、州郡、边防九门，每门又分为若干子目。征引200余种史籍，具有较高的史料价值。

⑤ 《续通典》：又名《钦定续通典》，清乾隆时官修，共150卷。续纂唐肃宗至德元年（756）至明崇祯十七年（1644）典制之源流、政治之得失，与《通典》相衔接。分类与《通典》同，其中以明代制度最为详备。

⑥ 《皇朝通典》：又名《清朝通典》。

⑦ 《通志堂经解》：清乾隆时官修，共100卷。内容始自清初，止于乾隆末年，体例与《续通典》同，分为九门。是书为研究清开国至乾隆中期170年间社会典章制度之重要资料。

⑧ 厥成：其成，乃成；其成就，其功成。

⑨ 陈君卓人：陈立，字卓人，又字默斋，江苏句容人。清经学家。著有《公羊义疏》等。

今改名为《东塾读书记》等。而其中最值得引起重视的，是关于其时广州刻书情况的叙述。

信中所提《通典》《续通典》和《皇朝通典》，乃学海堂所刻；而《通志堂经解》和“《四库总目》内唐以前甲部书”（即《古经解汇函》），乃广东书局所刻。与广东书局一样，学海堂刻书校勘主体仍是陈澧及其门人，他们往往是一身而二任。另外，从刻书内容性质来看，广东书局所刻以经书为主，而学海堂所刻则明显偏重于典章制度方面，属于工具书，二者正好互为补充，相辅相成。这就再清楚不过地体现了陈澧刻书选题时的指导思想和主要倾向。

由于陈澧身兼学海堂学长和菊坡精舍山长二职，在广东书局中又总司其事，这种特殊的身份和有利的地位，使得陈澧能够在二处刻书活动中发挥核心主导作用，也使得他有条件去协调二处的刻书重点，使其不至于重复雷同，浪费宝贵且有限的人力、物力资源。广东著名藏书家徐信符在论及陈澧刻书情况时说：“当时陈兰甫先生为学长（指学海堂学长），主持刊书事宜，故校对精审，版式古雅。读《东塾集》，观其与友人书，多论刊书事，可见其精神之专注。”（徐信符：《广东版片记略》，载广东文物展览会编《广东文物》卷九，广州：广东人民出版社，2013，第858页。）《复刘叔俛书》正是陈澧与友人“多论刊书事”的代表作之一。

与陈懿叔[1]书

来示云：闻之兰汀言，澧不学为诗，乃为讲汉学者所误。

① 陈懿叔：陈学受，字艺叔，又作懿叔。江西新城（今江西抚州黎川县）人。清桐城派姚鼐弟子。

此澧前日告兰汀者。澧十五六岁时，笃好为诗，立志欲为诗人。稍长，知有经史之学，虽好之，不如好诗也。张南山先生见澧诗，大赏之，时教以诗法。及赴会试，与同年梁玉臣同舟，为诗唱和。玉臣专毛诗[①]之学，虽与澧唱和，心弗善也，而澧刻意为之。玉臣曰："君自视其诗去古人几何？"澧始愧汗自失。会试不中，留京师，犹时时为之，与同年翁药房[②]唱和。先师程春海[③]侍郎为澧言，近人诗多困卧纸上，澧呈所为诗，侍郎大喜曰："此能于纸上跃起者。"是时年二十六矣，嗜好乃益多，小学、音韵、天文、地理、乐律、算术、古文、骈体文、填词、篆隶真行书无不好也，无不为也。杨浦香[④]谓澧曰："东坡所谓'多好竟无成，不精安用夥'，君之谓也。"澧亦自念人之一生，岁月几何？精神几何？才智几何？如我所好一一为之，虽寿如彭祖[⑤]，不能毕其事。乃稍稍减损，有索诗者则为诗，不摹仿古人诗矣。有索书者，则书字，不临写古人书矣。以为不得已应酬而已。自尔以来二十余年，不惟不学诗，不学书，乃并小学、音韵之属亦皆辍业[⑥]。近年惟读经史，日有课程，如学童初入塾者，

---

① 毛诗：《诗》古文学派。相传为秦汉间人毛亨和毛苌所传。据称其学出于孔子弟子子夏。魏晋以后，今文三家诗散亡或无传者，毛诗独盛。

② 翁药房：翁同书，字祖庚，号药房。翁心存长子。翁心存任广东学政时，翁同书曾随父居广州三年，熟悉岭南的物产和风土人情。

③ 程春海：程恩泽，字云芬，号春海，安徽歙县人。曾任广东乡试主考官，录取陈澧，故二人有师生之谊。

④ 杨浦香：杨荣绪，字浦香，一字黼香，广东番禺人。陈澧年轻时的好友。

⑤ 彭祖：中国古代传说人物，相传他活了八百多岁。

⑥ 辍业：停止劳作，停止学业。

安得有余力以学诗哉！近日倪云衢[1]甚爱拙诗，见辄钞录。澧谓云衢："君钞我诗，他日慎勿刻板。"云衢问其故，澧告之曰："诗者我所笃好，若我有诗集，当卓然成一家乃快心尔。若如近日应酬诗而刻为一集，适违我心耳。"因来示所言而自述其意如此。

评析

中年以后，为了专心致志从事学术著述，陈澧放弃了诸多的兴趣爱好。这一事实经过及心理历程，在《与陈懿叔书》中有较详细的叙述。此文因为是陈澧亲口向好友倾吐，无疑最为真实可信，是了解和研究陈澧学术思想的宝贵资料。

陈澧自幼爱好作诗，立志成为诗人，而生前并未有诗集刻梓问世。其中原因，在这封信中也有明确具体的交代。他对倪云衢说，"若我有诗集，当卓然成一家"。可见陈澧对自己诗作要求极高，以"卓然成一家"自期，而极不满意平庸应酬之作。这种高标准、严要求、几近苛求的律己精神，贯穿了陈澧一生的方方面面，诗词如此，学术著述更是如此。正是这种精神，陈澧才得以成就崇高的学术地位以及对后世产生深远的影响。

① 倪云衢：倪鸿，字延年，号云癯，广西桂林人。工诗文，善书画，曾客游广州，与陈澧友善。

复曹葛民[1]书

《声律通考》

近得手书，论澧所著《声律通考》，云“于此道从未究心”，因复下问。若在他人，澧不敢觍缕[2]，足下知我者，请畅言之。

澧为此书，所以复古也。复古者，迂儒之常谈，澧岂可效之哉！良以乐不可不复古故也。即世运已降，习俗沈锢[3]已深，势不能以复古，而吾之说终不可不伸于天下。盖伊古以来[4]，礼乐并重，古礼传至今日，有失者，有未失者，以今人冠昏丧祭考之《仪礼》[5]可见也。乐则不然，太常[6]乐部所掌，奏之朝廷，奏之郊庙[7]，草茅下士不得而闻，尤不得而议。外省学宫[8]之乐，则琴瑟弗鼓，钟磬[9]

① 曹葛民：曹籀，字葛民，浙江仁和人。清学者、诗人。著有《籀书》等。

② 觍缕（luó lǚ）：详细而有条理地叙述。

③ 沈锢（gù）：也作沉锢 、沉痼。积久难治的病。

④ 伊古以来：自古以来。

⑤ 见第52页注③。

⑥ 太常：官名。秦置奉常，汉改为太常。为九卿之一，掌宗庙礼仪。历代沿置，专为司祭祀礼乐之官。

⑦ 郊庙：古帝王祭天地的郊宫和祭祖先的宗庙。

⑧ 学宫：旧指各府、州、县之孔庙，儒学教官之衙署设此，故名。又泛指府、州、县学及其学舍。

⑨ 钟磬（qìng）：钟和磬，古代礼乐器。钟由青铜铸成，磬由石头磨制而成。

弗考，平时所闻者，鼓吹[①]也，戏剧也，小曲[②]也。其号为雅音[③]者，琴师之琴也，此则今所谓乐也。何为宫商[④]，而不知也。何为律吕[⑤]，而更不知也。呜呼！乐者，六艺之一，儒者之学，而可轻亵[⑥]沦亡一至于此哉！

本朝古学[⑦]最盛，讲考据者数十百家，古礼已不行，而必考三礼；古篆已不用，而必考六书[⑧]；而考古乐者绝少。近数十年惟凌次仲[⑨]奋然欲通此学，自谓以今乐通古乐。澧求其书读之，信多善者，然以为今之字谱即宋之字谱[⑩]，宋之字谱出于隋郑译[⑪]所演龟兹[⑫]琵琶。如其言，则由今乐而上溯之，通于西域之乐耳，何由而通中国之古乐也。又况今之字谱非宋之字谱，宋之字谱又非出于郑译，古籍俱存，明明不可以假借者乎！澧因浚氏书考之经疏、史志、子书，凡言声律者，排比勾稽以成此编，金君

---

① 鼓吹：鼓吹乐。古代的一种器乐合奏曲，用鼓、钲、箫、笳等乐器合奏。

② 小曲：乐曲体裁之一，与有许多“遍数”的大曲对言。又称“小调”，民歌的一种。

③ 雅音：正音，有益于风教的诗歌和音乐。

④ 宫商：五音中的宫音与商音。宫、商、角、徵（zhǐ）、羽，这五音是中国古乐基本音阶。

⑤ 律吕：音乐术语，六律、六吕的合称，即十二律。此处泛指乐律或音律。

⑥ 轻亵（xiè）：轻慢。

⑦ 古学：研究古文经、古文字之学。凡科举功令文字如策论、律赋、经义、八股文、试帖诗以外的经史学问，称古学。

⑧ 六书：古人分析汉字而归纳出来的六种构成方式，即象形、指事、会意、形声、转注、假借。

⑨ 凌次仲：凌廷堪，字次仲，安徽歙县人。清经学家、音律学家。著有《燕乐考原》等。

⑩ 字谱：音乐记谱法，即工尺谱，中国传统记谱法之一。约产生于隋唐时代，由一种管乐器的指法记号逐渐演变而成，常见者用上、尺、工、六、五、乙等，依次记写七声。古今字谱变化很大。

⑪ 郑译：字正义，荥阳开封（今属河南）人，隋政治家。曾参议定乐，名曰《乐府声调》，今佚。

⑫ 龟兹（cí）：古西域国名，在今新疆库车县一带，有文字。龟兹人擅长音乐。

芑堂[1]为定其名曰《通考》。窃以为通之名未易当也，然著书之意固如是也。

古十二宫[2]之有转调[3]，三分损益[4]之为大略之法，六十调[5]之不可施用，昔人已言之，澧但因而发明之，非所谓通也。澧所通者，将使学者由今之字谱[6]而识七声[7]之名，又由七声有相隔有相连而识十二律之位，识十二律而古之十二宫、八十四调[8]可识也。又由十二律四清声而识宋人十六字谱，识十六字谱而唐宋俗乐二十八调[9]可识也。然此犹纸上之空言也，无其器何以定其声？无其度何以制其器？属有天幸，《宋书》《晋书》皆载荀勖笛[10]，而阮文达公摹刻《钟鼎款识》[11]

① 金君芑（qǐ）堂：金锡龄，字伯年，号芑堂，广东番禺人。学海堂学长，陈澧好友。著有《劬书室遗集》等。

② 十二宫：也称十二律，古乐的十二调，包括阳律六和阴律六。阳律六：黄钟、太簇、姑洗、蕤宾、夷则、亡射。阴律六：大吕、夹钟、中吕、林钟、南吕、应钟。

③ 转调：音乐术语。从一调转换到另一新调。

④ 三分损益：三分损益法，中国古代计算乐律的方法。

⑤ 六十调：《律吕新书》云，“十二律旋相为官，各有七声，合八十四声。官声十二，商声十二，角声十二，徵声十二，羽声十二，凡六十声，为六十调”。

⑥ 今之字谱：指当今流行、通用的乐谱。陈澧《声律通考》卷八云：“宋之字谱配律吕，今之字谱代官、商，二者截然不同。”

⑦ 七声：音乐术语，指中国古代七声音阶中的七个音级，即宫、商、角、变徵（徵的低半音）、徵、羽和变宫（宫的低半音）。

⑧ 八十四调：我国宫调理论中，以十二律旋相为宫，构成十二均；每均都可构成七种调式，共得八十四调。

⑨ 二十八调：统指唐代教坊俗乐的曲调。宫、商、角、羽四声各七调，正好二十八调。

⑩ 荀勖（xù）笛：西晋初，中书监光禄大夫荀勖监制新律笛十二支，以调正宫廷雅乐的律吕，世称“荀勖笛”。

⑪ 《钟鼎款识》：书名，全称《积古斋钟鼎彝器款识》，清阮元撰，共十卷。著录商、周、秦、汉、晋器物550件，除摹录其文字外，并加注释。

有荀勖尺[①]，二者不期而并存于世，此其事殆非偶然者。考古乐至此，如一发之引千钧，将绝未绝，危矣哉！夫然后考之史籍，隋以前历代律尺[②]皆以荀勖尺为比，金、元、明承用宋乐，宋乐修改王朴[③]乐，而王朴律尺又以荀勖尺为比，有荀勖尺而自汉至明乐声高下皆可识也。然而荀勖尺易制也，荀勖笛难知也。《宋书》《晋书》所载荀勖笛制，文义深晦，自来读者不能解。澧穷日夜之力，苦思冥悟，而后解之，而后仿制之，于是世间乃有古乐器。又读朱子《仪礼经传通解》[④]，有唐开元《鹿鸣》《关雎》十二诗谱[⑤]，以今之字谱译之，于是世间乃有古乐章。即谓十二诗谱不出于开元，而为宋人所依托，然自宋至今，亦不可谓不古，较之毛大可[⑥]所称明代之唐谱[⑦]，不可同年而语矣。遍考古书所载乐器，从未有细及分厘如荀勖笛制者。遍考古书所载乐章，从未有兼注音律[⑧]如十二诗谱者。古莫古于此，详亦莫详于此，授之工人，截竹可造，付

① 荀勖尺：荀勖为考校古律而求古尺，得到新莽尺的长度（合今23.1厘米）。后世认为荀勖尺确合古制。

② 律尺：古代用以制定乐律的度尺。以黄钟律的管长为准，以累黍为法。

③ 王朴：字文伯，五代时后周东平（今属山东）人。曾奉诏考正雅乐，著有《律准》等。

④ 《仪礼经传通解》：本名《仪礼集传集注》，南宋朱熹、黄榦等撰，共六十六卷。以《仪礼》为经，而将《礼记》及诸经史杂记中所载古代礼制，附在本经之下，兼取后儒注疏，加以解释。是研究古代礼制的参考书。

⑤ 十二诗谱：又名《风雅十二诗谱》，即十二首《诗经》乐谱。

⑥ 毛大可：毛奇龄，字大可，浙江萧山人。清经学家、文学家。著有《西河合集》。

⑦ 明代之唐谱：指明宁王朱权之《唐乐笛色谱》。梁启超说，毛奇龄撰《竟山乐录》，“自言家藏有明代宗藩所传《唐乐笛色谱》，因得以推复古乐”。但《四库提要》早已怀疑《唐乐笛色谱》为唐人之旧。

⑧ 音律：指音乐上的律吕、宫调等，也叫乐律。

之伶人，按谱可歌，而古乐复出于今之世矣。然而非仆之力也，赖有晋、宋、隋三史，赖有朱子及阮文达公耳。否则，澧何自而得之。此外则姜尧章[1]《七弦琴图说》，凌氏书已为之表，澧以其列十二调而统于五调[2]，考之《魏书》陈仲儒[3]之言，琴有五调调声之法，而知姜氏之说所自出。于是丝竹皆有古法，至于金石[4]，则非寒士之所能为矣。澧所谓复古者，如是止矣。若夫琵琶为燕乐诸器之首，段安节[5]《琵琶录》云："宫逐羽音，商角同用。"遥遥千载，传此两言，殊不可解。乃一日者观乐工弹琵琶而问其法，始悟唐人旧法至今犹存，此亦一奇也。然琵琶非雅乐也，所谓复古者，不以此为重也。

昔姜尧章以所作《大乐议》献于宋朝。澧所考得者，唐之歌、晋之笛、魏之琴，千余年仅存之古乐，不知比姜尧章为何如？若承平之日，诚当献之朝廷，不敢自秘。徒以病废之身，当兵戈之际，讲明礼乐，迂儒事耳。古人云"藏之名山，传之其人"，今则无名山可藏，虽有门人数辈，皆为经生，不解音乐，

① 姜尧章：姜夔（kuí），字尧章，号白石道人，饶州鄱阳（今属江西）人。南宋文学家、音乐家，著有《白石道人诗集》等。

② 五调：指宫、商、角、徵、羽。

③ 陈仲儒：生平不详。《魏书·乐志》载："有陈仲儒者，自江南归国，颇闲乐事。请依京房，立准以调八音。"

④ 金石：此指钟、磬一类乐器。

⑤ 段安节：唐代音乐家，生卒年不详。曾官国子司业，"善乐律，能自度曲"（《新唐书·段志玄传》附载）。著有《乐府杂录》。

欲传其人而不知谁属也。象州郑小谷[1]见此书，叹曰："有用之书也。"又曰："君著此书辛苦，我读此书亦辛苦。"嗟乎！辛苦著书，吾所乐也，有辛苦读之者，吾愿足矣。若其有用，则吾不及见矣，其在数十年后乎？其在数百年后乎？

评析

《声律通考》是陈澧重要的、具有代表性的学术著述之一，它与《汉书地理志水道图说》《切韵考》《东塾读书记》一起，奠定了陈澧崇高的学术地位。

由于古乐历经上千年的演变，留存的文献和音乐作品又极其匮乏，因此对古乐的研究成为一个难度很大的课题。《复曹葛民书》专门论述《声律通考》的相关问题，较为简明扼要，较为通俗，且出自陈澧自己之手，显得尤其可贵。内容包括以下几点：

其一，陈澧简单叙述了自己研究古乐的原因，即为了"复古"，因乐为六艺之一，不可任其"沦亡"。其二，撰著《声律通考》是直接受凌廷堪《燕乐考原》一书的启发，但该书错误很多。其三，《声律通考》的撰著思路是由今之字谱而识七声、十二律、八十四调，以及连带而识宋人十六字谱和唐宋俗乐二十八调等。其四，根据古籍所载制造古乐器"荀勖笛"。其五，以今之字谱翻译朱子《仪礼经传通解》所载十二诗谱，于是乃有古乐章。用鼓乐器演奏古乐章，陈澧便认为，他"复古"的任务大功告成。

声律学问专门，古乐律更深奥难懂，外行不容置喙。梁启超曾评论

[1] 郑小谷：郑献甫，字小谷，广西象州人。清学者。曾游广东，与陈澧友善。著有《补学轩文集》等。

说："清儒最能明乐学条贯者，前有凌次仲，后有陈兰甫。"（梁启超：《中国近三百年学术史》，天津：天津古籍出版社，2003，第397页。）寥寥数语，已将陈澧在清代乐律学研究史上的地位，表达得一清二楚了。

今人汪申申认为，陈澧"有较丰富的声学知识和管乐器的实践经验，因此他的研究不再限于纸上谈兵……陈氏对荀勖笛律的研究，是建立在复制试验的基础上的。他以文献所载'晋前尺'即荀勖所用尺的实际长度为标准，按《宋书》的记载计算出各笛的长度与孔距，复制出了十二枝笛。在复制过程中，发现了一些问题，引发他进行了进一步深入的研究。他的分析，有理论，有实践，显露出严谨求实的学风"。［汪申申：《清代音乐理论管窥》，《黄钟》（武汉音乐学院学报）2002年第1期，第68-69页。］此段议论，出自音乐专家之笔，可供参考。

与胡伯蓟书

仆近年为《学思录》，惟钞撮群书，不成著述之体，欲待二三年后乃编定之。今内度诸身，外度诸世，不可复缓。然且及今为之，犹恐汗青无日，为一生之遗恨，故今以论著之大旨告足下。仆之为此也，以拟《日知录》[1]，足下所素知也。《日知录》上帙经学，中帙治法，下帙博闻，仆之书但论学术而已。

---

[1] 《日知录》：书名，明清之际顾炎武撰。共三十二卷，系读书札记，按经义、吏治、财赋、史地、兵事、艺文等分类编入，是公认的学术经典名著。

仆之才万不及亭林[①]，且明人学问寡陋，故亭林振之以博闻，近儒则博闻者固已多矣。至于治法，亦不敢妄谈，非无意于天下事也。以为政治由于人才，人才由于学术，吾之书专明学术，幸而传于世，庶几读书明理之人多，其出而从政者必有济于天下，此其效在数十年之后者也。天下人才败坏，大半由于举业[②]，今于此书之末，凡时文、试律诗[③]、小楷字皆痛陈其弊，其中发明经训者，如《论语》之四科[④]，《学记》之小成、大成，《孟子》之取狂狷、恶乡原[⑤]，言之尤详，则吾意之所在也。

评析

胡锡燕，又名伯蓟，自号蓟门，湖南湘潭人，是与陈澧关系极为密切，也是陈澧极为赏识和器重的得意门生之一。陈澧曾多次称赞他“最有学问”“特出之士也”，他在陈澧心目中的地位可想而知。

《学思录》的撰著，是陈澧中年以后学术思想发生重要转变的标志。这一转变，为他后半生的学术研究、学术著述重新奠定了方向。

关于《学思录》的编撰动机及宗旨，陈澧在书信、札记及其他场合，

① 亭林：顾炎武，字宁人，江苏昆山人。学者称亭林先生，明清之际思想家、学者，著有《日知录》等。陈澧平生最为敬慕顾炎武，他写道：“亭林举‘博学于文，行己有耻’二语，而尤以有耻为先。后博学已成风气，而无人振起有耻之风矣。”主要强调道德学问并重。

② 举业：为应科举考试而准备的学业。明清时专指八股文。

③ 试律诗：诗体名，又名“试帖诗”“赋得体”，源于唐代。大都为五言六韵或八韵的排律，以古人诗句或成语为题，冠以“赋得”二字，并限韵脚。清代试律诗，格式限制尤严，内容大多是为皇帝歌功颂德，并须切题。

④ 四科：孔门四种科目，指德行、言语、政事、文学。

⑤ 乡原：乡愿。指乡里中貌似谨厚，而实与流俗合污的伪善者。

曾多次论及，反复申述，不厌其详。《与胡伯蓟书》之所以重要，是因为它是陈澧早期关于《学思录》一书宗旨内容较为细致、具体的表达，也是在相关著述思路清晰、成熟之后进一步的发挥和深入阐释。

在信中陈澧特地表明，《学思录》有意模仿顾炎武《日知录》，但又不尽相同，主要区别在于《学思录》“但论学术而已”。同时指出，《学思录》的功效，是缓慢、间接的，读其书“其出而从政者必有济于天下，此其效在数十年之后者也”。此外，《学思录》的内容除学术之外，还包括批评科举制度和发明经训，其中对于四科、小成、大成，以及取狂狷、恶乡原等，“言之尤详”。

今人王元化十分赞同陈澧关于著述功效问题的论述。他说：“学术的社会效应不是直接的，而是间接的；不是快速的，而是迟缓的。正如东塾所说，‘其效往往在数十年之后也’。由于社会效应的间接与迟缓，故这类学者往往被急功近利者讥为迂腐。”（王元化：《九十年代日记》，杭州：浙江人民出版社，2001，第389页。）王元化可谓陈澧的千古知音。

与王峻之书五首

别后想平安到馆，近日学业必更精进。仆今年请子韶[①]在家教儿辈读书，暇时常得谈论，但惜吾弟未能在省城耳。读书人难得，假者多，真者少，误者多，不误者少而又少。吾弟未误，勉

① 子韶：赵齐婴，字子韶。自幼为赵氏收养，不知籍贯。陈澧弟子，与陈澧关系密切。博通经史，深于天文舆地，尝手摹《康熙舆地图》与《乾隆舆地图》，著有《汉书西域传图考》《历代州域形势节录》等。

之可也。每日看得数十字便佳，有所述即寄来，如去年所寄，可得相商也。

所谓经学[①]者，贵乎自始至末读之、思之、整理之、贯串之、发明之，不得已而后辩难之，万不得已而后排击之，惟求有益于身，有用于世，有功于古人，有裨于后人，此之谓经学也。有益有用者，不可不知；其不甚有益有用者，姑置之；其不可知者，阙[②]之。此之谓经学也。

博约二字不可离。《孟子》曰："博学而详说之，将以反说约也。"[③]然则博学详说时，其意中固已将反说约矣。韩文公曰："记事者必提其要，纂言者必钩其玄。"[④]读记事纂言之书，博矣，详矣。提要钩玄，则已约矣。《荀子》曰"以浅持博"，浅非浅尝之谓，即约之谓也，约而易知之谓也。

作诗写字，但能不俗可矣，若求工妙，让专门者为之。专门者不可无其人，我辈则未暇为此也。若夫著述之体，切宜留意，宜洁净，宜平实，简而明，简而不漏，详而不支不烦，学古而不

① 经学：以儒家经典为研究对象的学问。所谓儒家经典，一般是指儒学十三经，即《诗经》《尚书》《周礼》《仪礼》《礼记》《易经》《左传》《公羊传》《谷梁传》《论语》《尔雅》《孝经》《孟子》。

② 阙：空缺。

③ "博学而详说之，将以反说约也"：广博地学习，详尽地解说，目的在于融会贯通后返归到简约。

④ "记事者必提其要，纂言者必钩其玄"：出自韩愈《进学解》。记事，指叙事文。纂言，指议论文。提要钩玄，是一种基础性的阅读方法。提要即提取要点、纲要，钩玄即探求文字中隐含的精深道理。

赝古[①]，有法而不囿于法，此则学人之著述，非才人之词章所可同日而语者，俗人更不识也。

于切要处用心力，于不用心力处惜精神，愈繁难愈从容为之。耐繁难者，养性之功；求易简者，心得之学。学无心得，与不学者同。见解贵高贵通，工夫贵平贵钝。

复王峻之书五首

昨得手书，知动静佳畅为慰。足下向来有志读书，仆以为不易得者。来书以不能相聚为憾，仆亦谓然也。但既有志读书，则当以读《论语》为先，仆之教子亦只如此，足下之所知也。每日读《论语》朱注[②]一章，以圣贤之言为今日侍侧[③]亲闻，肃然敬听，句句字字详细思绎[④]，引而入于身心，实而验之今日之世事，如此数十日，见识自高，且人品亦因之而高。至一部《论语》读毕，便非同常人矣。每章依次第读之，不可凌乱，不可间断，心有所得，记于书上，心有所疑，亦记于书上，将来相见，即可以质问。此最切实最简易之功，且非仆所创设，仆从来不

---

① 赝（yàn）古：假冒古物。

② 朱注：指朱熹的注释。朱熹编《四书集注》（全称《四书章句集注》），书中包括《大学》《中庸》《论语》《孟子》的章注，“四书集注”之名由此称定。明清统治者提倡理学，将此书定为必读之书。

③ 侍侧：陪侍左右。

④ 思绎：思索寻求。

自立一说，此乃程、朱[①]之说。朱子言，虽孔子复生，教人亦只如此。但无人肯遵其法，只为时文[②]起见。仆尝谓世人读四书，非读圣贤言语，乃读时文题目耳。张南山[③]先生甚以此言为然。小儿宗谊[④]一病将两月，今甫痊愈，而虚弱极矣。仆每日工课如常，读《礼记注疏》[⑤]五叶，余力则著《学思录》。每读书有得，则以告子韶，居乡甚乐，不欲遂回省域也。

仆近日读书颇有所论，怅然叹想足下如在省城，可相告语，正欲作书寄达，适得来书，为之欣然。又知自加策励，复读《论语》，较前次读时不同，既用力于践履[⑥]，又得良友相助，为之喜而不寐。又知看《朱子年谱》[⑦]觉有著手处，此已得其门而入，将来不可限量，愿更勉之。但大用力一番，如攻坚木，此后但当仔细涵泳，勿令放宽放倒，亦勿紧迫，常常如此，自有温故知新之功矣。读《论语》所记数条，皆平稳，“贤哉回也”一条最佳。此外自记数条，亦甚佳，足见实有所得。足下天资清颖，又肯听仆之言，又静细，又能实用其力，真不可多得。俟四书读

① 程、朱：宋代理学家程颢、程颐兄弟和朱熹的合称。因他们三人提倡性理之学，成一学派，故后人以“程朱”代指这一学派。

② 见第72页注①。

③ 张南山：张维屏，字子树，号南山，又号松心子，晚年自署珠海老渔，广东番禺人，近代著名爱国诗人。曾任学海堂学长，与陈澧为忘年交，友谊维持终身。

④ 宗谊：陈宗谊，字孝通，陈澧长子。因病去世，去世时年仅21岁。

⑤ 《礼记注疏》：汉郑玄注、唐孔颖达疏。《礼记》，儒家经典之一，秦汉以前各种礼仪论著的选集，相传为西汉戴圣编纂。

⑥ 践履：本为足踏地之义，后转为步行、经历等义，再引申为行动、实行、实践义。

⑦ 《朱子年谱》：书名，清王懋竑撰。为朱子作年谱者甚多，此书最为详尽，为集大成之作。

毕，来省取仆所藏书读之，以尽博学详说之功，是所望也。仆今年身体略好，眠食渐似昔时，但须渐白耳。日与子韶谈论，甚有益，余不多述。

不俗者，狂狷①也。俗者，乡原也，同乎流俗也，孔、孟以为贼，可惧也。志狂者之志，行狷者之行，是谓不俗。夫处尘俗之中而不染一点尘俗气，其人之可贵何如哉！且古之俗异于今之俗，今之俗尚有似忠信廉洁者乎？入尧舜②之道，何曾发此念，但欲冒充名士耳。狂狷不俗，即是入尧舜之道，读《孟子》所述伊尹③之语，真是狂狷也。

闰月廿九日得来书，知一路平安为慰。仆至龙溪半月，游罗浮而归，甚欲如来书所云得读书好古之士，但匆匆未能知也。有一童生刘性善来问程朱所说“敬”字，仆甚奇之，以朱子书示之。渠读至不重科举之说，又疑信参半矣。然此人想可以引进耳。足下之好学，真不可多得。今读《论语》，更宜于正文、小注字字仔细咀嚼，切已体认④。一日一章，不可欲速，有不知以书来问，两三月后，仆当以一书相示也。仆以刻《皇清经解》事不能不急急回省，然颇恋龙溪风景也。

所论者，海内我不敢知，岭南则甚少。若乃本于身，明于学，切于时，通于古今，有根柢，有实用，仆安能不以此望足

① 狂狷：狂，指不拘一格，蔑视俗规。狷，指洁身自好，不肯同流合污。

② 尧舜：古史传说中的两位君主，远古部落联盟的首领，儒家奉为圣明。

③ 伊尹：商初大臣。帮助汤攻灭夏桀，汤去世后辅佐国政。

④ 体认：指体察、认识，还包括认可、认同的意思。

下？今虽未能，俟之他日。杜诗云：“青眼高歌望吾子，眼中之人吾老矣。”①

评析

王国瑞，字进之，又字峻之，广东番禺人，学海堂专课肄业生。他是与陈澧关系亲密的弟子之一，自言：“先生视余如子。”（王国瑞：《学荫轩集》卷六《自述》，1917年刊本，第17页。）陈澧十分器重王国瑞，称他“人品纯粹，学问有根底”。（王存善：《学荫轩集·序》，载王国瑞《学荫轩集》卷首，1917年刊本，第1页。）这句评语，王国瑞当之无愧，他也因此受到学友一致的钦佩和尊重。

在与王国瑞的多封书信来往中，陈澧比较全面、系统、深入地阐述了自己关于读书、治学、做人的基本要领和方法，这可视为陈澧谆谆教导门人，苦口婆心，不厌其烦与门人互相交流的生动体现。例如，关于读书，陈澧强调先读《论语》，要勤于做笔记，“心有所得，记于书上，心有所疑，亦记于书上”。关于著述，陈澧强调要全面了解，融会贯通，警惕好立新意，与古人为难争胜，辩难排击古人等。关于做人，陈澧着重发挥狂狷、乡愿之说，要求“处尘俗之中而不染一点尘俗气”，不媚俗，不媚世。以上所说所论，虽然都是耳熟能详的儒家老传统，并无惊世骇俗之论，但却是平凡朴素、笃实可行、历久弥新的金玉良言。

---

① “青眼高歌望吾子，眼中之人吾老矣”：出自唐代杜甫的《短歌行赠王郎司直》。意为：我以青眼看着你，放声高歌，王郎你正年富力强，我却已衰老无用了。

示沈生

所谓经学者，非谓解先儒所不解也。先儒所解，我知其说；先儒诸家所解不同，我知其是非；先儒诸家各有是各有非，我择一家为主而辅以诸家，此之谓经学。若随意涉猎，随手翻阅，得一二句辄自出其说以驳先儒，假令先儒起而驳我，我能胜之否耶？即胜之矣，而先儒解全经，我但解一二句，其与先儒相去岂不远哉！仆读书数十年，谨守《儒行》[①]一言，曰“博学以知服”。盖惟博学乃知服古人，不知服古人者，学不博故也。故《学记》曰：“学然后知不足。”奉劝足下收敛聪明，低头读一部注疏，勉为读书人。若十三部注疏未读一部，辄欲置喙[②]于其间，此风断不可长。戒之，慎之。

评析

此信的中心思想在“博学知服”四字，这是陈澧终身奉行的治学宗旨，也是他为人处世的哲学态度。“博学知服”，简单地说，即广博学问，服畏先贤。陈澧一再告诫学生，读书要“自首至尾读之”；反对“随意翻阅，随意驳难”；反对“随手翻阅，搜求古人之误而驳之，而自为说”。陈澧特地提出“博学知服”，主要是针砭当时学术界普遍存在的好求新意、好与先儒立异、好露才扬己的浮躁学风，提倡一种谦让、虚心、敬畏前贤的治学精神和著述态度。

① 《儒行》：是《礼记》中的一篇，主要论述一个儒者应有的风范。

② 置喙（huì）：指插嘴，参与议论。鸟的嘴巴称为喙。

《东塾集外文》选读

题解

除《东塾集》外，陈澧尚有不少文稿存世，如《东塾类稿》《东塾余集》《陈兰甫未刊遗文》等。《陈东塾先生年谱》的作者汪宗衍曾编辑有《东塾集外文》四卷，惜未刊行。2008年，黄国声主编《陈澧集》，收有《东塾集外文》，据称是从《东塾类稿》、佚名抄本《东塾集余稿》、陈之迈编《东塾续集》，以及清人诗文集等书中辑录的，共计文285篇，略依《东塾集》例体，分为六卷。

《东塾集外文》文章，从内容上看，比较泛杂。其中重要的，仍为论述学术宗旨，以及治学精神和治学态度的篇章。此外，还有不少篇章涉及日常起居、宴聚游历、学者风貌，以及师友情谊等，都弥足珍贵，可与《东塾集》互相参照，互为补充。

与菊坡精舍门人论学

凡为士人，必于四科之学，择其一科而为之，将来乃成人材，而四科之学，皆必求之于经史。

凡为学，必先自择其性之所近[①]而施功焉，性所不近，虽

① 性之所近：与自己兴趣相近的。喜欢的就是性之所近，也就是与自己最合适、相宜的。

欲为之，必无成也。取一经注疏，或一史，或唐以前诗文一部，或朱子《文集》《语类》，阅之旬日，觉有心晓处，即性所近也。

仆在此精舍十年，所说皆古人之说，从不自出一说，深恐教人误了路头也。仆性情本如此，所著之书亦然。卫正叔[①]云：“人之著书，惟恐不出于己。我之著书，惟恐不出于人。”数十年谨守此说。若能举古人之说而发明[②]之，使后学皆知，即是有功于古人。若必出己说，则是与古人争胜，不惟无功，而且有过矣。

凡为学，工夫要专，见闻要广。专习一书，日日不间断，且不错时刻，而以余功看《四库提要》[③]，则得之矣。（胡文忠公[④]建书院则买《四库提要》。）

凡专习之书，必要落笔圈点，又要抄撮。

凡经学要熟诵经文，史学亦要摘读，诗文则必须熟读，而且多读。三四千。如此则必能作佳篇，即使不能，而胸次自必不同庸俗人矣。

---

① 卫正叔：卫湜，字正叔，江苏昆山人。宋学者，著有《礼记集说》等。

② 发明：指阐释、引申。

③ 《四库提要》：全称《四库全书总目》，清官修目录，共二百卷，纪昀等编撰，为中国古代规模最大的官修图书目录。全书按经、史、子、集四部分四十四类编排。每部有总叙，各类有小序。提要包括作者简介、历代书目著录情况、成书过程、内容评述、价值评判、常见版本等。

④ 胡文忠公：胡林翼，字贶生，号润芝，湖南益阳人。湘军重要首领，与曾国藩、李鸿章、彭玉麟并称“中兴四大名臣”。谥文忠。撰有《胡文忠公遗书》等。

《论语》所云“愤悱[①]”，愤者心求通而未得，悱者口欲言而未能，此是将得门而入光景。苦求通未得，欲言未能，而即退缩，则终身不得门而入矣。

凡课卷，高取批好者，从此更勉，乃有益。若自满，则不惟无益而有损矣。不高取批坏者，看批坏之处，以后不再犯，则其益甚大，万勿以此而沮丧也。

凡作文作诗，最忌庸俗。若因庸俗语易于写出，将就完卷，非但此卷不能佳，而且永无进益矣。不如改为习经史，得尺则尺，得寸则寸。

凡读书，要求知古人所已知，不可求知古人所未知，此即不可好立新说之意。

凡经学，要识义理[②]，非徒训诂考据而已。朱子书义理，仆有《语类日钞》[③]五卷，汉儒经注义理，仆有《通义》[④]七卷，皆可为先路之导。

凡史学，要知治乱兴亡之由。（此陆宣公[⑤]语。）

凡读古人诗文，要取其开我之心胸，养我之性情。

① 愤悱（fèn fěi）：语出《论语·述而》中“不愤不启，不悱不发”。朱熹集注：“愤者，心求通而未得之意；悱者，口欲言而未能之貌。”大意是积极思索，以求解通。也有愤慨、怨恨之意。

② 义理：言辞、文章的含义和观点。

③ 《语类日钞》：指陈澧纂辑的《朱子语类日钞》五卷。

④ 《通义》：指陈澧纂辑的《汉儒通义》七卷。

⑤ 陆宣公：陆贽，字敬舆，唐苏州嘉兴（今属浙江）人。唐代著名政治家、文学家、政论家，谥宣，著有《陆宣公奏议》。

《引书法》十条，《字体》[1]百余字，必要看。

凡古字古语，文章古例，官课及应试[2]勿用。

精舍以学问为重，不是为取超等[3]，治经者更不是要作经解。如仆今日有虚名，人皆谓之有经学，然仆自中年以后，不作经解久矣。可见治经不在乎作经解也。初学借作经解以为治经之路，借取超等以为学问进益之征耳。

作经解与著书似同而有不同。

作骈体文[4]，先要有格调，其次有书卷[5]，若徒以字眼[6]填砌，则不成文矣。若并字眼而无之，则更不必言矣。

格调虽不能高，亦不可低。

书卷虽不能丰，亦不可转相蹈袭。若以蹈袭为便宜，则亦不便宜矣。凡学问文章，未有便宜而得者也。凡便宜者皆折本折亏者也，戒之哉！

---

① 《字体》：指《字体辨误》一卷附《引书法》。此书原为初学者示范而作，盖用以训迪学海堂、菊坡精舍诸生者。有广州意林斋刊本，但误题书名作《象形字误》，盖书的内容共分象形字误、会意字误等五类，书坊失察，误将篇首第一类作书名。

② 官课及应试：官课，也称“大课”，古代书院考试种类之一。书院考试分官课与师课两大类，官课由地方官员出题考试，师课由书院山长或院长出题考试。应试，参加考试。旧时特指参加科举考试。

③ 超等：老师对考试成绩的评定，一般分为几个等级，超等为最高等级。

④ 骈体文：文体名，也称骈文、骈俪文或骈偶文。因其常用四字句、六字句，故也称“四六文”。全篇以双句（俪句、偶句）为主，讲究对仗的工整和声律的铿锵。

⑤ 书卷：此处引申义为读了很多书，有丰富的知识。

⑥ 字眼：指文句中的字或词，也专指诗文中精要关键的字或词。

学作骈体文，读吴谷人[1]集，读《国朝骈体正宗》[2]可也。若已能作骈体文，则不可看本朝人所作，必须看唐文，读徐、庾文[3]，鲍明远[4]文，《文选》[5]，乃有古人气味。至于材料，不可用近人所常用，现成对偶，尤忌袭用。必须自己多读唐宋以前古书，抄撮备用，乃佳也。

菊坡精舍讲稿

（一）

专习一经

为学以经学为主。经学必专习一经，自古以来，经师未有不专习一经者也。

---

① 吴谷人：吴锡麒，字圣征，号谷人。浙江钱塘（今杭州）人。清代文学家，以骈文著名。著有《有正味斋集》。

② 《国朝骈体正宗》：总集名，清曾燠编。选录毛奇龄、陈维崧、毛先舒、陆圻、吴兆骞等四十三家骈体文共一百七十篇，按作家编次。所选文章，不无偏好，但嘉庆以前骈文作家书中选择略备，不失为一部比较完备、精要的清代骈文选本。

③ 徐、庾（yǔ）文：徐指徐陵，庾指庾信，二人均擅骈文，为南北朝时期宫廷文学的代表人物，其诗文风格时称“徐庾体”。

④ 鲍明远：鲍照，字明远，东海（今江苏连云港）人。南朝宋文学家，长于乐府、赋及骈文，著有《鲍参军集》。

⑤ 《文选》：又称《昭明文选》，是中国现存最早的一部诗文总集，由南朝梁萧统（昭明太子）编选，故称唐李善为之注释，资料丰富，较有价值。

读注疏

学问贵识源流。诸经注疏，乃诸经最古之学也。不先读此，而读后世说经之书，虽多读，仍不知其源也。《朱子语类》[①]有一条记朱子弟子治《诗经》，朱子问之，对曰：“读先生《诗集传》[②]毕。”朱子问：“何以不读古注疏？”对曰：“读先生《集传》毕，却去读注疏。”朱子曰：“无却去读之理。”大略如此，记不清楚。可知治经必先读注疏矣。

王弼[③]《易》注，虽杂于老氏之学，在乎善读者分别之。伪孔《书传》[④]，在乎读者知其伪耳。《易》《书》古注皆亡，今惟王弼、伪孔之传注为最古。王弼有费氏[⑤]之遗意，伪孔尤多取汉人旧注，不可废也。《孟子》伪孙疏[⑥]虽劣，而其中有甚精确者，亦不可尽弃也。

---

① 《朱子语类》：南宋朱熹讲学语录，共一百四十卷。分“理气”“鬼神”“性理”“学”等二十六门。内容涉及自然科学、哲学、政治、史学等各方面，为研究朱熹思想的重要资料。

② 《诗集传》：南宋朱熹撰。其书杂采《毛诗》《郑笺》，间用“三家诗”意，而以己意为取舍，意在探求《诗经》本意。

③ 王弼：字辅嗣，魏山阳（今河南焦作）人。三国魏经学家、玄学家。其注《易》偏重哲理，扫除汉代经学烦琐之风。著有《周易注》等。

④ 伪孔《书传》：《尚书孔氏传》，即《孔安国尚书传》，解释《尚书》之书。孔安国，字子国，鲁国人，孔子后裔。《尚书孔氏传》，经明清学者考证，定为后人伪托。

⑤ 费氏：费直，字长翁，东莱（今山东掖县）人。西汉古文易学“费氏学”的开创者。治古文《易》，长于卦筮，无章句，专以《易传》解说经文。

⑥ 《孟子》伪孙疏：孙，指孙奭（shì），字宗古，博州博平（今山东茌平县）人，北宋经学家，著有《孟子注疏》等。《孟子注疏》虽题名为孙奭所作，但据前人研究，此书是假托孙奭之名的伪作。

读史

为史学者，当读全史，否则但读马、班、陈、范四史[①]，晋以下则读《通鉴》[②]，然仍不可不翻阅正史也。

读史当兼一经

《左传》多引诗，《公羊》《谷梁》有取《孟子》语者。何休[③]注《公羊》，多引《论语》，作《春秋》者且然，而况诸史乎？史主记事，必以《诗》、《书》、孔、孟之义理为之权衡也。

专习一书当自择

韩文公云："学焉而得其性之所近。"人之读书，性固有所近，不近不可强也。刘知几[④]幼时，其父命之习《尚书》，命其兄习《左传》。知几不能晓《尚书》，至于受挞，乃谓其兄曰："若我读兄之书，则能晓矣。"兄告其父，乃命改习《左传》。数年，自《左传》至隋各史尽通，著《史通》一书，为千古史家绝作。可见性之所近，惟自知之，虽父不能知其子也。

文章当专习一家

或散文，或骈文，或诗，固当专习。而文又当专一家，诗又当专一家，[⑤]且当择其近古者。从近人诗文入手而学古人，则

---

① 马、班、陈、范四史：指司马迁《史记》、班固《汉书》、范晔《后汉书》、陈寿《三国志》四部纪传体史书。

② 《通鉴》：指宋司马光撰《资治通鉴》，为编年体。

③ 何休：字邵公，任城樊（今山东曲阜）人，东汉经学家，著有《春秋公羊解诂》等。

④ 刘知几：字子玄，彭城（今江苏徐州）人，唐史学家，著有《史通》等。

⑤ 文又当专一家，诗又当专一家：意为在文章家、诗家中选一人，如韩愈、杜甫，作为专门学习的榜样。

可，只学近人，则必无成也。

读书当圈点

读经史、诗文，皆当圈点，然后无草率之病。

读书当顺次第

朱子云："读书第一卷未了，不读第二卷。读第一行未了，不读第二行。"

读书当摘录

摘其精要，与自己心得者，与有疑者，或加以评论。

以上皆学问之事。然学问其次也，讲心术品行[①]为先，其次学问，其次文章，翰墨[②]其末也。知文章之源流正变，则是学问。写字而识□□及碑版字体之正变，则亦是学问。

（二）

夫学者岂但欲取超等而已乎？教者岂但教人能取超等而已乎？学者必当从此而能读书作文字也。教者必当从此使人能读书作文字也。故课卷好者固好，课卷不甚好而其中有好处者亦好。即甚不好而其中有好处者亦好。从其有好处而教之，使进于甚好。夫然后人材众多，而学问不孤弱也。余所注意最在不好而有好处之卷，学侣当知此意也。

---

① 心术品行：指学者的良心、良知、社会责任感、道德品质等。

② 翰墨：笔和墨，借指文章书画等。此指书法。

（三）

余所钞集《汉儒通义》《朱子语类日钞》，为汉学、宋学者当读之。近时各省通人有称赞此二书者，余曰："此不敢谦。此汉儒书之善，朱子书之善，吾何力之有焉！"其人曰："吾子择之精也。"余曰："披沙拣金，乃为择之精，此乃宝山所捡得者，吾何力之有焉？愿学者读之，不可不知其宝也。"

（四）

未见注疏而说经，未见朱子书而讲学，未见马、班之书而论史，未见徐、庾、韩、柳[①]之集而作文，未见李、杜、韩、苏之集而作诗，必不可也。

精舍所藏注疏板[②]，可以每种单行刷印。省中官绅新刻《朱子语类》《庾子山集》《韩昌黎集》，书坊新刻《纪批苏诗》，价皆不贵。江苏新刻《史记》《汉书》亦不贵，可买而读之也。凡此刻书之人，皆大有心于振兴学术之人，不可孤负其意也。《四库全书总目》不可不看，若生在乾隆中年以前，无此书看，欲知古今经、史、子、集学问甚难甚难。今幸有此书，粤省又重刻之，其价甚廉，

① 徐、庾、韩、柳：徐，指徐陵，南朝陈文学家。庾，指庾信，北周文学家。韩，指韩愈，唐文学家。柳，指柳宗元，唐文学家。

② 精舍所藏注疏板：精舍，指菊坡精舍，同治年间创建于广州粤秀山，陈澧为首任山长。注疏板，此处指同治年间广东书局所刻《十三经注疏》《通志堂经解》《古经解汇函》等经学书籍版片，这些版片皆藏于菊坡精舍。

岂可不买而看之。不看此书而欲为通人甚难甚难，通人者，有学问之人，非止通虚字[①]文义之人也。看此书，则为通人甚易甚易也。

宋儒经学惟朱子《易本义》成一家之学，可专习之，兼习程传。此外则朱子《诗集传》亦成一家，而说淫奔之诗大错矣[②]。程、朱之外，经学成家者鲜矣。若孙复[③]之类，只为经学之害耳。

《仪礼经传通解》[④]虽好，然未尽善，须看《礼书纲目》[⑤]。

陈祥道仪礼书亦好，然不能成家。

评析

掌教菊坡精舍是陈澧教育生涯中的一件大事，他自己对此是十分满意的。因为菊坡精舍为陈澧提供了一个长期的、固定的、经常性的讲学场所，使得他能够通过考课讲学，向学生传授书本知识，还能够从容不迫、详尽而系统地讲授自己多年积累起来的读书方法、心得体会，以及治学途径等。陈澧言传身教，把这些有益的东西传授给自己的门生及追随者，以扩大影响，嘉惠后学。

---

① 虚字：虚词。指不能单独成句，意义比较抽象，而具有一定语法意义的词，如介词、连词、助词等。

② 而说淫奔之诗大错矣：朱熹撰《诗集传》，其书杂采《毛诗》《郑笺》，间用三家诗意，而以己意为取舍，所说与《诗序》颇多不同，对破除盲目崇信《诗序》的观念曾起过作用。但所释有不少流于主观臆断，甚至把涉及爱情的作品说成是“男女淫佚之诗”。

③ 孙复：字明复，晋州平阳（今山西临汾）人，北宋学者，著有《春秋尊王发微》。

④ 见第107页注④。

⑤ 《礼书纲目》：清江永撰，共八十五卷。搜集散见于经传群书中的中国古代礼乐制度，加以编排解释，可以补正《仪礼经传通解》的不足。

教学相长，在讲学授课及与学生的交谈之中，在多次的商榷、探讨、砥砺之中，陈澧也逐步形成、完善自己的一整套教学思想和方法体系。《与菊坡精舍门人论学》和《菊坡精舍讲稿》正是他平日讲学授业内容、宗旨、旨趣的精华荟萃。这些语录式的短语，言简意赅，质朴无华，隽永秀逸，耐人寻味。既博引先贤教诲，又结合自己切身体会，深入浅出，如春风化雨，润物无声。如此循循善诱，启迪士子，嘉惠后学，凸显了陈澧教育思想丰富的内涵和底蕴。许多具体的读书治学方法体验，如“凡为学，必先自择其性之所近而施功焉”“讲心术品行为先，其次学问，其次文章，翰墨其末也”“凡学问文章，未有便宜而得者也。凡便宜者皆折本折亏者也，戒之哉！”，这些精辟的论述，直至今日仍不失为至理名言。

游罗浮记

庚申[①]闰三月初八日，陈友珊、叶静轩、黎遂之同游罗浮。自石龙[②]登舟，水浅舟大，行甚迟，自辰至未[③]，行二十里，至九子潭。呼肩舆，良久得一乘，三君步行，让余乘之。行二十里，憩于路旁茶亭者再，至暮，抵梅花院。晚饭毕，步行二三里许，过延祥寺，寺僧选方、胜文、惠泉、泽泉留宿僧房。初九日清晨，步上宝积寺，酌卓锡泉，坐味泉亭，观一古石刻佛菩萨象，

① 庚申：此处指咸丰十年（1860）。

② 石龙：原东莞县石龙镇。

③ 辰至未：古代十二时辰以十二支为纪。辰，指午前七时至九时。未，午后十三时至十五时。

甚古朴。复回延祥寺。早饭毕，游黄龙洞，余不能行，呼肩舆，又得一乘，三君又步行，而让余乘之。自延祥四五里，至黄龙洞山下。登山至半山亭，小憩。

罗浮山

又登山，至钓台观水。转至龙珠坡，酌酒，坐长松下。又转入洞门，蹑石桥，入一洞。洞中有道观，道士甚贫。观旁有四贤祠，祀周濂溪、罗豫章、李延平、陈白沙。[1]又有庞公精舍，祀庞弼唐[2]。出洞至桥下，坐石听泉，薄暮返梅花院。晚饭毕，肩舆过延祥宿。初十日清晨，肩舆三里许，至五龙潭。泉流涧石，数折而下，有石如臼，云葛稚川[3]捣药处也。坐石上良久，返延祥寺，僧设馔款客。饭毕，肩舆过梅花院，漫六七里，至华首台。未至二三里，山凹有孤松，舆夫云："昔时自此至华首台，皆古松，今伐尽矣。"余与宝池茶话片时，三君及僧胜文皆至。乃出

---

① 周濂溪、罗豫章、李延平、陈白沙：周濂溪，周敦颐，号濂溪，世称濂溪先生。著名哲学家，理学派开山鼻祖，有《周子全书》行世。罗豫章，罗从彦，字仲素，学者称豫章先生，南宋南剑州（今福建南平）人，曾任广东惠州博罗县主簿。任满，入罗浮山，以穷经为学。李延平，生平不详。陈白沙，陈献章，字公甫，别号石斋，广东新会县白沙里人，世称陈白沙，明代著名思想家、哲学家，广东唯一一位从祀孔庙的大儒。

② 庞弼唐：庞嵩，字振卿，学者称弼唐先生，广东南海弼唐村人。曾讲学罗浮山，从游甚众，著有《太极解图书解》《弼唐遗言》和《弼唐存稿》等。

③ 葛稚川：葛洪，字稚川，自号抱朴子，晋丹阳郡句容（今江苏句容县）人。东晋著名道教学者、医药学家，曾隐居罗浮山炼丹，著有《抱朴子内篇》《肘后备急方》等。

寺后，观古松三四株，过合掌岩，坐洗衲石观瀑，左转至蝙蝠洞亭上小坐。此洞乃无蝙蝠，而多小黄蝶。三君饮酒，余饮一杯。独行复至洗衲石观瀑，诸君欲归，觅余不得，余仆曰："必往观瀑也。"遂共觅余返梅花院。有长冈村刘贡生昆山者，设馔款客。饭毕，过延祥寺门看月，至夜半乃寝。十一日出山，至九子潭，登舟，水更浅，舟中见龙挂。至暮，乃抵龙溪。

游罗浮，当先遣人至九子潭觅定肩舆，乃乘小舟往。又当留肩舆于山中，否则甚劳也。华首、延祥、白鹤皆不高峭，黄龙颇高，肩舆而上，当步行下，乃稳。

评析

咸丰十年（1860）三月，陈澧为谋生计，应聘前往东莞主讲龙溪书院。龙溪书院位于石龙镇，始建于清乾隆四年（1739），是一个环境幽雅，适合读书做学问的理想之地。

龙溪书院与著名的风景名胜罗浮山相距不远。罗浮山横跨原增城、博罗、龙门三县，纵横广袤五百余里，号称三百六十余峰。山势雄伟奇特，溪涧幽深，烟笼雾锁，素有"蓬莱仙境"的美誉。相传晋朝葛洪在此修行炼丹，遂为道教圣地，有神仙洞府之称，与南海西樵山、肇庆鼎湖山、仁化丹霞山并称为广东四大名山。

陈澧早有游罗浮之志，一直苦于没有适当的机会。此次可谓天赐良机，故来书院半月后，乃与陈友珊、叶静轩、黎遂之三人结伴同游。于闰三月初八日出发，初十一日出山，前后四天，并作《游罗浮记》一文。

此文平铺直叙，词义简明，体现了陈澧一贯朴实无华的风格。游览之作，在陈澧的文章中较少。此文所描所述，可算作陈澧一生行踪某些侧面的反映，可以加深我们对他待人接物，以及他和大自然相处时精神风貌的一些理解。

东塾类稿自序

余自弱冠始知读书，赋性浅躁，多好而善忘，都无所得。今行年四十，所著书皆未成，其余散帙，稍稍删改。感念平生师友，半为古人，未及质正，聊录一通，欲就今日二三知己定其得失。其篇幅粗完者为一集，总其零杂，别为札记。家之东偏有一书塾，余七岁就傅处也。今于此缮写，辄以题其卷云尔。道光己酉[1]正月，陈澧书。

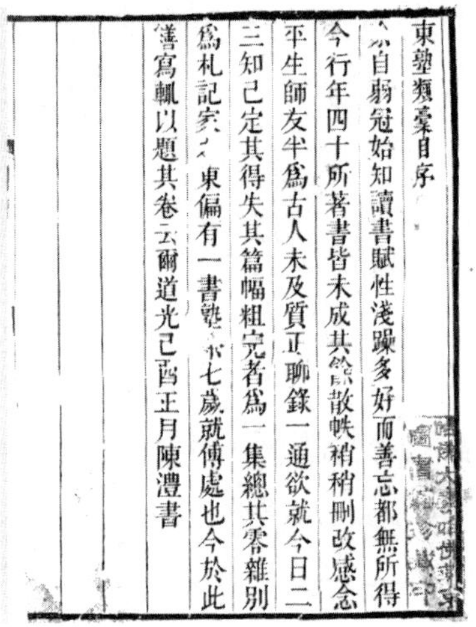
東塾類稾自序
余自弱冠始知讀書賦性淺躁多好而善忘都無所得
今行年四十所著書皆未成其餘散帙稍稍删改感念
平生師友半爲古人未及質正聊錄一通欲就今日二
三知己定其得失其篇幅粗完者爲一集總其零雜別
爲札記家之東偏有一書塾余七歲就傅處也今於此
繕寫輒以題其卷云爾道光己酉正月陳澧書

《东塾类稿自序》

评析

《东塾类稿》始刻于道光二十九年（1849），为陈澧自刻文稿，系散篇，不记页数，后有所作，也随时刻入，又复有删改，故版刻

① 己酉：此处指道光二十九年（1849）。

字样，略有不同，各家藏本也略有不同。值得注意的是，这是“东塾”名称第一次见于记载，从此“东塾先生”之名不胫而走，享誉海内。

《东塾类稿》最后虽未成形，但其部分篇章由弟子桂文灿携带至京师，在士子、学人中流传开来。对此，时人林昌彝曾评论说：“兰甫所著《东塾类稿》，谈经之文，博而且精，多纠江慎斋、阮芸台、段茂堂诸家之失。妙词奥义，发前人所未发。”（林昌彝：《射鹰楼诗话》卷十四，载《续修四库全书》第1706册，第433页。）对《东塾类稿》推崇极高。这是陈澧著作首次流传外地，流传至文化中心京师，由是海内学者渐知陈澧之名。由此可知，《东塾类稿》在陈澧著述生涯之中，占有十分重要的地位。

咫进斋丛书序

从书之刻，至今日而极盛，亦至今日而更难，其真伪不分，雅俗不辨，删削脱误，为卢抱经[①]学士之所讥者无论已。即祛此数弊，而或惮于访求，取盈卷帙，其秘籍之罕传于世者反遗焉，亦未善也。近者直省多开书局，印行日夥，自非博观于古，慎取于今，此事正未易易。孙颐谷[②]谓刻书之难，与著书等，岂其

① 卢抱经：卢文弨，字绍弓，号矶渔，浙江杭州人，人又因其堂名称其为“抱经先生”。清代著名藏书家、校勘家，汇刻有《抱经堂丛书》等。

② 孙颐谷：孙志祖，字贻谷，或作颐谷，号约斋，浙江杭州人。清藏书家、学者，著有《文选考异》《孔子家语疏证》《文选注补正》《读书脞录》等。

然乎！归安姚彦侍[①]方伯承其祖父僖公[②]家学，好传古籍，尤精于声音训诂，故搜采独多，皆世间不传之本，而又虚怀博访，往往从故家藏本暨通人写本辗转录出，好古之士，有终身求之而不得者。每刻一书，必期尽善而后止。得之若是其艰，刻之更若是其慎，而求书之志，固未有艾也。十年来，刻成三十余种，汇为《咫进斋丛书》，举以示澧。澧受而读之，见其别择精而校雠善，足补从前丛书所未备，爰属及门陶春海[③]孝廉，略以刻书年月之先后，编为三集，集以四部为次。考丛书编次之善者，前明毛氏[④]汲古阁之《津逮秘书》，我朝鲍氏[⑤]之《知不足斋丛书》，皆以一集起数，源源相继，月毕而岁不同，所以饷海内之学者，用意至为深远。今仿其例，先编三集，从此广搜秘本，将于方伯厚期之。澧老矣，恐不获见全书，然就兹而观，知必不为卢抱经之听讯，而孙颐谷以为难者，亦克任其难矣。光绪七年番禺陈澧序。

---

① 姚彦侍：姚觐元，原名经炳，号彦侍，浙江归安（今湖州）人。历官内阁中书、川东分巡兵备道、湖北按察使、广东布政使等。平生好金石文字、藏书刻书，晚年侨寓苏州，潜心著述刻书，以辑刊《咫进斋丛书》久负盛名。

② 僖公：姚文田，字秋农，号梅漪，浙江归安（今湖州）人，死谥文僖，曾任广东学政。著有《说文声系》《古音谱》《邃雅堂文集》等。

③ 陶春海：陶福祥，字春海，别号爱庐，广东番禺人，陈澧弟子，曾任学海堂学长、菊坡精舍学长。学问博通，喜收书，尤精目录校勘之学，著有《东汉刊误》《爱庐文集》《爱庐经说丛钞》等。

④ 毛氏：毛晋，原名凤苞，字子晋，号潜在，别号汲古主人，江苏常熟人。明末著名藏书家、刻书家。构汲古阁藏书，一生刊刻书籍极多，在中国出版史上有重要地位。

⑤ 鲍氏：鲍廷博，字以文，号渌饮，安徽歙县人。清代著名学者、藏书家、刻书家，藏书处名“知不足斋”，以校刻《知不足斋丛书》而著名。

评析

清代是广州刻书出版的黄金时期。仅以辑刊丛书而论，即盛极一时，取得了骄人的成就。刊刻的书籍不但数量多，部帙巨，而且价值高，影响深远。丛书辑刻者，除官书局、书院、学者、豪商之外，外省仕粤者也是丛书辑刻者不可忽视的重要群体，姚觐元可为代表人物之一。

《咫进斋丛书》收书38种93卷，其收录图书文献有以下两个特点。

一是“其中以阐明声音训诂之学为多”。（王云五主编《丛书集成初编目录·丛书百部提要》，上海：商务印书馆，1935，第58页。）

二是首次收录清代毁禁书目。目录学家姚名达指出：“自此书刊行以后，清代禁书情形始公开于世，不仅于目录学有所贡献，亦治清代史者之重要资料也。”（姚名达：《中国目录学史》，上海：上海古籍出版社，2002，第332页。）

《咫进斋丛书》搜罗辑刊历时十余年，成非一时，刻非一地，但最终汇编成形于广州。陈澧亲自为之作序，东塾弟子陶福祥有编纂整理之功，另一弟子廖廷相也曾参与校刊事宜。

1935年，商务印书馆开始编辑出版《丛书集成初编》，在收录的宋、元、明、清四代的100部丛书之中，包括《咫进斋丛书》，这是对《咫进斋丛书》价值地位的充分肯定。参与编纂、整理、校刊事宜的东塾弟子，实功不可没。

金文最[1]序

昔谭玉生舍人告余，昭文张月霄氏有《金文最》一书，南海伍紫垣方伯得之甚喜，欲刻版而遽没。[2]余属舍人之子叔裕[3]侍读从方伯之子子昇[4]比部[5]借观，既而刘星南[6]秀方来，以此书见示，且曰，比部今将付刻，请为序。余阅之数日，叹张氏此书必传于世，得伍氏父子传之，其名亦与张氏俱传矣。张氏为此书，劳且久而后成，其搜罗编次之详审，见其自为序例及阮文达公[7]以下序四首，不必赘论。独慨夫庸俗之书，多为世人所喜，金源[8]一代之文，自一二大手笔外，其余无过而问者。张氏乃致力于此，为世人所不为之书，固难得矣；伍氏父子刻世人所不刻之书，又难得也。余草草阅此，但知其梗概，比部刻成，必以印本见赠。余虽衰老，尚欲读一过，惜谭舍人已作古人，不得

---

① 金文最：总集名，清张金吾编，共一百二十卷。录存金代骈散文共四十二类，不录诗词。最，会聚之义。

② 谭玉生：谭莹，字兆仁，号玉生，广东南海人，学海堂学长，清代著名诗人、学者。张月霄氏：张金吾，字慎旃，号月霄，江苏昭文（今江苏常熟）人，清代著名藏书家、版本学家。伍紫垣：伍崇曜，字良辅，号紫垣，广东南海人，广州十三行豪商，著名刻书家。

③ 叔裕：谭宗浚，字叔裕，广东南海人。谭莹次子。同治进士。历官四川督学、云南粮储道。

④ 子昇（shēng）：伍绍棠，字仁基，号子昇，广东南海人，伍崇曜长子，官至刑部山东司郎中。

⑤ 比部：官署名，明清时用为刑部司官的通称。

⑥ 刘星南：刘昌龄，字星南，广东番禺人，陈澧弟子，曾任学海堂学长、菊坡精舍学长。

⑦ 见第69页注①。

⑧ 金源：金国的别称。

与共欣赏，因作序而三叹也。光绪七年九月番禺陈澧序。

评析

元中叶以后，金人著作流传绝少，《金文最》是现存最早的金代文章结集，具有重要的文献价值。张金吾广搜博采，积时十二年，三易其稿，终于在道光二年（1822）编成此书。《金文最》编成后，久未付刻，所谓“张氏自家落后，书籍多散于岭南，是书为伍紫垣方伯购得”。（谭宗浚：《〈金文最〉序》，载张金吾编纂《金文最》，北京：中华书局，1990，第8页。）《金文最》稿本最终流入岭南，被广州豪商伍崇曜收藏。

谭莹长期与伍崇曜合作，辑刊《粤雅堂丛书》等文献古籍。最初，谭莹建议刊刻《金文最》，伍崇曜欣然应允，但因中法联军侵占广州，事遂中止。直至光绪八年（1882），谭莹之子谭宗浚南归省亲，促成伍崇曜之子伍绍棠将此书付梓问世，《金文最》始有粤雅堂刊本。

江、浙、皖素为学术文化渊薮，著述文稿、藏书名家甲于天下。但太平天国运动改变了这一切，梁启超多次强调：“道咸以降，江浙衰而粤转盛。”（梁启超：《论中国学术思想变迁之大势》，载梁启超著《饮冰室文集点校》第一集，吴松等点校，昆明：云南教育出版社，2001，第273页。）不可否认，书籍文稿大量流归广东即“粤转盛”的表现之一。在太平天国运动致使局势动乱的历史背景下，形势相对稳定、财力雄富而又素矜风雅的广东，乘势而起，成为江、浙、皖图书文物的流归之地。晚清名噪一时的丰顺丁日昌持静斋、南海孔广陶岳雪楼、东莞莫伯骥五十万卷楼等，均是在“江浙衰”的背景下迅速崛起并雄视一时的。《金文最》流入广东，最后刊刻出版于广东，只是其中的一个缩影。

此序写于光绪七年（1881）九月，这是陈澧生前所作的最后一篇序文，为其绝笔之作。

答杨黼香书

澧顿首，黼香大兄足下：去岁辱书，久未裁答。近见令弟，知仍为府尹[①]曾先生课子。旅食京国，得主名卿，甚善，甚善。深居京兆之府，高拥皋比[②]之坐，酬接日寡，铅椠[③]日亲，撰述自多，凡有新知，幸以相示。澧今年亦教授乡里，假馆僧舍，既讲举业，还读我书。所述《说文声表》[④]，粗已成编，复以训诂之余，辨析名物，述经传群书之言，依《尔雅》《释名》[⑤]之体，已成数篇，但未卒业耳。澧尝以为班孟坚有言云："幼童而守一艺，白首而后能言。"[⑥]此古今之同患也。夫治经者将以通其大义，得其时用也。若乃小学一道，经术首基，近世儒者，咸知考索。然或《苍》《雅》[⑦]甫明，华颠已至，窥堂陟奥，侍之

---

① 府尹：官名，一般为京畿地区的行政长官。清代之顺天（今北京市）、奉天（今沈阳市），均置府尹。后也用以泛称太守。

② 皋比（gāo bǐ）：指虎皮或铺设有虎皮的座位，也泛指传诵、讲习。古人坐虎皮讲学，后因以指讲席，也称任教为"坐拥皋比"。

③ 铅椠（qiàn）：铅，铅粉笔；椠，木板片。皆为古人书写工具。借指写作、校勘。

④ 《说文声表》：陈澧著，成书于其三十岁之前。古音学著作，根据谐声重新排列《说文解字》，依照段玉裁古韵分为十七部。

⑤ 《尔雅》：我国最早解释词义及考证古代名物的专著，由汉初学者缀辑周汉诸书旧文递增而成，今本十九篇。《释名》：汉刘熙撰，共八卷。体例仿《尔雅》，以同声相谐，推论事物所以命名之由来。其中虽有穿凿附会之处，然可因此考见古音。

⑥ "幼童而守一艺，白首而后能言"：出自班固《汉书·艺文志》。意指从小穷经，头发花白后才能略知经书宗旨。

⑦ 《苍》《雅》：文字训诂之书的统称。《苍》：指《三苍》。汉初，有人将当时流传的字书秦李斯《仓颉篇》、赵高《爰历篇》、胡毋敬《博学篇》合为一书，统称《仓颉篇》，又称《三仓》或《三苍》。《雅》：指《尔雅》。

何年？又诸儒之书，多宏通之篇，寡易简之作，可资语上，难喻中人。故童蒙之子，次困之材，虽有学山之情，半为望洋之叹。后学未振，或此之由。澧所为书，事繁文省，旨晦词明，思欲视而可识，说而皆解，庶几稽古之初桄[1]，研经之先路。若乃方闻硕学之彦，沈博澹雅之才，见而陋之，亦无懵焉。相见有时，当得就正。起居无恙，伏维保爱。澧再拜。

评析

杨荣绪是陈澧少年时代的挚友，二人友谊维持终生。但二人聚少离多，故常以书信互通问候，维持联系。

道光十八年（1838），陈澧给在京师的好友杨荣绪写信。在信中，他不仅谈及自己的生活近况和读书著述等，还畅谈了自己对当前学术界的评价、看法和今后学术研究方面的一些设想和打算。

陈澧这封信所表达的主要思想可归结为以下两点：第一，治经要“通其大义，得其时用”。即治经不能舍本逐末，以训诂考订为最终目的，陷于烦琐的考证之中，而要以讲求义理和经世致用为根本宗旨和归宿。第二，著书要“事繁文省，旨晦词明”。即在学术著述中要力求做到以浅持博，反对一味追求精深博奥。

当然，陈澧这些带有批判性的学术思想、学术思路，仅仅只是初步的，还不成熟，尚处于萌芽状态。在以后的岁月中，这些思想、思路不断地充实发展，逐步地丰富深化，并最终促使他的学术思想在中年以后发生重要的转折。《答杨黼香书》正是这一转折的最好见证。

---

① 初桄（guàng）：桄，门、梯子等物上面的横木。初桄，比喻初级、开始。

答梁玉臣[①]书

澧顿首，玉臣二兄同年足下：前辱复书，文采溢目，复不弃其愚陋，相与商榷经义，辨析家法[②]，幸甚，幸甚。又以君模[③]善病，虑其覃思呕心，乃尺书未达而此君已长逝矣。呜呼侯君，生年短于颜渊[④]，死日贫于黔娄[⑤]，家有老母，年近八十，妻犹新婚，子又幼稚，文人命厄，乃至于此，伤哉，伤哉！先师程侍郎[⑥]学殚九流，文成一家，一旦颓萎，海内儒者莫不流涕，况澧与足下著录弟子[⑦]，痛何可言！澧棘人栾栾[⑧]，加以师友零落，半年之间，五哭寝门，程侍郎春海先生、陈舍

---

① 梁玉臣：梁国珍，字希聘，号玉臣，广东番禺人。道光进士。历官至国史馆校录。著有《守鹤庐经说》等。梁玉臣与陈澧同年乡试中举，是早年好友。

② 家法：汉儒经学传授，五经博士及其所传弟子以“师法”说经，而各自成家，叫“家法”。“师法”即师所传授之法。

③ 君模：侯康，字君模，一作君谟。广东南海人。学海堂学长。清经学家、史学家。著有《春秋古经说》等。

④ 颜渊：名回，字子渊。孔子学生。春秋末鲁国人。早卒，孔子极悲恸。后被尊为“复圣”。

⑤ 黔娄（qián lóu）：春秋鲁国人（一说齐国人）。隐士，不肯出仕，家贫，死时衾不蔽体。

⑥ 程侍郎：程恩泽，字云芬，号春海，安徽歙县人。嘉庆进士。官至户部侍郎。学问精博，熟通六艺，善考据，工诗。

⑦ 著录弟子：道光十二年（1832），程恩泽为广东乡试主考官，取陈澧、梁玉臣为举人，二人与之有师生之谊。

⑧ 棘人栾栾（luán）：语出《诗经·桧风·素冠》。后人居父母丧时，自称“棘人”。栾栾，身体瘦瘠貌。

人范川先生、潘伯临比部、侯君模孝廉、仪墨农孝廉。[①]旧泪未晞[②]，新泪已续，实难为心。侍郎著述，成者何书？足下倘得收之。君模所成，十未及五，检其遗箧，多有录无书者，故知学人当及时撰述，如其隙驷[③]不留，尺波电谢，一抔之土，牧童高歌于其上，鼯鼪啼窜于其下，谁知柏下之骨曾饫[④]万卷哉！澧今年寄迹僧房，自课兄子，亦有学徒来此问字，讲业之外，必当成所为书，不负知己。里中书少，欲乞代购数种，别纸条上。

评析

梁国珍与陈澧曾同赴京会试，下第同归，二人友谊深厚。

《答梁玉臣书》主要感慨侯康的去世。在陈澧早期的学术探索方面，侯康对陈澧影响颇大，使陈澧受益匪浅，终生难忘。

陈澧比侯康小12岁，因曾向他问学请益，故尊之为师。正因为在早期学术探索方面得到侯康的指导，所以陈澧对之怀有深深的敬意与感戴之情。陈澧十分钦佩侯康过人的学识，也铭记侯康对自己一生著述追求的重要启发和影响，并在各种场合一再提及。而最令陈澧感慨万分，唏嘘不已

---

① 程侍郎春海先生：指程恩泽。陈舍人范川先生：指陈鸿墀，字万宁，号范川，浙江嘉善人。嘉庆进士。道光年间来粤，掌教越华书院，陈澧拜之为师。潘伯临比部：潘正亨，字伯临，广东番禺人。十三行商潘有度的长子。陈澧娶潘有度之女为妻，则潘正亨为陈澧妻兄。侯君模孝廉：侯康。仪墨农孝廉：仪克中，字协一，号墨农，广东番禺人。与陈澧同年中举，曾任学海堂学长。

② 晞（xī）：干，干燥。

③ 隙驷：出自《礼记·三年问》，“若驷之过隙”。驷谓驷马，隙谓空隙。比喻急速而过。

④ 饫（yù）：古代家庭私宴的名称。借指饱食、饱读之意。

的是，侯康虽有稀世之才，但所著多未成书，令人惋惜。侯康英年早逝的不幸遭遇，触发了陈澧“学人当及时撰述”的感慨，所以他在信中向梁国珍表达了自己发奋著述的心愿：“讲业之外，必当成所为书，不负知己。”这里陈澧已明确透露了其时他正在进行的一些著述和写作计划。

与梁玉臣书

澧顿首，玉臣二兄同年足下：昔年言别，五易喧寒，书问往还，未解劳结[①]。今春复与计偕[②]，遂得披晤。以为十日之饮，未足为欢；三夜之谈，非云喻指[③]。而甫入国门，远闻夷寇，[④]梦皇皇于烽火，心摇摇于鼓鼙。春榜报罢[⑤]，南辕遄[⑥]返，以五月下旬抵家。阓门卅口，侨寄江乡，虽无避兵之符，不逢探丸之客[⑦]。加以马鬣[⑧]不惊，瓜庐未毁，出遇姻党，欢若平生，入抚图书，灿然插架。疾风振草，未覆蒙鸠之巢[⑨]；大旱涸渊，幸脱枯鱼之

① 劳结：郁结于心的思念之情。

② 计偕：指赴京参加科举考试。计：计吏。偕：一同，偕同。汉朝时被征召的士人皆与计吏一起同上京师，故称为“计偕”。后世举人入京会试，也被称为“计偕”。

③ 喻指：也作喻旨，知晓旨意，了解之意。

④ 国门：旧指国都的城门，此指京师。夷寇：指鸦片战争的爆发。

⑤ 春榜报罢：指会试失败。春榜，明清会试发榜时间在春季，故称。乡试秋季发榜，故称秋榜。

⑥ 遄（chuán）：快，疾速。

⑦ 探丸之客：出自《汉书·酷吏传·尹赏》。此指杀人游侠之类。

⑧ 马鬣（liè）：此指坟墓。

⑨ 蒙鸠之巢：典出《荀子·劝学》。此指自家房屋、茅庐。

市[1]。悲矣如何，幸矣如何。时复周步城闉，踟蹰闾左，[2]臣炮鳞叠，废垒云颓。囊沙塞路，委道旁者成山；飞炮过檐，坠屋角者如斗。奸民纵火，则城闉为焦；悍卒食人，则沟水犹赤。谈者变色，见者怵魂，兵燹[3]之余，不可说也。今钱币已输，关门未复，[4]甫乃收集亡命，修饰甲兵。而棘门灞上[5]之军，本同儿戏；绿林青犊[6]之众，岂是腹心？怀此隐忧，益用疾首。是则巢幕之燕[7]，方此非危；瞻屋之鸟[8]，于何爰止？种桃武陵之水，岂易问津？采药鹿门之山，何由偕隐？[9]如风鹤复惊，城鼠毕渡，当复逐玄真而泛宅[10]，随靖节[11]以移家，哀此奔波，聊免锋镝。庶几城门之火，弗加池鱼；昆冈之炎，不侪砾石。[12]呜呼！四郊多垒之

---

① 大旱涸渊，幸脱枯鱼之市：此即“涸辙之鲋”的典故，出自《庄子·外物》。比喻虽遭危厄，幸脱困境。

② 城闉（yīn）：城内重门，也泛指城郭。闾左：古代二十五家为一闾，贫者居于闾左，富者居于闾右。泛指居民聚居处。

③ 兵燹（xiǎn）：因战乱而造成的焚毁、破坏。燹：火，指兵火、战火，也指野火。

④ 钱币已输，关门未复：钱币已输指赔款。关门未复指边疆并未恢复原状，并未安宁。

⑤ 棘门灞上：指棘门军和灞上军，借指纪律松弛的军营或军队。典出《史记·绛侯周勃世家》。

⑥ 绿林青犊：汉代绿林军、青犊军，后泛称农民起义军、散兵游勇。

⑦ 巢幕之燕：筑巢于帷幕之上，喻处境危险。出自《左传·襄公二十九年》：“夫子之在此也，犹燕之巢于幕上。”

⑧ 瞻屋之鸟：语出《诗·小雅·正月》，“瞻乌爰止，于谁之屋？”原义是视乌集于富人之室。后以比喻乱世无所归依之民。

⑨ 借用东晋陶渊明《桃花源记》和唐代孟浩然《登鹿门山》诗，来比喻隐居避世或求仙修道。

⑩ 逐玄真而泛宅：玄真，玄真子，传说中的古神仙。泛宅：谓以船为家。

⑪ 靖节：陶渊明，字元亮，又名潜，私谥靖节，世称靖节先生。

⑫ 庶几城门之火，弗加池鱼；昆冈之炎，不侪砾石：意为不要殃及池鱼，不要玉石俱焚。

辱[1]，属之何人？百年为戎之忧，恐在今日。临楮[2]感愤，不复多云。澧再拜。

评析

道光二十年（1840）鸦片战争爆发。战争对于过惯富裕安稳生活的士大夫来说，不啻一声惊雷，从此他们生活发生了巨大转变，身不由己地陷于巨大的政治漩涡之中。

鸦片战争爆发时，陈澧正在北上会试途中。次年放榜落第后，陈澧匆匆南归，至五月才抵家。战后广州城里一片混乱，断垣残壁，弹痕累累，遍地狼藉。《与梁玉臣书》主要描述鸦片战争之后，陈澧在广州城里的所见所闻，以及对于时局的感慨。此文反映在翻天覆地的时代大变动下，陈澧作为一介书生无可奈何的心境和忧国忧民的情怀。

与徐子远书二十一首（选三首）

（一）

澧近著音韵书[3]一种，甚有法，以授小儿女，四声，清浊，

① 四郊多垒之辱：语出《礼记·曲礼上》，“四郊多垒，此卿大夫之辱也”。意为战乱不已，是卿大夫的责任。

② 楮（chǔ）：古代用楮树皮造纸，纸的代称。

③ 音韵书：指陈澧所撰《初学编·音学》一书。

双声，叠韵，[1]累累然脱口而出，老夫侧耳听之莞然[2]。昔年颇耗心力，以成此学，冀异时门生儿子能传之，并欲以贻同好。今录副本未就，容下次寄呈。倘弟来面商，以成定本，尤善也。此正可与《象形文释》[3]并传。《象形文释》既散入《说文笺》，其别行之本似竟可删去。所引群书，并不必录许书元文[4]，而本许氏及群书之旨，隐括其词，自为之释，义取简明，俾家家塾师皆能为学僮[5]传授为佳。此等大有关系，欲使渐成风气。又汉学[6]风气已渐衰，将来宋学[7]必兴，而人心浅躁，未必能为朱学[8]，必讲陆学[9]。陆学偏驳，其害不小，澧近删陆氏书而存其精语，仿《二程粹言》[10]之意，以为一书，预防其流弊，异时作一中流砥柱，亦未可知。言虽近夸，然儒者著书眼光须及上下数百年，此

---

① 四声：汉语字音的声调。古汉语字音的声调有平声、上声、去声、入声四种，总称“四声”。清浊：清音，发音时声带不振动的音；浊音，语音学名词，辅音的一类，发音时气流受阻，同时振动声带而发出乐音，一般用以指重而混浊的声音。双声：指的是两个字的声母相同。叠韵：指的是两个字的韵相同。

② 莞然：同莞尔，形容微笑（多指女性）。

③ 《象形文释》：书名。徐灏所撰，未刊行。徐灏又撰《说文笺》，将《象形文释》部分内容收入其中。

④ 许书元文：指许慎《说文解字》原文。

⑤ 学僮：同“学童”。

⑥ 汉学：指清代的训诂考据之学，因师法汉儒，故名之为“汉学”。

⑦ 宋学：又称道学、理学，一般指宋代的儒家学术。清儒推尊汉学，凡从事义理性道，空疏解经者，呼之为“宋学”，以与“汉学”相区别。

⑧ 朱学：指朱熹的学说。陈澧推崇朱子，认为其集考据、义理二者之长。

⑨ 陆学：指陆九渊的学说。陈澧不喜陆学，认为其偏颇，流弊很大。

⑩ 《二程粹言》：书名。宋程颢、程颐原撰，杨时汇辑整理。分作《论道》《论学》《论书》《论政》《论事》《天地》《圣贤》《君臣》《心性》《人物》十篇。程颢、程颐兄弟二人是北宋哲学家，同为北宋理学奠基者，世称“二程”。

昔者吾友侯君模之教也，非弟无以发吾之狂言。

（二）

来示云：百余年后，士不复区分汉、宋，到此自是胜境，其流弊则有浅尝之病，过此以往，又不知作何补救之法。澧则谓此病已见，不待百余年后矣。

今海内大师，凋谢殆尽，澧前在江南，问陈石甫[①]江南学人，答云无有；在浙江问曹葛民，答亦同。二公语或太过，然大略可知，盖浅尝者有之，深造者未必有耳。吾粤讲汉学者，老辈惟勉翁[②]在，而近年为俗事所扰[③]。同辈中最笃学者李子迪[④]太史，每日读注疏，《通鉴》为正功课，《皇清经解》《五礼通考》为余功课，惜乎咯血死矣。[⑤]后生辈好学者，则不过二三人耳。夫以百年来诸儒提倡之力，而衰歇之易如此，推原其故，非

① 陈石甫：陈奂，字倬云，号硕甫，晚号南园，江苏长州（今苏州）人。清经学家，著有《诗毛氏传疏》等。石甫似为硕甫之误。

② 勉翁：曾钊，字勉士，又字敏修，广东南海人，学海堂首届学长。平生笃学好古，专治汉学，著有《周易虞氏义笺》《周礼注疏小笺》等。人称“吾粤治汉学者为最先”。

③ 俗事所扰：指在鸦片战争中，曾钊积极参与总办团练事宜，抵抗英军侵略者，后被诬陷革职，穷困以终。

④ 李子迪：李炽昌，更名光彦，字子迪，广东嘉应州（今梅州）人，道光进士，官翰林。喜读书，数十年如一日，惜早逝，所著书多未成。

⑤ 《通鉴》：见第125页注②。《皇清经解》：清阮元主编，清代训释儒家经典书籍的汇刻。搜集清初至乾隆、嘉庆年间的经学著作七十四家，共一百八十余种，一千四百余卷。版藏广州学海堂，故又名《学海堂经解》，是对清代乾嘉以来经学成就的一次全面总结。《五礼通考》：清秦蕙田编，继清初徐乾学《读礼通考》而作。汇编吉、凶、军、兵、嘉五礼的史料，补充徐书之不足。

尽时文之为害，此朱子所云欠小学一段功夫耳。我辈既无势力以振之，又不尚声华标榜，惟有著书专明小学一段工夫，以教学者，使其易入。或学者渐多，有可望也。以朱子覃精[1]著述，博极群书，而末流之弊，至入于空疏固陋，岂非欠小学工夫之故？

朱子本重道问学[2]，而后儒学之，反成偏重尊德性矣。近儒号为明小学，然其书岂学僮所能读，则虽谓之欠小学工夫可也。初学欠小学工夫，岂能读近儒奥博之书，此其所以易衰歇也。如此，则汉学必遂绝，而将来为宋学者，欲学朱学必仍空疏固陋，学陆、王[3]者又不待言，欲如来示所云义理、考证[4]合而为一，恐不易耳。如能补小学工夫，则汉学、宋学皆有基址，然后可以义理、考证合为一矣。至过此以往，又有流弊，则非吾辈之任。自古圣贤皆只救一时之弊，何况我辈？

抑澧更有说焉，自宋以来，学术迭变，固由风气之转移，亦由门户之争竞。有争竞，故有兴衰。然门户之争，总不出孔门之四科[5]：德行，道学传[6]也；言语，文苑传[7]也；文学，儒林

① 覃（qín）精：谓潜心。也指深入钻研。

② 重道问学：语出《礼记·中庸》，“君子尊德性而道问学”。通俗地说，道指道德，学指学问。重道问学，指道德学问并重。

③ 陆、王：陆，指宋代学者陆九渊。王，指明代学者王阳明。陈澧认为陆、王之学偏颇，流弊很大。

④ 义理：指宋学。以义理性道阐自宋儒，名曰宋学。考证：指汉学。以训诂考据本于汉儒，名曰汉学。义理、考证合而为一，即汉宋调和或汉宋兼容。

⑤ 见第111页注④。

⑥ 见第96页注⑤。

⑦ 文苑传：文苑，犹文坛、文学界。旧史中多立文苑传，记载文士的言行。

传[①]也；政事，则大而将相、小而循吏传[②]也。四科之人，皆天下所不可无，故孔门兼收而不偏废，尤不交争。争则有胜负，有胜负则必偏废，偏废则天下受其害矣。近著《四科论》一篇，以明此意，欲学者各因所长，以成其学。然言语、政事、文学固断不可无德行，而德行、言语、政事又断不能不由学而入，德行、文学，即宋学、汉学两派也。此两派者，其末流之弊，皆入于无用。然使四科之人，不交争而偏废，则空山之中，有一二腐儒，拱手而谈理学[③]，埋头而治章句[④]，皆大有益于世。无用即是有用，惟以一端倡率天下[⑤]，而靡然从之，则或为空疏，或为繁碎，不但无用且有害矣。鄙见如此，吾弟以为何如？

（五）

前索尊著《象形文释》，来书云已入《说文笺》，此书可覆瓿[⑥]，怪澧欲存之，且谓以此启蒙，更当删节谨严。澧谓删节谨严，是也；谓可覆瓿，非也。且推吾弟之意，似轻视启蒙者，与澧所见不同，请得论之。小学者，古人十五岁以前之学也。十五

---

① 儒林传：儒林，指儒家学者之群。旧史中多立儒林传，记载儒家学者的著述成就。

② 循（xún）吏传：循吏，指守法循理的官吏。旧史中多立循吏传，记载这些官员的事迹。

③ 理学：也称“道学”。宋明儒家周敦颐、邵雍、张载、程颢、程颐、朱熹、陆九渊、王阳明等的哲学思想。汉儒（主要是古文经学派）治经侧重名物训诂，宋儒则多以阐释义理，兼谈性命为主，故有此称。

④ 章句：剖章析句，经学家解说经义的一种方式。也泛指书籍解释。

⑤ 惟以一端倡率天下：意思是要天下人都服从自己所好，不容许多元化存在。

⑥ 覆瓿（fù bù）：语出《汉书·扬雄传下》，“吾恐后人用覆酱瓿也”。比喻著作毫无价值或不被人重视，亦用以表示自谦。

岁以前，既明乎此，故十五而入大学[①]，三年通一艺，三十而六艺皆通也。百年来儒者之治小学，为唐宋诸儒所不及，然所著书往往精深浩博，但可为知者[②]道，中人之资不能领解，读不终卷而置之矣。澧尝谓近儒之讲小学，乃真白首而不能穷者，非古人所谓小学也。以汉儒之学之盛，而班孟坚[③]尚以为禄利使然，今求禄利者既不藉此，而稍稍有志者，读此等书，又苦不得其门而入，此学术所以不振，虽以乾嘉中大师数辈倡明之，而今已渐衰也。夫学问之事，莫难于入门，既入其门，则稍有智慧者，必知其有味，而不肯遽舍[④]，在乎老师宿儒引而入之。入门者多，则此道日昌，其能深造者为通儒，不能深造者亦知其大略，而不至于茫昧，而文学彬彬矣。故精深浩博之书，反不如启蒙之书之为功较大，而独恨百年以来，未有著此等书者也。且启蒙之书，又非老师宿儒不能为，盖必其途至正，其说至明，约而不漏，详而不支，[⑤]其书虽曰启蒙，而实入门，则学者多；学者多，则通人出；门径端正，则初学不误；初学不误，则谬说不作。夫通人出而谬说不作，天下有阴受其益者矣。若夫渊博之书，有益于通人，不能有益于初学，必如郑君所云“举一纲而万目张，解一卷

---

① 大学：太学。太学又称国学，我国古代设于京城的最高学府。

② 知者：知，“智”的古字。知者，聪明、智慧的人。

③ 班孟坚：班固，字孟坚，扶风安陵（今陕西咸阳）人，东汉著名史学家、文学家，著有《汉书》。

④ 遽舍：指仓促地离开。遽：突然、急忙、仓促。舍：舍弃、放弃。

⑤ 约而不漏，详而不支：简约而不遗漏，详细而不枝蔓繁杂。

而众篇明”，乃为今日之要务耳。澧近日竟欲著郑学[1]一书，亦是此意，愿共勉之。

评析

徐灏，字子远，自号灵洲山人。广东番禺人。历官至广西庆远府知府。好诗文、经史百家，博涉多通。陈澧称赞说：“灏工诗，通六书九数，老师宿儒咸称之。”（陈澧：《东塾集》卷六《广州府学生徐君墓碣铭》，光绪十八年刻本，第21页。）

道咸之际，徐灏是陈澧极为要好的学友之一。二人志同道合，谈论投契，彼此可以毫无保留地辩论，交流各自的意见、观点和思想情感，互相切磋技艺，砥砺学行。

二人经常交流对当前学术状况、未来学术发展趋势的总体看法和意见。陈澧常借此机会，向徐灏倾吐自己内心深处的思想、抱负，梳理、阐述自己对当前学术界末流积弊的观点以及对未来学术发展潮流的趋势展望。从这一点来看，与徐灏的友谊交往，对陈澧未来的学术著述而言，显得极为关键。

道咸之际是陈澧学术思想酝酿突破和发生转变的重要阶段，在此期间陈澧与徐灏交往频繁，通信数量较多，保留下来的也不少。从这些传世的书信中可以窥测，二人讨论的问题所涉及的范围十分广泛，巨细兼顾，无所不谈。归纳起来，陈澧热衷于畅谈的学术议题，主要集中在以下几个方面。

第一，汉学已衰，应警惕陆学。

第二，必须补好“小学功夫”。

---

① 郑学：陈澧久欲表彰东汉大儒郑玄，准备撰著《郑学》一书，未成。

第三，重视学术启蒙。

第四，反对门户之争，主张汉宋调和。

以上学术议题表明，此时陈澧已有跳出“专门汉学”的窠臼，准备独立走一条新的学术道路的意图，即自觉摆脱烦琐训诂考订，开始注重义理，注重宋学，进而向汉宋调和方向转移。与徐灏频繁讨论和交流的时期也可视为他撰著《学思录》的酝酿阶段。

陈澧经常毫无保留地向徐灏坦陈自己内心深处的一些思想、观点，并得到积极、热情的回应，这种超越了客套礼貌和一般泛泛之交的深层次交流，对陈澧来说十分重要和可贵。它对于此期陈澧在学术著述方面的深入思考，对于形成自己一整套新的学术思路体系有积极的启发、推动作用，十分有益。

与郑小谷书（选一首）

五月十五日，小弟陈澧顿首①小谷先生阁下：前者龙司马维霖来，得悉阁下精神强健，主讲省城书院，私衷喜慰。越二日接奉手示，辞翰精美，无纤毫颓唐意态，知司马之言实然。惟闻去秋有鼓盆之戚②，夫人福寿已高，幸勿过于伤悼。来示云只身出游，阁下有《曲礼》之长妾③，想必如《左传》杜

---

① 顿首：书信用语，表示致敬。

② 鼓盆之戚：鼓盆，敲瓦罐子。庄子妻死，惠子去悼念，而庄子正在鼓盆而歌。后用以指丧妻。戚：忧愁，悲哀。

③ 《曲礼》之长妾：有一位懂得礼仪的二夫人。《曲礼》是《礼记》的一部分，记载许多具体细小的礼仪规范。

注[1]所云摄治内事[2]矣。去年惠寄律吕书[3]等件，昨遣人到广全号[4]问之，其人回乡，旬日后返省乃可知也。玉仲入都营葬，尚未回粤，想不久即回筮仕[5]粤东矣。弟新新丧一女，又一门生胡锡燕[6]，最有学问，死于水，以此两事，悲恸不能支，须将尽白，左臂又作痛，去年大病后，尚不至此也。得意之事，则在刻书。曾文正公[7]去年致书粤东当道，重刊注疏，武英殿本。今已刊成。又刊通志堂[8]诸书。劳文毅公[9]督粤时，欲刊唐以前甲部书[10]，今亦陆续付刻，当道属弟司其事，此难得之盛举，故乐此不疲。承乏菊坡精舍讲席，诸生肯来听讲，此亦堪慰老怀。朋

---

① 《左传》杜注：指杜预《春秋左氏经传集解》。杜预，字元凯，西晋京兆杜陵（今陕西西安）人，博学多通，尤精研《左传》。

② 摄治内事：主持管理家里一切内部事务。

③ 律吕书：指陈澧撰著《声律通考》一书，曾寄予郑献甫请求指正。

④ 广全号：应是商号店铺之类，除售物外，兼负责转递信件。

⑤ 筮（shì）仕：筮，占卦。筮仕，古人将出做官，卜问凶吉。

⑥ 胡锡燕：又名伯蓟，自号蓟门，湖南湘潭人。与陈澧关系极为密切，也是陈澧极为赏识器重的学生之一。

⑦ 曾文正公：曾国藩，湖南长沙湘乡人，字伯涵，号涤生，谥文正。中国近代军事家、理学家、政治家，历官两江总督、直隶总督。

⑧ 通志堂：指《通志堂经解》，收书144种1792卷。本名《九经解》，乃搜集唐、宋、元、明关于《易》《书》《诗》《春秋》《三礼》《孝经》《论语》《孟子》《四书》九经的注释，加以汇刻，题为纳兰性德辑，实出徐乾学之手。

⑨ 劳文毅公：劳崇光，字辛阶，湖南善化（今长沙）人，道光进士。咸丰年间曾任两广总督，谥文毅。

⑩ 甲部书：指经书。我国古代图书采取四部分类，甲、乙、丙、丁，也即经、史、子、集四类。"欲刊唐以前甲部书"，指广东书局汇刻的《古经解汇函》附《小学汇函》。

旧中谭玉生[1]之浩博，邹特夫之专精，今皆逝矣，陶渊明诗云："虽无昔侣，众声每谐。"[2]弟非无昔侣，然未必每谐，知陶公亦善于措语耳。拙著《学思录》一书，今改名《东塾读书记》，十余年未成，今自觉衰老，竟欲写出清本，写毕当寄呈教削。各在省会，书问往来甚便，诚如来示云云也。肃此，敬请道安，伏惟远鉴不宣，弟澧再拜。

评析

郑献甫，字小谷，广西象州人。道光进士。官至刑部主事，辞归不复出。咸丰间来广州，与陈澧结识，遂为好友。后返广西，主讲桂林各书院。

《与郑小谷书》的写作时间，据著名学者陈垣考证，认为"此书作于同治十一年五月无疑"。（陈垣：《跋陈东塾与郑小谷书墨迹》，载《艺林丛录》四编，香港：商务印书馆香港分馆，1964，第281-282页。）

此文虽不长，信息量却很大，其中有三点内容值得格外注意：

其一，主持广东书局。对此，陈澧自言："得意之事，则在刻书……故乐此不疲。"

其二，主讲菊坡精舍。陈澧对此甚为惬意，所谓"诸生肯来听讲，此亦堪慰老怀"。

其三，《学思录》改名为《东塾读书记》。讲明"十余年未成，今自

① 谭玉生：谭莹，字兆仁，号玉生，广东南海（今广州）人，道光举人。官化州训导，升琼州府学教授。与陈澧同为学海堂学长，友谊深厚。

② "虽无昔侣，众声每谐"：昔侣，旧伴。大意是，旧巢虽无过去的伴侣，但众鸟在一起鸣叫，声音仍很和谐。

觉衰老，竟欲写出清本”。意谓即将定稿。

以上是陈澧晚年在校勘、讲学、著述生涯中的三件大事，他对这三件大事的感受和打算都作了具体交代。此文因为是陈澧在私信中亲自向好友吐露，故最为真实可靠，是研究陈澧生平事迹难得的第一手珍贵资料。

与福田①书

福田大兄大人阁下：屡接惠函，久稽②作答，敬维侍奉万福，动止多佳。昨闻篮仕郎官③，荣分比部④，从此扶摇直上，转瞬间步青云路，非止白云司⑤也。曷胜欣忭之至。邹征君遗书⑥惠赠刻资，去冬校刻粗完，久欲寄呈，鳞鸿⑦无便，兹托沈廉仲司马代为寄上。近日粤人因有此书相勉于算学，每月在敝庐为算学会，亦颇有益也。弟衰病侵寻⑧，不离药物，笔墨荒废，步履尤艰，惟在家课子，在书院课生徒，尚得如常，稍可告慰远怀耳。肃此敬谢，并请升安。诸惟朗照⑨，不尽。愚弟陈澧顿首。

---

① 福田：姓名不详。

② 久稽：长期延续，长期拖延。

③ 郎官：古代官名，为议郎、中郎、侍郎、郎中等官员的统称。

④ 见第136页注⑤。

⑤ 白云司：刑部的别称。相传黄帝以云命官，秋官为白云。刑部属秋官，故称。

⑥ 邹征君遗书：邹伯奇去世后，其遗著被汇刻为《邹征君遗书》，同治十二年（1873）刊刻出版。

⑦ 鳞鸿：鱼雁，指书信或信使。

⑧ 侵寻：渐进，渐次发展。

⑨ 朗照：明察，常用于书信的结尾。

算学会乃蒋古林少尹倡之。古林著书无资不能刻，当道闻之，委署海丰丞。既离省城，此会恐不如从前矣。阁下与古林交好，故述其略如此。澧又白。

评析

陈澧年轻时对历算之学颇感兴趣，曾邀其友数人，如侯度、章云骈等，向当时广东著名数学家梁汉鹏学习算学。这是陈澧初次涉猎历算之学，他曾撰著《三统术详说》四卷、《弧三角平视法》一卷等，表明在此领域有所心得，有所收获。

当然，陈澧在历算学方面的造诣并不精深，并非专门名家。他曾对弟子文廷式说过："盖此事非极精不足以名家，然极精则毕生之精力尽矣。"［赵铁寒编《文芸阁（廷式）先生全集》第五册《纯常子枝语》卷二，载沈云龙主编《近代中国史料丛刊续编》第14辑，第3-4页。］适可而止，这大概是陈澧对历算之学所持的基本态度。

到了老年，陈澧仍未放弃算学研究，《与福田书》证明，他曾与友人组织成立算学会，切磋技艺，地点就在陈澧自己家里。算学会可视为已具有近代科研性质的社团组织，这是其时广州民间学习研究历算之学已呈现出良好且浓郁的氛围的一个佐证。

《陈东塾先生遗诗》选读

题解

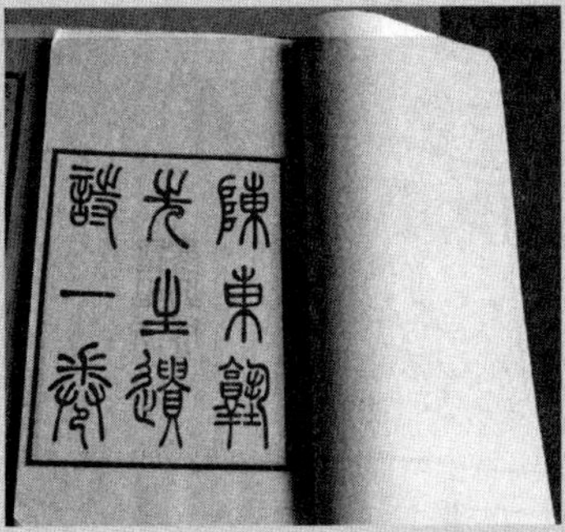

《陈东塾先生遗诗》

陈澧是一位诗人，诗作虽不多，却有自己的鲜明特色。同治中，两广盐运使方浚颐评价说："先生之诗，真朴古厚，弗事雕琢，皆从肺腑中流出。"（方浚颐：《二知轩文存》卷十八《答陈兰甫书》，光绪四年刊本，第1页。）"真朴古厚，弗事雕琢"，此八字最能代表陈澧诗歌的独特风韵。陈永正认为，陈澧诗以真朴淡雅见长，中年以后，其学问益进，诗亦渐入老境。其风格大抵可分为两种，一种颇近王维、孟浩然，清微淡远，自饶雅韵；一种则学习韩愈，明白如话，朴健畅达。（陈永正：《岭南文学史》，广州：广东高等教育出版社，1993，第573-574页。）

陈澧生前未有诗集刊刻。1931年，门人汪兆镛辑录的《陈东塾先生遗诗》刊行出版，收诗239首，补遗13首。2008年，黄国声主编《陈澧集》，除收录《陈东塾先生遗诗》外，另有《东塾先生遗诗辑补》，收诗32首。

今为简便计，不再区分为《陈东塾先生遗诗》《东塾先生遗诗辑补》诸名目，而将本部分统称为《〈陈东塾先生遗诗〉选读》。前后排列次序，依遵《陈澧集》，特此说明。

舟中除夕

家远心常到，途长岁已新。几曾今夕酒，离却白头人。此地三千里，明朝廿四春[①]。吾身无限事，少壮莫逡巡[②]。

评析

此诗作于道光十三年（1833），陈澧第一次离开家乡，正在北上会试途中。这是陈澧第一次远离家人，只身在外守岁过除夕。在诗中，陈澧主要感叹新年一过，自己转眼已是24岁了，时光催人，岁月不留，不免令人思潮起伏，头绪纷繁，满腔心事不知从何说起。但无论如何，应及时努力，奋发有为，不能浪费光阴，虚度年华。故全诗主调是健康、积极向上的。陈澧终其一生，都保持了这种自强不息的精神状态。

虎门观潮

五虎南下山蜿蜒，山山直到南溟边。千盘万转地力尽，但有巨海疑无天。屹然涌出大小虎[③]，势与番禺作门户。峯峦面面斗狰狞，潮汐时时互吞吐。潮来大海茫无涯，广陵曲江[④]安足夸。

① 明朝廿四春：新年一过，自己就二十四岁了。

② 逡巡（qūn xún）：因为有所顾虑而徘徊不前或退却。

③ 大小虎：虎门为珠江入海口之一，地势险要，东有大虎山，西有小虎山，对峙如门。

④ 广陵曲江：出自汉枚乘《七发》，“并往观涛乎广陵之曲江”。后即以“广陵涛”称广陵（今江苏扬州）曲江潮，气势浩大，蔚为壮观。

欲卷狮洋[①]快一泻，直抵羊石[②]谁能遮。岛屿濛濛影浮动，帆樯叶叶风吹送。入夜喧豗[③]月有声，凌晨黯澹天如梦。阳侯[④]得意方睢盱[⑤]，天遣山君[⑥]蹲海隅。下瞰蛟鼍见窟宅，上应参伐[⑦]张牙须。海潮至此势一束，鲸吸鳌呿皆屈伏。楼堞连山铁壁环，波涛倒地银山缩。神物千年镇此门，如何羝触忽崩奔。寒潮夜夜声呜咽，中有凄凉烈士魂。谓辛丑殉难诸将士[⑧]。火轮出入纷如织，徒使英雄泪霑臆。天河洗甲会有期，海水浇萤岂无力。即令沧海靖烟尘，刻石磨厓[⑨]气象新。请看手挽狂澜倒，砥柱中流大有人。

今日虎门

评析

虎门在珠江出海咽喉的穿鼻洋上，因其东、西有大、小虎山相对如

① 狮洋：狮子洋，是广东珠江口内水域，位于东江口和珠江口之间。

② 羊石：指广州，出自“五羊化石”的传说。

③ 喧豗（huī）：指发出轰响，喧闹之声。

④ 阳侯：古代传说中的波涛之神，借指波涛。

⑤ 睢盱：睁眼仰视的样子，也作聚观、喜悦之貌。

⑥ 山君：一指老虎，二指山神。此指山神，也借指大、小虎山。

⑦ 参伐：也作“参罚”。参、伐皆星名。伐星属于参宿。古人谓主斩伐之事。

⑧ 辛丑殉难诸将士：指虎门之战牺牲烈士。辛丑此指道光二十一年（1841），是年二月英军进攻虎门，清军提督关天培率部固守横挡、永安、靖远、镇远各炮台，英勇战死。

⑨ 磨厓：山崖石壁上镌刻的文字。磨平山崖石壁镌刻文字，以示纪念。

门，所以称为虎门。它历来都是海防要塞，是省城广州的天然门户，地理位置十分险要。

此诗作于鸦片战争之后，作者用夸张的笔墨描写了虎门地势的雄壮险要和虎门潮汐的波澜壮阔，抒发出忧时伤世的愤慨心情。面对列强入侵的严重威胁，面对祖国的大好河山，联想起鸦片战争殉难烈士的英灵，诗人感慨万千。在诗的结尾处，诗人期望能够出现力挽狂澜、砥柱中流的匡时救国英雄，表明了全诗奋发向上的主旨和慷慨激昂的主格调。

大水叹

羊城积雨盈街衢，湿我架上千卷书。朝来著屐过田舍，问讯水势今何如。老农告我水已大，上游传说基围[1]破。江头万斛老龙船，昨日扬帆田上过。阳侯为虐诚何心？纵彼蛟蜃为骄淫。盘桓不肯赴沧海，忍使绣壤[2]成荒沈。我谓阳侯岂得已，非水逼人人逼水。君不见大庾岭[3]上开山田，锄犁狼藉苍崖巅。剥削山皮剩山骨，草树铲尽胡能坚？山头大雨势如注，洗刷沙土填奔川。遂令江流日淤浅，洲渚千百相钩连。又不见海门沙田[4]日加广，家家筑垒洪波上。海潮怒挟泥沙来，入此长围千万丈。三年种得

---

① 基围：广东近海的田地，为防御水患，在周围修筑堤围，称“基围”。

② 绣壤：指锦绣一样的土壤，比喻良田沃土。

③ 大庾岭：为南岭中的“五岭”之一，后来以之称呼大山和山脉。

④ 海门沙田：特指广东由海边淤积沙滩经过开辟形成的田地。

草青青，五年输租报官长。海门日远路日纡，坐见沧溟成土壤。阳侯束手敢与争？迫窘诘屈[1]难为情。欲留不能去不得，暂借君家田上行。人情贪得死不悔，岂知世事浮云改。欲驱山海尽成田，反使田畴尽成海。老农闻言三叹吁，信我此论良非诬。不然粤地际南海，自昔水潦[2]常无虞。今时水即旧时水，何致比岁淹田庐？辟莱任地[3]本良策，其奈利害相乘除。一方受利数郡害，徒使吾侪常向隅。呜呼亲民之吏慎勿疏，再谋开垦吾其鱼！

评析

清代广东水患频繁，除自然灾害的影响之外，还与上游的开荒造田和下游的筑垒淤积沙田密切相关。所谓沙田，指海滨或江河沿岸由泥沙淤积的滩地经开垦而成的农田。广东沙田主要分布于珠江三角洲地区，农民常常于沙田边缘上筑围坝，种植芦苇、树木等以预防塌陷及土壤流失，以便扩大耕种面积。

《大水叹》一诗的主旨，就是指出广州的水灾不仅是天灾，而且是人祸。诗中指出人们在珠江上游无限制地毁林开荒，在下游则追求拦海造田，导致江水入海无路，水灾频仍。“非水逼人人逼水”“欲驱山海尽成田，反使田畴尽成海”。这些警句，精辟异常，至今读来仍发人深省。这是陈澧关注环境保护和人民生计的鲜明一例。

金武祥在《粟香二笔》中写道：“此诗曾书横幅见赠。先言上流开山田之害，次言下流筑沙田之害，可为深切著明。”（金武祥：《粟香二

---

① 诘（jí）屈：曲折，文辞艰涩难读。此指难以辩解。

② 水潦：意为水淹，水患。

③ 辟莱任地：除去杂草，开辟土地。语出《孟子·离娄上》，“辟草莱，任土地者次之”。

笔》卷二，光绪九年刊本，第7页。）金武祥客宦粤东多年，与陈澧交好，对《大水叹》一诗有深刻的体会，“深切著明”，评价可谓言简意赅。

卢伯材[①]阁读招饮席间闻梁玉臣舍人卒于献县途次潸然有作简伯材

我昔上公车[②]，赁君庑下宿。有酒对案斟，有书并坐读。一室如斗灯如萤，夜夜高谈震邻屋。有时长安[③]秋月明，六街夜静无车声，我独与君携手行。大呼酒家门，一斗还同倾。画屏红烛拥炉坐，纤歌一曲调银筝。不知门外秋霜冷如水，但觉晓光入户群鸦鸣。人生乐事能有几？云散风流一弹指。相将早晚归故乡，憔悴貂裘苏季子[④]。出门又作日边[⑤]游，依然意气横九州。读东观[⑥]书信可乐，索长安米[⑦]余何求。夜潮呜呜孤客舟，欲发未发闻

① 卢伯材：卢同伯，字七桥，号伯材，广东顺德人，道光进士，任刑部主事。陈澧入粤秀书院肄业时，与杨荣绪、卢同伯、桂文燿为友，极受陈钟麟赏誉，时有“杨陈卢桂”之称，号为“粤秀四俊”。

② 公车：官车。汉代始以公家车马接送进京应举之人，后历代相沿，因此称举人应会试为赴公车。有时“公车”又迳作进京参加会试的举人之代称，如“公车上书”。

③ 长安：西安的古称，后世以“长安”作为国都的别称。

④ 憔悴貂裘苏季子：苏季子，苏秦，字季子，雒阳（今河南洛阳）人，战国时期著名的纵横家。憔悴，指苏秦年轻时穷困潦倒。貂裘，指苏秦后来富贵并被封侯。

⑤ 日边：比喻京师附近或帝王左右，此指京师。

⑥ 东观：东汉洛阳宫殿名，为当时藏书、修史之处。后因此称为宫中藏书之所。

⑦ 索长安米：相传唐白居易应举，初至京，拜谒顾况，顾况说，“长安米贵，居不易”。“长安米”成为典故。索长安米，意即在京师求食不易。

鸺鹠[①]。五更风起一帆去，追送不及珠江头。便从庾岭下章水[②]，径度扬子[③]逾邗沟[④]。短衣匹马向燕蓟，客程渐远疏书邮。忽闻一纸万里至，已作鬼录[⑤]今生休。白日暮，华筵开，今我对酒令心哀。信知长安乐，不如归去来。一梦春明[⑥]竟如此，百年辛苦何为哉！平原叹逝[⑦]知谁共，尚有城南卢伯材。

评析

在某次宴席上惊闻梁国珍去世的消息后，陈澧心潮澎湃，久久难以平静。此诗回顾了二人的过往，还包含了陈澧对于人生无常的感慨，其中重点描述了二人同寓京师期间的生活情节。

道光十五年（1835），陈澧第二次会试失败。因第二年为宣宗（道光帝）太后六旬万寿恩科，所以他决定暂不回粤，留在京师等待明年再考。先借寓好友梁国珍家，至冬天搬出，移寓崇文门内灵佑寺。

从诗中描述的字里行间可知，寓京期间他的生活并非完全是闭户读书，寂寞冷清，枯燥乏味，而是丰富多彩，有滋有味，充满了欢乐。陈澧并非那种不食人间烟火、穷酸书呆子类型的人物，而是属于少年意气、风

① 鸺鹠（xiū liú）：鸱鸮的一种，古时被视为不祥之鸟。

② 庾岭：大庾岭，位于广东与江西交界处。章水：章江，为赣江的古称。章江和贡水在江西赣州汇合，称为赣江。

③ 扬子：扬子江，指长江。

④ 邗沟：淮扬运河的古称，此指京杭大运河。

⑤ 鬼录：指迷信者所谓阴间死人的名簿。此指道光二十六年（1846）梁玉臣去世。

⑥ 春明：春光明媚。也指代京都、仕宦。明末清初孙承泽著有《春明梦余录》，为专记明代北京情况的杂史。

⑦ 平原叹逝：平原，指陆机，陆机字士衡，吴郡吴县（今江苏苏州）人，西晋文学家、书法家。曾任平原内史、著作郎等职，世称“陆平原”。撰有千古名篇《叹逝赋》。叹逝：指感叹岁月易去。

华正茂、慷慨激昂的一类。他与梁国珍一起读书、饮酒，听乐、长谈，“高谈震邻屋”“大呼酒家门”“一斗还同倾”“意气横九州”，表现了年轻的陈澧性格豪爽、风流倜傥的一面。这首诗对我们全面了解青年陈澧生活的方方面面颇有帮助。

曲江

过岭[①]舟仍换，开帆日已沈。雨来添浅水，家近急归心。连舫严关合，[②]摊书浊酒斟。邻船任喧聒，久客爱乡音。

评析

此诗不知作于何年，但可以肯定的是作于陈澧北上会试之后向南返粤途中。大庾岭又称梅岭，因沿途多梅树而闻名遐迩。自唐开元年间张九龄开凿大庾岭新路之后，千百年以来，它一直是中原通往岭南的交通大道，行人商旅，络绎不绝。梅岭上耸立着著名的梅关，梅关是广东、江西二省的交界处。以此为界，南北的气候、植被、风物，还有语音等，差异明显。一过大庾岭，到达曲江，陈澧就算回到了家乡，“家近急归心”“久客爱乡音”二句，抒发了在外多年的游子对家乡的热爱和思念之情。

① 岭：此指大庾岭，位于广东、江西二省交界处。

② 连舫严关合：连舫，并数船而成的大船。严关合，此指关紧门窗，避免干扰。

感旧三首

先师程侍郎[①]，春海先生。雄文兼硕儒。尝于侍坐间，问我读何书。我以《汉书》对，又问读何如。我言性善忘，读过仍如无。师云岂在记，记诵学至粗。岂欲猎华辞，以资词赋欤？汉室之兴衰，班史之规模，读之能识此，乃为握其枢。廿年记师说，书此铭座隅。

我年未弱冠[②]，初见张南康。南山先生。请问读书法，乞为道其详。答云四库书，《提要》挈宏纲，千门兼万户，真如古建章[③]。从此识门径，渐可升其堂[④]。又言读书者，古书味最长。当时一古字，语重声琅琅。我得此二语，如暗室得光。我举此二语，先生云已忘。贱子不敢忘，书此什袭藏[⑤]。

我与侯君模，风义兼师友。[⑥]望衡对宇[⑦]间，日日得捧手。其学博而通，文藻亦富有。诸史最专门，瓣香竹汀

---

① 程侍郎：指程恩泽。见第140页注⑥。

② 弱冠：古代男子20岁，行冠礼，戴上表示已成人的帽子。但体犹未壮，故称“弱”。后世泛指20岁左右的男子。

③ 建章：建章宫后世泛指宫阙。

④ 升其堂：升堂入室，指学问逐渐深入提高。

⑤ 什袭藏：谓郑重珍藏。什袭，指重重包裹。

⑥ 风义：含有风操、情谊、风度、仪态等义。师友：亦师亦友。

⑦ 望衡对宇：形容住处相距很近，可以互相望见。出自北魏郦道元《水经注·沔水》，“司马德操宅洲之阳，望衡对宇，欢情自接”。

叟[①]。著书求心安[②]，片语我谨守。今稍有成书，附君或不朽。艺文君网罗[③]，地理我析剖。伤哉墓木拱[④]，酹以一杯酒。

评析

此诗回忆了与陈澧关系密切的三位师长：程恩泽、张维屏和侯康。

程恩泽是陈澧乡试的主考官。他学识渊博，诗文沈博奇丽，雄视一时，海内早有公论。利用北上会试和寄寓京师的有利时机，陈澧常去拜访请益。在侍坐闲谈之间，程恩泽还关切地询问陈澧一些生活、学习情况，如近来读什么书、有何收获，等等。陈澧一一据实回答，毫不掩饰。陈澧其时正在读《汉书》，他将此事如实相告。程恩泽又关切地问，读得怎么样、进度如何、收获大不大。陈澧老实回答说，记忆力不好，性善忘，读过之后等于未读。为此程恩泽告诫说，读书并不在于记诵，记诵属于粗浅一类层次，只不过是为了猎取华美的辞藻以便于填词作赋。读《汉书》最重要的，在于了解汉室的兴衰，以及班固、司马迁所著二书的规模异同，读《汉书》能省悟、认识到此问题，乃掌握要枢，这才是关键所在。陈澧听后茅塞顿开，恍然大悟，不再为自己记忆力差而烦闷苦恼了。

张维屏是清代广东著名诗人、学者，从他身上，陈澧获益颇多。张维屏十分欣赏和器重陈澧，虽然他比陈澧年长30岁，但年龄的差距并未构成

---

① 瓣（bàn）香竹汀叟：瓣香，意为师承，敬仰。竹汀叟，指钱大昕，字晓征，号辛楣，晚年自署竹汀居士，江苏嘉定（今属上海）人。清经学家、史学家。

② 心安：指对得起自己的良心，踏踏实实，不欺世盗名。

③ 艺文君网罗：指侯康所著《补后汉书艺文志》《补三国艺文志》诸书。

④ 墓木拱：坟墓上的树木已有两手合抱那么粗了，指人死了很久。出自《左传·僖公三十二年》。

障碍，二人关系十分密切，成为忘年交，友谊维持终生。

陈澧初见张维屏，大约在18岁。开始时陈澧主要是向他请教作诗。作诗之外，陈澧还请教读书之法，张维屏即教以读《四库全书总目提要》（以下简称《提要》）。读《提要》，读古书，是张维屏对少年陈澧的忠告，尤其读《提要》一事，对陈澧一生学习影响最大。张维屏在指导少年陈澧读书治学方面，有先导之功，此后陈澧在教诲弟子读书时，也以攻读《提要》为首劝。同治年间广东书局创建，陈澧被聘为总校，书局首刻《钦定四库全书总目》，也可看作陈澧受张维屏影响的一种反映。

陈澧十分钦佩侯康过人的学识，也铭记侯康对自己一生著述追求的重要启发和影响，在各种场合一再提及。如说："同县侯君模，学问最精博。"（陈澧：《东塾集》卷六《浙江湖州府知府候选道杨君墓碑铭》，光绪十八年刻本，第2页。）又说："然儒者著书眼光须及上下数百年，此昔者吾友侯君模之教也。"（陈澧著、陈之迈编《东塾续集》卷四《与徐子远书二十一首》，载沈云龙主编 《近代中国史料丛刊》第77辑，第173页。）其对侯康的推崇敬佩之心，皆发自胸臆，出自肺腑，绝非矫情。

师友之谊是一个学者著述成功必不可少的条件之一。在与师友交游相处之中，陈澧表现出两个良好的品质和优点：

第一，非常虚心，善于吸收别人的长处。他牢记程恩泽的教诲，不忘张维屏劝其读《提要》的建议，向侯康问学请益等时，都表现得非常虚心，而不管对方年龄、资历如何。并且这种虚心、恭敬完全发自其内心，十分真诚，毫无虚情假意。

第二，常怀感戴之情，点滴之恩念念不忘。对师友给予自己的教诲、提携、帮助和启发，陈澧总是铭记于心，在各种场合常常提及，一再表示感激，如："廿年记师说""贱子不敢忘""片语我谨守"等。

虚心和感恩都是一种美德，二者相辅相成，相得益彰，唯其如此，陈澧才能在人生成长的道路上遇到许多幸运的机会，左右逢源，大受裨益。

甲寅避寇萝冈洞五首①

幽绝萝冈洞，桃源在世间。聚粮先隔岁，拔宅②共游山。烽火重城闭，村墟尽日闲。主人解留客，栖托意相关。

避贼全家在，偷闲一卷亲。廿年积心血，几日警兵尘。世事谁能料，文章或有神。名山藏已定③，不必问传人。

兀坐愁炎暑，闲行爱晚风。林深喧鸟雀，水浅戏儿童。早稻垂垂熟，新炊户户同。天心真可感，世乱得年丰。

忆昔探梅到④，而今二十年。故人长已矣侯君模、桂星垣，山色自苍然。忧乐心情别，飞驰岁月迁。结茅⑤吾有愿，长住

---

① 甲寅避寇萝冈洞五首：甲寅这里指咸丰四年（1854）。是年广东爆发天地会洪兵大起义，六七月间，省会附近的各路天地会起义军联合约20万人围攻广州，陈澧携全家逃难，暂时避居于番禺县萝冈洞。

② 拔宅：古代传说修道人的全家、房子同升仙界。此指全家迁移。

③ 名山藏已定：语出汉司马迁《报任安书》，“仆诚已著此书，藏之名山，传之其人”。意指把书藏在名山里（以防遗失），并传给志同道合的人。

④ 忆昔探梅到：陈澧曾与好友侯康、桂文燿、侄儿陈宗元一起结伴来此游玩，观赏梅花，并题名刻石。刻石在萝峰书院东斋石壁，上书“玉屏”二篆书，下题“道光十三年十一月萝冈梅始华，侯康、桂文燿、陈澧、陈宗元泛舟同游”。

⑤ 结茅：编茅为屋。谓建造简陋的屋舍，寓意隐居。

洞中天。

林壑当门见，亭轩入画看。池清知水活，山远觉地宽。闻道兵戈苦，深惭饮啄安。何当扫群盗，主客一杯欢。

评析

此诗写于咸丰四年（1854）广东天地会洪兵围攻广州期间，其时陈澧携家逃难，暂时避居于番禺县萝冈洞。这五首小诗，明白如话，浅显易懂，真实记录了陈澧在这段时期里的生活经历和心情感受，读来令人感到十分亲切可信。

与省城广州炮火横飞的杀戮场面相比，萝冈洞僻静安详，悠然自得，仿佛是世外桃源。遥想当年，曾与好友结伴来此游玩，观赏梅花，并题名刻石。如今刻石仍在，但转眼之间，20年光阴已逝，好友侯康、桂文燿已先后离世，抚今追昔，令人百感交集。多年以来，自己耗尽心血，努力著书立说，可是时局却一直动荡不安，兵尘不断，这天下汹汹的战乱日子何时才能结束，人们何时才能重享太平时光呢？面对纷扰不安的现实，陈澧也曾想从此离开这喧嚣纷乱的尘世，“结茅吾有愿，长住洞中天”，隐居萝冈，了此余生。但一想到自己耗尽多年心血还未刻梓问世的学术著作，一想到还有许多没有实现的宏伟计划和抱负理想，他又于心不忍，欲罢不能了。“闻道兵戈苦”，但愿兵荒马乱的日子快快结束，时局稳定，重享太平时光，可以安静地读书著述。除此之外，自己没有更大的奢望了。

炮子谣二首[1]

炮子来，打羊城，城里城外皆炮声。炮声一响子到地，打墙墙穿打瓦碎，轻者受伤重者弊。老夫夜中起长叹，寻思炮子何由至。炮子之来自外洋，外洋人至由通商。通商皆由好洋货，钟表绒羽争辉煌。钟表绒羽人人喜，谁知引出大炮子。吁嗟乎！炮子来，君莫哀，中国无人好洋货，外洋炮子何由来？

请君莫畏大炮子，百炮才闻几人死？请君莫畏火箭烧，彻夜才烧二三里。我所畏者鸦片烟，杀人不计亿万千。君知炮打肢体裂，不知吃烟肠胃皆熬煎。君知火烧破产业，不知吃烟费尽囊中钱。呜呼！太平无事吃鸦片，有事何必怕炮怕火箭。

评析

这两首诗写于咸丰七年（1857）英法联军围攻广州期间，其时陈澧困处围城之中，生平第一次亲身经历炮火轰鸣、血肉横飞的战争场面。它们采用的是民间歌谣形式，歌词浅显，通俗易懂，表达其时他对时局的分析和大体看法。

困处炮火轰鸣的广州，时间长达月余，是陈澧一生之中最为危险、最为惊心动魄的一段经历，这段经历他记忆深刻。惊惴恐慌之余，陈澧也开始陷入沉思，开始分析时局何以如此糟糕，何以败坏到如此地步。鸦片无疑是重要因素。陈澧痛恨鸦片流毒全国，在反思鸦片战争爆发背后的原因

① 咸丰七年（1857）十月至十二月，第二次鸦片战争期间，英法联军围攻广州，陈澧处于围城之中，日夜听闻大炮轰隆，饱受惊吓。《炮子谣二首》写于此期，表达他对战争的反省。

时，陈澧将之归结为中国人喜好洋货，因喜好洋货而与外国人通商，而招致战争爆发。其实，鸦片战争的爆发，自有深刻的政治、经济、外交、社会、文化等因素，并非仅仅由国人好洋货、与外洋通商所引起，在这个问题上，陈澧的一些认识失之肤浅，不免有以偏概全之嫌。

鸦片战争爆发后，尤其是亲身经历了英法联军攻城战役后，陈澧本能地认识到炮弹火箭并不可怕，最可怕的还是中国人吸食鸦片烟的恶习，这不但熬煎肠胃，伤害身体，而且浪费钱财，损害国力。从这一点来说，陈澧看问题还是要比一般人深刻一些，能透过现象看到本质。

自题所著书后

暮暮朝朝手一编，也谈地理也谈天①。牙签②涉猎三千卷，锦瑟侵寻五十弦③今年四十九。**髫龀④回思如昨日，乱离又恐及衰年。羊城兵燹惊心后，剩稿犹思取次镌⑤。**

评析

咸丰七年（1857）十一月十四日，英法联军攻陷广州。由于城中不宜

① 天：指天文历算之学。

② 牙签：牙骨等制成的签牌系在书卷上作为标识以便翻检，也指书籍。

③ 锦瑟侵寻五十弦：出自唐李商隐《锦瑟》，“锦瑟无端五十弦，一弦一柱思华年”。侵寻，指渐进，渐次发展。此借李商隐诗句表明自己年近五十。

④ 髫龀（tiáo chèn）：幼年。

⑤ 镌：镌刻，指刊刻出版。

再居住，陈澧只好又一次加入逃难的人流，携全家避居于南海县横沙村。利用这一环境相对安静和无杂事烦扰的时机，陈澧加紧读书著述，编撰刊刻自己以前已经定稿的多种著作，避居横沙时期成为陈澧著述生涯的高产、高峰期。

诗中所表达的主旨思想：光阴如箭，流年似水，弹指一挥间，差不多50年已过去了，自己即将步入知天命之年，抚今追昔，感慨万千。目前最担心的是世事难料，恐有不测，自己一生孜孜追求，倾注大量心血的名山事业将付之流水，功亏一篑，故有急于将昔日撰著书稿早日付梓，公之于世的迫切心愿。

题古樵①学海堂重开对酒图

劫火焚玉似祖龙②，秋天破屋又颠风③。定知俎豆馨香④在，不遣丹青户牖空⑤。新竹喜看千个活，故人难得一樽同。

① 古樵：陈璞，字子瑜，号古樵，广东番禺人，学海堂学长，著有《尺冈草堂遗集》等。

② 祖龙：指秦始皇，典故出自汉司马迁《史记·秦始皇本纪》。全句以秦始皇焚书坑儒比喻英法联军之役对广州的破坏。

③ 秋天破屋又颠风：同治元年（1862），学长领款修葺学海堂，动工规模较小，不久因台风之灾堂宇毁圮。

④ 俎（zǔ）豆馨香：意为受到后人永久祭祀追思。俎豆，俎和豆是古代盛有祭品的器具，后指祭祀，奉祀。馨香，指用作祭品的黍稷，也泛指供奉神佛的香火。这里指同治二年（1863）再次修葺学海堂，将原启秀山房改为阮太傅祠，以纪念学海堂创建人阮元。

⑤ 不遣丹青户牖空：语出唐杜甫《古柏行》，“崔嵬枝干郊原古，窈窕丹青户牖空”。即不重新修葺学海堂，原“启秀山房”即呈现“户牖空”的现象。户牖空，虚无人也。

酒边欲乞河东笔[1]，署我山堂种树翁[2]。

评析

第二次鸦片战争期间，英法联军攻占广州，驻兵粤秀山学海堂，致使房舍建筑遭到严重损毁。英法联军撤走后，重新修葺学海堂便提上议事日程。同治元年（1862），学长领款修葺堂宇，但动工规模不大，秋季因台风之灾，堂宇毁圮。次年又重修。这次修葺比较彻底，工程量很大，而且对学海堂建筑的布局结构也做了较大调整，如将启秀山房改为阮太傅祠，将旧藏书之室命名为启秀山房，又陆续增筑此君亭、玉山泉、离经辨志斋等。经此重修，学海堂面貌可谓焕然一新。同治二年（1863）冬日，学海堂新修落成后，学长周寅清、谭莹、陈澧、金锡龄、陈良玉、李光廷、陈璞等置酒宴集，以示庆祝，陈璞绘图，诸人皆题诗其上。诸人诗中所咏，不外乎对乱离前后不幸遭遇的唏嘘感慨，以及对今日学海堂修葺落成后故友重逢的喜悦、欢愉心情，悲喜交加，溢于言表。陈澧此诗即作于此时，格调也基本一致。

---

① 河东笔：柳宗元，字子厚，河东（现山西运城）人，世称柳河东、河东先生，唐代文学家。“河东笔”比喻富有文采。

② 种树翁：学海堂外梅花二百株，为昔日陈璞等人出钱种植，学海堂梅花已成为广州远近闻名的一大景观。“种树翁”即指陈璞。

十一月二日雪后登学海堂梅花已作蓓蕾独酌至醉率赋二首

羊城卅载[①]不见雪，侵晓屋檐堆玉沙。急唤蓝舆登荦确[②]，尚能秃管咏尖叉[③]。隔江历历露山骨，傍砌皑皑埋草芽。更有幽人闲似我，欸门来此问梅花。有二客来，问其姓字，一张康衢，一沈子清。

梅花如豆复如椒，将为山堂破寂寥。澹日穿林浑欲湿，冷烟和雨未全销。强寻高磴[④]资筇竹，笑拣横枝挂酒瓢。谁料先生犹健在，白须与雪共飘萧。

评析

广州气候温暖，冬季罕见霜雪。但历史上也偶有关于下雪的记载，如同治《番禺县志》：“道光十五年十二月大雪。”故凡遇下雪，都被广州人传为异事，也是一件大事。据黄国声考证，此诗作于同治十年（1871）。（陈澧著、黄国声主编《陈澧集》壹，上海：上海古籍出版社，2008，第596页。）

陈澧此诗，主要描写他对下雪的惊喜。前晚一夜大雪，第二天一早，

① 卅载：三十多年。

② 荦（luò）确：指怪石嶙峋，或路径险峻不平。

③ 尖叉：指善于用险韵作诗。北宋诗人苏轼在《雪后书北台壁二首》诗中，用“尖”“叉”二字押韵。后以“尖叉”为善用险韵的代称。

④ 磴（dèng）：石头台阶。

他即兴致勃勃，“急唤蓝舆登荦确”，对一赏难得一见的雪中景致颇显得有些迫不及待。对大自然之美的由衷热爱，对雪景的惊喜，既是文人雅兴的体现，也凸显一个人心地单纯和童心未泯。“谁料先生犹健在，白须与雪共飘萧”二句，将他的欣喜之情，表现得淋漓尽致，大有“老夫聊作少年狂”之概，表现了陈澧精神风貌的另一面。

拟月中人望地球歌

阮太傅《望远镜中看月歌》奇绝千古，有云：“月中人性当清灵，也看恒星与五星。也有畴人好子弟，抽镜窥吾明月形。”因拟此篇代答。

一轮明月大如箕[①]，高悬青天无动移。夜夜三更轮正满，傍晚上弦侵晓亏[②]。满时天气苦炎热，亏时凛烈寒生肌。借问此轮是何物？其中桂树何迷离。此树终宵不停走，一十五转无差池。或转而下或转上，螺旋之度微斜规。试访畴人[③]好子弟，为我测算考浑仪[④]。答云此月之围九万里，我之地球环绕之。月中昼夜一何短，五日只当吾两时。我见日食彼所蔽，暗影令我无朱曦[⑤]。我地影小不到彼，使彼终古不食恒如斯。世间乃有此奇

① 箕：簸箕。

② 上弦侵晓亏：农历每月的初七或初八，在地球上看到月亮呈月牙形，其弧在右侧。这种月相叫“上弦”，即“上弦月”。侵晓：天渐明。亏：缺损，指月形残缺不圆满。

③ 见第87页注③。

④ 浑仪：也叫“浑天仪”。中国古代用于测定星体方位的天文仪器。

⑤ 朱曦（xī）：朱，红色。曦，阳光，多指早晨的太阳。

物，闻言将信犹狐疑。畴人自言精制镜，授以一镜使仰窥。窥见月中无不有，有一仙者朱衣披。谓太傅也。**亦持一镜屹相望，望毕握管还吟诗。我亦吟诗寄清兴**[1]**，月中仙人知不知。四十万里之外远酬和，千秋万岁两地长相思。**

评析

广东是西学东渐门户，西洋望远镜、照相机等最初都经由广州传入中国。阮元总督两广时，在广州曾作《望远镜中看月歌》，足以证明西方科技成果在口岸城市广州流行和被上层官绅接受的程度。由于月球在许多方面与地球类似，阮元在诗中浮想翩翩，认为月球上也应有人存在，也正拿着望远镜来“窥地”。陈澧此诗，就是受此启发而作。

全诗构想奇特，妙笔生花。以拟人的手法，想象在月亮上观看地球时将会呈现的各种现象和情景，如梦如幻，浮想联翩，引人入胜。

陈澧生活于华夷杂处的广州，与广东近代著名科学家邹伯奇交好，已初步具备一些近代天文科学知识。《拟月中人望地球歌》在大胆遐想的同时，又依据所掌握的天文知识，有所节制。例如，他推测在月中观地球，应与在地球上观月大同小异，应该有上弦、盈亏等“月相”。但也有不同之处，如昼夜较为短暂，“五日只当吾两时”。此外，也可以看到“日食”，但却终古看不到“月食”，这是因为“我地影小不到彼”，等等。这些都表明陈澧极有分寸，尽可能以科学作为依据，并非一味追求浪漫。这一点，确实难能可贵。

---

① 清兴：清雅的兴致。

送方子箴都转移任两淮五首（选二首）

长春旧山馆，乃在越井冈①。蛟鼍所窟宅，山气郁不扬。公来更缔构，树石生辉光。于此教粤士，皋比②设书堂。命我为讲授，经史古文章。三辞复三让，此事实有妨。主宾礼不敌，岂敢抗颜③行。公言惧勿辞，此席谁能当。承乏④遂两载，讲画必周详。殷勤告诸生，此事非寻常。自从阮傅来，古学今更昌。他年精舍树，即是召公棠⑤。

教士有良法，首在多刻书。要使一亩宫，各有千卷储。自从兵燹起，梨枣⑥多焚如。后来良可忧，风气愈空疏。挽回乏大力，寒士徒嗟吁。大吏询刍荛⑦，蒋香泉中丞。嘉惠意不虚。其奈累万金，虽有仍如无。公乃发封椿⑧，书局开通衢。命我司校雠，私意快且愉。众手集剞劂⑨，众目辨鲁鱼⑩。此局支十年，何止书

---

① 越井冈：借指粤秀山。粤秀山原有长春仙馆，同治年间修葺改为菊坡精舍，聘陈澧为山长。

② 见第138页注②。

③ 见第72页注④。

④ 承乏：暂任某职的谦称。

⑤ 召公棠：典出汉司马迁《史记·燕召公世家》，“召公卒，而民人思召公之政，怀棠树不敢伐”。“召公棠”意为称颂官吏的惠政。

⑥ 梨枣：旧时雕刻书版多用梨木或枣木，故以“梨枣”用作书版、书籍的代称。

⑦ 刍荛（chú ráo）：指割草打柴的人。后用作谦辞，自喻为草野鄙陋之人。

⑧ 封椿（zhuāng）：宋代的一种财政制度。凡岁终用度之余，皆封存不用，以备急需，故称。此借指政府内库。

⑨ 剞劂（jī jué）：刻镂的刀具，后指刻印书籍。

⑩ 辨鲁鱼：源自成语“鲁鱼亥豕”，把“鲁”字错成“鱼”字，把“亥”字错成“豕”字。指书籍在撰写或刻印过程中的文字错误。

五车[1]。此惠被海内，何止及偏隅。

评析

在陈澧的学术著述生涯之中，就达官贵人而言，与其相知最深，对其相助最多，而其受惠益最大者，莫过于两广盐运使方浚颐了。

在“同治中兴”，各省文化建设日趋高涨的大背景下，方浚颐在广州积极筹划创建菊坡精舍和广东书局，并大力推荐陈澧主持其事。这两件事情，不但表明他热心地方文教事业，独具慧识，有知人之明，而且对陈澧个人的学术著述和文化教育事业，具有重要的意义和积极的推动作用。对此，陈澧一直感激不尽，念念不忘。同治七年（1868）秋，方浚颐移任两淮，陈澧赋诗送行，此二首主要叙述菊坡精舍、广东书局二事。由于陈澧是亲历者、当事人，所以诗中所叙述的关于菊坡精舍和广东书局的创建缘起和经过等详情细节，最为真实可靠，也最具权威性。

例如，关于广东书局。从诗中可知，广东巡抚蒋益澧曾咨询、征求过陈澧的意见，二人讨论过创建书局刊刻经史古籍之事，但由于所需经费数目过于庞大，一时难于筹集，只好作罢。此后两广盐运使方浚颐乃拨运库银支持，并推荐陈澧为总校，总司其事，至此，广东书局才能够实际运作起来。这些细节，填补了史志缺载的空白，也凸显了方浚颐的热心细致和对陈澧无微不至的关怀。

《送方子箴都转移任两淮五首》，不但叙及二人友谊，而且包含了许多关于近代广州的文化典故，所以显得可贵。

---

① 五车：学富五车，形容学问渊博，书籍多。出自《庄子·天下》，“惠施多方，其书五车”。

赠于晦若式枚

于式枚像

桂海[①]奇才出，锋棱不可当。问年甫终贾[②]，论史似钱王[③]。虎气必腾上，语言宜善藏。[④]参天二千尺，浑不露文章。

评析

于式枚，字晦若，号穗生。原籍四川营山，寄居广西，遂为贺县人。因父亲关系仕宦广东，从小生活于广州。

少年于式枚聪敏颖悟，才气奇绝，为老辈宿儒盛赞，光绪进士。选庶吉士，任兵部主事，“才名噪都下”。（金武祥：《粟香随笔》卷三，上海：扫叶山房，光绪癸未年刊本，第9页。）李鸿章称其“下笔千言，工速典赡，洵为佳士”。（中国第一历史档案馆编《光绪朝朱批奏折》第六辑，北京：中华书局，1995，第45页。）并调于式枚入幕府，深为倚重。于式枚官至邮传部侍郎、考察宪政大臣等。

于式枚曾就读于菊坡精舍，从陈澧游，为入室弟子。他的才学也大得其师嗟赏，《赠于晦若式枚》一诗就是明证。诗中陈澧将他比作汉代终军、贾谊二位历史上少年得志、才华显露的代表人物。又说其史才可媲美清代著名学者钱大昕、王鸣盛二人，可谓推崇极高。而全诗中心，在于劝

① 桂海：古代指南方边远地区，此指广西。

② 终贾：汉终军和贾谊的并称。两人皆早成，后因以指年少有才的人。

③ 钱王：清学者钱大昕和王鸣盛的合称。钱大昕著有《廿二史考异》，王鸣盛著有《十七史商榷》，均为史学名著。

④ 虎气必腾上，语言宜善藏：此是杜甫《蕃剑》诗“虎气必腾上，龙身宁久藏”的借用。意为必将大有可为，但不可咄咄逼人，宜含藏收敛，以免树大招风，遭人嫉妒。

于式枚要善于含藏收敛，“浑不露文章”，以免树大招风，遭嫉妒、受挫折，这是陈澧韬晦思想的一贯表现。

今人韦湘秋指出，《赠于晦若式枚》诗颈联是杜甫《蕃剑》诗“虎气必腾上，龙身宁久藏”的借用；尾联亦从杜甫《古柏行》诗转化而成，杜诗有“黛色参天二千尺”和“不露文章世已惊”之句。陈澧以此警句规劝晦若，可见师知徒之深，用心之良苦。[韦湘秋：《桂海奇才于式枚及其代表作〈李宝臣纪功碑歌〉》，《广西师范学院学报（哲学社会科学版）》1997年第18卷第1期，第99－103页。]陈澧熟读杜诗，用典浑然而成，其学识功力，于此可见一斑。

精舍看梅赠汪莘伯[1]

岁晚过精舍，到门如到家。天留娱老地，山有后开花。微醉讶冬暖，独吟忘日斜。恰逢诗弟子[2]，相对一瓯[3]茶。

评析

陈澧主讲菊坡精舍十余年，直至去世。晚年他更加眷恋菊坡精舍，与弟子相依为命。他常常在精舍静坐休憩，陷入沉思，以致物我两忘。“到门如到家”“天留娱老地”，正是当时陈澧心境的真实流露和抒发。

相传陈澧正吟咏间，写至“微醉讶冬暖，独吟忘日斜”句时，弟子汪兆铨偕陶邵学适至，遂而辍笔。兆铨见之，为续成末二句曰：“恰逢诗

① 汪莘伯：汪兆铨，字莘伯，广东番禺人，陈澧弟子。

② 诗弟子：指汪兆铨和陶邵学，二人为陈澧学生。

③ 瓯（ōu）：陶瓷器皿，饮茶或饮酒用。

弟子，相对一瓯茶。”陈澧大喜，即书纨扇为赠。（何子忠：《东塾续余》，载《曼庵居士编印丛书第七种》，1985年香港刊印，第91页。）足证师生投分之乐和雅趣情怀。

失题三首

叶中堂[①]，告官吏，十五日，必无事。十三夷炮打城惊，十四城破炮无声。十五无事灵不灵？乩仙耶？点卦耶？签诗耶？择日耶？[②]

夷船夷炮环珠口[③]，绅衿翰林[④]谒中堂。中堂绝不道时事，但讲算术声琅琅。《四元玉鉴》[⑤]精妙极，近来此秘无人识。中堂真有学问人，不作学政真可惜。

洋炮打城破，中堂书院坐。忽然双泪垂，广东人误我。广东人误诚有之，中堂此语本无疑。试问广东之人千百万，贻误中堂是阿谁？

---

① 叶中堂：指叶名琛。中堂，宰相的别称，明清时为对大学士的称呼。叶名琛曾擢体仁阁大学士，故称。

② 乩（jī）仙：旧时求神问事的一种迷信方法。点卦：卦是古代占卜用的符号，点卦泛指用占卜用的符号来预测吉凶祸福。签诗：寺庙中供卜问吉凶所编的诗句，多写于竹制签牌上，贮于签筒内，由卜问者抽取，而后据诗意附会人事吉凶。择日：就是择吉，选择最有利的时间来从事某种活动。

③ 珠口：珠江口。

④ 绅衿（jīn）翰林：衿，念书人穿的衣服。绅衿，旧时泛指地方绅士和学术界人士。翰林，官名。明清以翰林院为“储才”之地，在科举考试中选拔一部分人入院为翰林官。

⑤ 《四元玉鉴》：数学著作，元代朱世杰撰。

评析

《失题三首》讽刺了英法联军攻打广州城期间，两广总督叶名琛临敌而不设防，致使省城广州陷落的荒唐举动。

叶名琛，字昆臣，湖北汉阳人，道光进士。道咸之际曾任广东巡抚、两广总督。第二次鸦片战争期间，他刚愎自用，举措失当，严重延误战机，所作所为常为当世及后人诟病。在对待英法外交事务上，他既不听僚属的建议和劝告，进行有效的外交斡旋；又不做积极的军事防御部署，以防不测，而是一味求神扶乩，心存侥幸，以为英法军队可不战自退。结果英法联军于咸丰七年（1857）年底攻入广州，叶名琛被俘，后由英船送往印度加尔各答囚禁，不久病死。他是清代封疆大吏中唯一当了西方侵略者的俘虏而又客死异国的人。

作为一介文人，陈澧对于时局极少直接上书大吏，慷慨陈词，发表意见，但也并非无动于衷，漠不关心，袖手旁观。陈澧对叶名琛的所作所为的看法、评论，在其读书札记及诗文之中有所表露，例如，他在《北史·穆寿传》所抄一段后写道："信卜筮谓贼不来，而不设备，叶相似之。"（黄国声选录《东塾读书论学札记》，载陈澧著、黄国声主编《陈澧集》贰，上海：上海古籍出版社，2008，第406页。）可见陈澧一直在密切关注时局的变化，对叶名琛的所作所为深感不满，爱憎十分鲜明。

此诗采用歌谣体裁，明白如话，通俗易懂，尖锐抨击了叶名琛丧师辱国，是陈澧对此事件最为直接的表白，他对庸官误国的愤恨之情，跃然纸上，态度一览无余。

《忆江南馆词》选读

题解

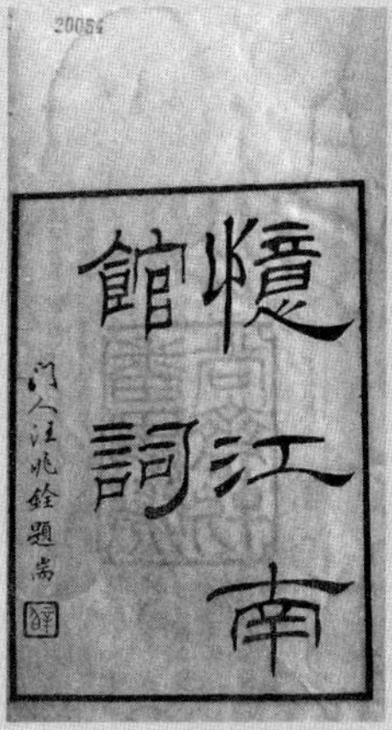

《忆江南馆词》

词是诗歌的一种，也称诗余。句子长短不一，故也称长短句。陈澧年轻时对填词十分热爱，“余素好为词”。（陈澧著、黄国声主编《陈澧集》壹《景石斋词略序》，载《东塾集外文》卷三，上海：上海古籍出版社，2008，第373页。）兴之所到，也偶尔为之。对于填词，陈澧有一些自己的见解，他说：“盖词之体与诗异，诗尚雅健，词则靡矣。”（陈澧著、黄国声主编《陈澧集》壹《忆江南馆词》，上海：上海古籍出版社，2008，第643页。）这是他对诗与词不同风格的大体界定，与流行的观点并无二致。

陈澧所作词虽不多，但后人评价颇高，谓已足使其成为一代大家，这在古今的词坛中也是罕见的。今人吴鹭山说：“陈兰甫以经术名家，所作《忆江南馆词》亦颇得风骚之旨，在晚清诸词家中独树一格。”（吴鹭山：《论陈澧词》，《中国韵文学刊》1987年第1期，第145页。）

陈澧生前，曾编辑整理自己所作词汇为一集，题为《忆江南馆词》，遗命不必刊行。直至1914年，始由门人汪兆镛刊刻行世，并附《忆江南馆集外词》四首。1926年，陈澧曾孙陈之达又付石印于山东济南。2008年，黄国声主编《陈澧集》，除《忆江南馆词》外，又补录得佚词八阕，名为《忆江南馆词补录》。今为简便计，书中选读部分不再区分《忆江南馆词》《忆江南馆集外词》《忆江南馆词补录》诸名目，而将此部分统称为《〈忆江南馆词〉选读》。顺序依遵《陈澧集》次序排列，特此说明。

绿意

苔痕。越台词社作。

空庭雨积，渐染成浅黛，延缘墙隙。正是池塘，春草生时，难辨两般颜色。闲门深掩无人到，已满地、翠烟如织。又暗添、几缕蜗涎①，袅袅篆纹②犹湿。应误回阑倚遍，怕行近，滑入穿花双屐③。似淡还浓，漠漠平铺，只道绿槐阴密。晚来幽恨知多少，讶看到，斜阳成碧。谢树头，吹落嫣红，点点破伊岑寂④。

评析

道光二十三年（1843），许玉彬、黄玉阶发起，邀陈澧、谭莹、桂文燿、沈世良、徐灏等人为越台词社于学海堂，每月聚会一次，觞咏为乐。词社前后共聚会五次，并集所作词为《越台箫谱》，刊刻印刷。陈澧有两首词收入其中，《绿意·苔痕》即其一。

此词是陈澧练笔、应景之作，虽无深刻的用意，但格律精严，措辞淳雅，心思细密，大得行家赞赏，“讶看到，斜阳成碧”句，为时传诵。（汪兆镛：《棕窗杂记》卷三，1943年排印本，第2页。）梁令娴《艺蘅馆词选》录此词，并引梁启超语评说：“体物入微，碧山却步。”（梁

① 蜗涎：蜗牛爬行所分泌的黏液。

② 篆纹：类似篆书一样的纹饰。

③ 屐（jī）：用木头做鞋底的鞋，泛指鞋。

④ 岑（cén）寂：寂寞，孤独冷清，泛指寂静。

令娴编、刘逸生校点《艺蘅馆词选》，广州：广东人民出版社，1981，第235页。）碧山，指南宋词人王沂孙。

齐天乐

十八滩[①]舟中秋雨。

倦游谙尽[②]江湖味，孤篷又眠秋雨。碎点飘灯，繁声落枕，乡梦更无寻处。幽蛩[③]不语，只断苇荒芦，乱垂烟渚[④]。一夜萧萧，恼人最是绕堤树。清吟此时正苦。渐寒生竹簟[⑤]，秋意如许。古驿疏更[⑥]，危滩急溜，并作天涯离绪。归期又误。望庾岭[⑦]模糊，湿云无数。镜里明朝，定添霜[⑧]几缕。

评析

陈澧在道光十二年（1832）乡试中举后，曾先后七次北上会试，均榜上无名，以落第告终。在漫长的会试期间，在悻悻南归回粤途中，他

① 十八滩：指赣江十八处险滩。也指第十八滩，即惶恐滩。

② 谙尽：谙，熟悉。谙尽，备尝之意。

③ 幽蛩（qióng）：隐伏的蟋蟀。蛩，即蟋蟀。

④ 烟渚：雾气笼罩的洲渚。渚，水中小块陆地，沙洲。

⑤ 竹簟：竹席。

⑥ 疏更：稀疏的打更声。打更是我国古代民间的一种夜间报时制度，更夫以打梆子或敲锣巡夜报时。一夜分为五更，每更约两小时。

⑦ 见第162页注②。

⑧ 霜：此指白发。

写了不少羁旅情怀之词，抒发个人惆怅满腹、蹉跎失意之感，其中《齐天乐·十八滩舟中夜雨》一词可为代表作。

此词着力描写羁旅客愁。孤舟秋雨、烟渚荒芦、萧萧堤树夜、飘灯伴无眠，远闻稀疏的更声、静听滩流的湍急，惆怅失意、离愁别绪，一起涌上心头，让人倍感凄清哀怨。而白发徒增，年华虚度，令人发出无可奈何的喟叹。夏存焘《金元明清词选》评此词“情景交融，寄托深婉，自是佳作。”实不为过。

醉吟商

龙溪书院门外，见罗浮山。

渐坐到三更，月影正穿林杪。水边吟啸，此际无人到。一片白云低罩，罗浮睡了。为郑纪常[①]书便面[②]。

评析

咸丰十年（1860）三月，陈澧应聘前往东莞主讲龙溪书院。龙溪书院位于石龙镇，始建于乾隆年间。“北枕罗浮，南临杯渡，山川映发，水木清华，洵造士之胜区，藏书之福地也。”（郑师许：《龙溪书院考略》，《岭南学报》第四卷第一期，1935年4月，第158页。）龙溪书院环境幽

① 郑纪常：郑绩，字纪常，广东新会人，候选同知。通医，能诗，善画。寓居广州粤秀山麓辟梦香园，著有《论画》《梦幻居画学简明》等。

② 便面：古代用以遮面的扇状物，此指折扇。

雅，是读书做学问的理想之地。陈澧此词应作于该年以后。

关于此词，潘飞声回忆说："昔在菊坡精舍，听陈兰甫先生话罗浮之游，云仅得'罗浮睡了'四字，久之未成词也。壬寅三月，余游罗浮，至东江，泊舟四百峰横亘烟月中，觉陈先拿此四字，神妙如绘，故于游记中记其事。"（潘飞声：《双双燕》词自注，载尤振中、尤以丁编著《清词纪事会评》，合肥：黄山书社，1995，第698页。）壬寅，即光绪二十八年（1902）。

百字令

夏日过七里泷[①]，飞雨忽来，凉沁肌骨。推篷[②]看山，新黛如沐，岚影入水，扁舟如行绿颇黎[③]中。临流洗笔，赋成此阕。傥与樊榭[④]老仙倚笛歌之，当令众山皆响也。

江流千里，是山痕寸寸，染成浓碧。两岸画眉声不断，催送蒲帆风急。叠石皴烟，明波蘸树，小李将军[⑤]笔。飞来山雨，满

---

① 七里泷：又名七里滩、七里濑，也称富春渚。在浙江桐庐、建德市境，是富春江的一段，两岸青山连绵，坡陡谷深，水流湍急，连亘七里，故名。泷，指急流的水，多用于地名。

② 篷：车船等用以遮蔽风雨和阳光的设备，用篾席或布制成，可移动。

③ 颇黎：玻璃。

④ 樊榭：厉鹗，字太鸿，号樊榭，浙江钱塘（今杭州）人。清文学家，能诗词，著有《樊榭山房集》等。

⑤ 小李将军：指唐山水画家右武卫大将军李思训之子李昭道。唐张彦远《历代名画记·唐朝上》记载："世上言山水者，称大李将军、小李将军。昭道虽不至将军，俗因其父呼之。"

船凉翠吹入。便欲舣棹芦花[1]，渔翁借我，一领闲蓑笠。不为鲈香兼酒美，只爱岚光呼吸。野水投竿，高台啸月，何代无狂客？晚来新霁[2]，一星云外犹湿。

评析

陈永正在其主编的《岭南文学史》中称赞此词说："小序已是一篇绝好的美文，其词更是神骨俱净的佳作。"（陈永正主编《岭南文学史》，广州：广东高等教育出版社，1993，第635页。）全词字句简洁，平淡无奇。上阕写景，以白描的手法，将江流、山痕、片帆、叠石、树影，点缀交织，仿佛一幅唐代画家李昭道的山水长卷，主要烘托游子思绪。下阕抒情，作者独坐芦花，蓑笠垂钓，呼岚啸月，情景交融，表现了词人寄情山水，欲做一个江天狂客的旷逸情怀。清冒广生评云："此词仙乐飘飘，筝琶洗俗，尝鼎一脔，可以知味矣。"（尤振中、尤以丁编著《清词纪事会评》，合肥：黄山书社，1995，第699页。）意谓读陈澧这一首词，也可知陈澧的清健词风，以及总体格调和风韵了。

① 舣棹（yǐ zhào）芦花：划船靠近芦花荡。舣，停船靠岸。棹，划船的桨，划（船）。

② 霁（jì）：雨雪停止，天放晴。

《东塾读书记》选读

题解

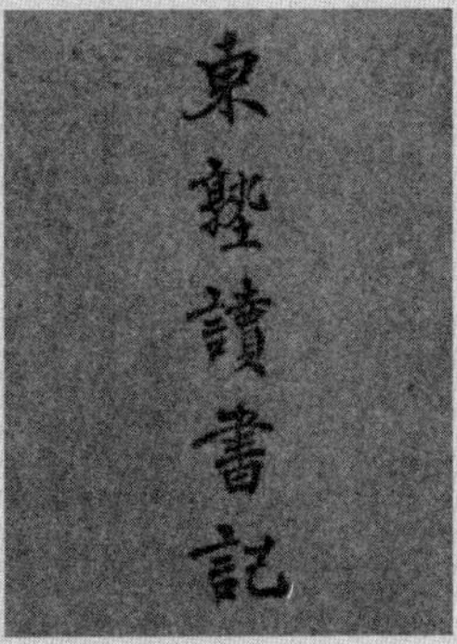

《东塾读书记》

陈澧的《东塾读书记》（以下简称《读书记》），原名《学思录》，为学术经典名著，享誉学术界，经久不衰。该书原计划以10年左右时间完成，自言“大约十年可成”，显得比较乐观。可是出于各种原因，陈澧认为10年之内完成愈来愈困难，后来又发现，在有生之年完成也是十分渺茫的，成书恐怕是遥遥无期了。光绪元年（1875），陈澧听从友人的劝告建议，始将该书已成部分陆续付刊。这样一来，《读书记》便随年写定并分卷刊行了。光绪八年（1882）正月，陈澧病逝，《读书记》终未能如愿全部完成。

《读书记》原计划写二十五卷，目录依次为：《孝经》、《论语》、《孟子》、《易》、《书》、《诗》、《周礼》、《仪礼》、《礼记》、《春秋三传》、《小学》、《诸子》、《西汉》（未成）、《东汉》（未成）、《郑学》、《三国》、《晋》（未成）、《南北朝隋》（未成）、《唐五代》（未成）、《宋》（未成）、《朱子》、《辽金元》（以下未成）、《明》、《国朝》、《通论》。今人朱维铮指出，根据目录，《读书记》实际上分为上、下二篇，上篇为“经学”，下篇为“经学史”。［朱维铮：《导言》，载陈澧：《东塾读书记》（外一种），北京：生活·读书·新知三联书店，1998，第7页。］这是很有见地的分析。

《读书记》这种体例结构，并非随便拼凑，率意而为，而是陈澧的精心安排，匠心独运。如书中“经学”篇以《孝经》为首，《论语》《孟子》次之，就明显与传统十三经的排列序次不同。又如在“经学史”篇中，专立《郑学》《朱子》二卷，意在大力表彰郑玄、朱熹二人。

《读书记》采用一种随笔札记式的著述体裁，由长短不一、参差不齐的一条条笔记语录串辑成卷，每卷多则数十条，少则十余条。每条笔记语录的字数也相去甚远，长者数百字，短者十数字。这些笔记语录或抄录经史子集原文，或考证其真伪舛讹得失，或转引先哲前贤议论评价，或时下按语，引申发挥，附以己意。

陈澧《读书记》生前已刻者多属论经学的上篇。但上篇并非全部是对十三经原典的诠释，或新注新疏，还有关于十三经的读书心得体会，带有一种融会贯通式的综合概括、阐释评论性质。如《论语》卷，首辨《论语》“学”字义旨；次及“仁”及“一贯”；又次论孔门四科成材之大要；又次为《论语》言五经；又次为孔门诸贤；又次为历代注说《论语》诸家……诚如近代著名学者钱穆所说：“全书条理俱如此。所论皆各书宏纲巨旨，要义大端，融会贯通，有本有末，不尚空谈，不事繁证，而一字一句之音训，一句一物之考究，有不务焉。”（钱穆：《中国近三百年学术史》，北京：商务印书馆，1997，第664页。）《论语》卷如此，其他如《孝经》《孟子》《易》《书》《诗》《春秋三传》诸卷，皆大同小异，可以此类推。

《读书记》刻梓问世后，受到当时及后世学术界的高度重视，获得好评。如李慈铭评论说：“其学折衷汉宋，实事求是。”（李慈铭著，云龙辑、上海书店重编《越缦堂读书记》，上海：上海书店出版社，2000，第796–798页。）张舜徽评论此书时曾说：“盖其一生读书数十年，著书数百卷，论其精心结撰，为毕生精力所寄，自以《读书记》为总汇也。”（张舜徽：《清人文集别录》，武汉：华中师范大学出版社，2004，第444页。）如此盛誉，陈澧当之无愧。今天，学者们公认《读书记》为学术经典名著，一提及陈澧，即联想起《读书记》，反之亦然。

《读书记》最早的版本，为光绪间刻十五卷本、十六卷本。此外还有《皇清经解续编》本、《四部备要》本，以及清末民初多种刻本、石印本等。1998年由杨志刚点校的《东塾读书记》（《中国近代学术名著》丛书本），被公认为点校质量较高。2008年《陈澧集》所收，则为《东塾读书记》的最新版本。

自述

余年六十有二，大病几死。自念死后书我墓石①者，虚誉而失其真，则恧②矣。生平无事可述，惟读书数十年，著书百余卷耳。病愈乃自述之。或者寿命犹未艾③乎？他时当有续述也。述曰：

陈澧，字兰甫，先世江南上元④人。祖考⑤捐职布政使司理问，迁广东番禺。考⑥候补知县。生二子：长讳⑦清，次则澧也。年十岁，知县君卒。年十五，伯兄卒。十七，督学翁文

① 墓石：指墓志、墓碑。

② 恧（nǜ）：惭愧。

③ 艾：停止。

④ 上元：旧县名。后并入江宁县，即今江苏南京。

⑤ 祖考：指已故的祖父。

⑥ 考：对死去的父亲的称呼。

⑦ 讳：指已故尊长者之名。

端公[1]考取县学生，明年录科[2]第一。同时诸名士皆出其下。文端公命入粤秀书院肄业，山长陈先生厚甫[3]赏誉之。与桂星垣、杨浦香为友，复问诗学于张南山先生，问经学于侯君模先生。年廿二，举优行贡生[4]，廿三中举人。六应会试不中，大挑[5]二等，选授河源县学训导[6]。两月，告病归。拣选知县到班，不愿出仕，请京官职衔，得国子监学录。为学海堂学长数十年，至老为菊坡精舍山长，英伟之士多出其门焉。少好为诗，及长弃去，泛滥群籍。中年读朱子书，读诸经注疏子史，日有课程。尤好读《孟子》，以为《孟子》所谓性善者，人性皆有善，荀、杨[7]辈皆未知也。读郑氏诸经注，以为郑学

---

① 翁文端公：翁心存，字二铭，号遂盦，江苏常熟人，道光进士。曾任广东学政，历官至体仁阁大学士，谥文端，著有《知止斋诗集》。翁心存长子翁同书为道光进士，曾任安徽巡抚；四子翁同龢为咸丰状元，乃同治、光绪两朝帝师，号称晚清帝党领袖，是中国近代政治舞台上著名人物；而孙子翁曾源又是同治状元。翁氏一家，号为“状元门第，帝师世家”，荣贵显赫一时。因为翁心存曾取陈澧为县学生，按照中国封建社会的传统惯例，翁心存为座师，陈澧为门下士，二人有师生之谊。

② 录科：清代科举考试制度，凡科考三等者，或因故未考者，均须由学政考试，名为录科，合格者才能参加本省乡试。

③ 陈先生厚甫：陈钟麟，字厚甫，江苏元和（今属苏州）人，嘉庆进士。曾任浙江杭嘉湖兵备道，后因事罢官。道光初受聘来广东，掌教广州粤秀书院。

④ 优行贡生：清制，各府、厅、州、县学廪生中文学超群、品行纯正，可应优贡考试者，称优行生，也称优行贡生。优行生经多次考试合格，被正式录取者，即为优贡生。此指陈澧参加了优贡考试，但并未被正式录为优贡生。

⑤ 大挑：清制，三科以上会试不中的举人，挑取其中一等以知县用，二等以教职用。大挑六年举行一次，意在使举人出身的士子有较宽的出路，人数名额按各省情况不同有一定比例。大挑后未到任，告假回原籍再应会试者，准其会试。

⑥ 训导：学官名。明清府、州、县学皆置训导，掌协助同级学官教育所属生员。

⑦ 荀、杨：荀，荀子，名况，战国末思想家、教育家，赵国人。主张“性恶论”，著作有《荀子》。杨，杨朱，战国初哲学家，魏国人，主张“为我”，孟子说他“拔一毛而利天下不为也”。无著作留世。

有宗主，复有不同，中正无弊，胜于许氏异义、何氏墨守之学[①]。魏晋以后，天下大乱，而圣人之道不绝，惟郑氏礼学是赖。读《后汉书》，以为学汉儒之学，尤当学汉儒之行。读朱子书，以为国朝考据之学源出朱子，不可反诋朱子。又以为国朝考据之学盛矣，犹有未备者，宜补苴之。著《声律通考》十卷，谓古有十二宫，且有转调，今俗乐惟存七调。然古律尺度具在，可考历代乐声高下。晋十二笛，可仿而制。唐《鹿鸣》《关雎》十二诗谱，可按而歌，而古乐不坠于地。又著《切韵考》六卷、外篇三卷，谓孙叔然[②]、陆法言之学存于《广韵》[③]，宜明其法。而不惑于沙门之说。又著《汉书地理志水道图说》七卷，谓地理之学，当自水道始，知《汉志》[④]水道，则可考汉郡县，以及于历代郡县。又著《汉儒通义》七卷，谓汉儒善言义理，无异于宋儒。宋儒轻蔑汉儒者，非也。近儒尊汉儒而不讲义理，亦非也。其余有《说文声表》十七卷、《水经注提纲》四十卷、《三统术说》三卷、《弧三角说》一卷、《琴律说》一卷、《文集》若干卷。生平不欲为文章，然有为先人而作者，及为亲友碑传事迹不可没者，故过而存之。晚年所著书曰

---

① 许氏异义、何氏墨守之学：许指东汉学者许慎，字叔重。何指东汉经学家何休，字劭公。陈澧《东塾读书记》说：“何劭公墨守之学，有宗主而无不同。许叔重异义之学，有不同而无宗主。惟郑氏家法，兼其所长无偏无弊也。”墨守容易理解，异义指表达不同意见。

② 孙叔然：孙炎，字叔然，乐安（今山东博兴县）人，三国魏经学家、训诂学家。撰有《尔雅音义》，用反切注音，反切从此盛行。该书已佚。

③ 见第47页注②。

④ 《汉志》：此指《汉书·地理志》。

《东塾读书记》，今未成。性疏直平易，颇厌俗事。惟好与学者谈论不倦。值贼乱、夷乱[1]，家计不给，晏如[2]也。生四子：宗谊、宗侃、宗询、宗颖。宗谊早卒，宗侃生子庆和为其后。同治十年二月述。

廷相谨按：光绪七年，两广总督张公[3]、广东巡抚裕公[4]以南海朱子襄先生及先生名奏，请量加褒异。其年七月初三日奉上谕：朱次琦、陈澧均著加恩赏给五品卿衔。八年正月二十二日，先生卒，年七十有三。所著《东塾读书记》得十二卷又三卷，已刻成。其余未成稿本十卷，遗命名曰《东塾杂俎》，又《文集》若干卷，均俟门人及儿子编录云。门人廖廷相谨志。

评析

同治十年（1871）正月，62岁的陈澧大病了一场。这次病情十分严重，以致后来陈澧一再写道："同治辛未之春，余大病几殆。"（陈澧：《东塾集》卷三《麦务耘医书序》，光绪十八年刻本，第22页。）"辛未年正月余大病不死。"（黄国声选录《东塾论学札记》，载陈澧著、黄国声主编《陈澧集》贰，上海：上海古籍出版社，2008，第382-383页。）可见其病情危重的程度。辛未即同治十年。病情痊愈后，陈澧特地撰写《自述》一文，这篇《自述》等于是预先准备好的一份遗嘱，足见他对于身后之事重视的程度。

---

① 见第71页注②。

② 晏如：指安然自若的样子。

③ 张公：两广总督张树声。

④ 裕公：广东巡抚裕宽。

作为遗嘱，这份《自述》写得早了一些，但十分重要。它不但简单叙述了陈澧一生的经历，而且对他的几部重要的、有代表性的学术著作的内容、宗旨作了简明扼要的概括，并对一些未刊文稿也有所说明。由于这些均出自陈澧自己亲笔所写，故可信度高，是研究陈澧生平事迹、学术思想及著作情况的重要参考资料。

陈澧生前曾撰写《学思录序》《读书记序》《东塾读书记序》等（陈澧：《陈兰甫先生澧遗稿》，《岭南学报》第二卷第二期，1931年7月，第175页。），惟篇幅小，字数少，以上诸序均未选用。光绪间刻《东塾读书记》十五卷本，首次将《自述》置于卷首，作为全书序文。

孝经

郑康成《六艺论》[①]云："孔子以六艺题目不同，指意殊别，恐道离散，后世莫知根源，故作《孝经》以总会之。"《孝经序》正义引。《隋书·经籍志》亦有此数语。其下云："明其枝流虽分，本萌于孝者也。"此二句，或亦《六艺论》之语。**澧案：《六艺论》已佚，而幸存此数言，学者得以知《孝经》为道之根源，六艺之总会。此微言未绝、大义未乖者矣。**

① 郑康成《六艺论》：郑玄，字康成，北海高密（今属山东）人，东汉经学家。《六艺论》论次《易》《书》《诗》《礼》《乐》《春秋》六经，叙述经学传授的源流，原书已佚。相传郑玄先作《六艺论》，再遍注群经。

《说文》卷末载许叔重遣子冲上《说文》书[①]，并上《孝经孔氏古文说》。澧谓：孔子教弟子孝弟学文，许君以二书并上，盖亦此意，惜《孝经孔氏古文说》竟不传也。

荀慈明[②]《对策》云："汉制，使天下诵《孝经》。"《后汉书》本传。澧案：《续汉书·百官志》：司隶校尉，假佐二十五人，《孝经》师主监试经。[③]诸州与司隶同。此东汉之制也。咸丰中有旨，令岁科试[④]增《孝经论》。正合东汉之制。若督学[⑤]及府厅州县试士，以此为重，则天下皆诵《孝经》如东汉时矣。

司马温公云："向若使之尽通《诗》、《书》、礼、乐，则中材以下，或有所不及。今但使之习《孝经》《论语》，傥能尽期年之功，则无不精熟矣。此乃业之易习者也。然《孝经》《论语》，其文虽不多，而立身治国之道，尽在其中。就使学者不能践履，亦知天下有周公、孔子、仁义礼乐，其为益也，岂可与一首律诗为比哉？"《再乞资荫人试经义劄子》温公《书仪》云："子年十五已

① 许叔重遣子冲上《说文》书：许慎，字叔重，汝南召陵（今河南漯河）人，东汉经学家、文字学家。历近三十年编纂《说文解字》。书成，许慎遣子许冲到京城洛阳献《说文解字》于朝廷。

② 荀慈明：荀爽，一名谞，字慈明，颍川颍阴（今河南许昌）人。东汉经学家，治古文费氏（直）《易》，注《周易》十一卷，已佚。

③ 司隶校尉：官名。汉武帝时始置，掌纠察京师百官及所辖附近各郡，相当于州刺史。假佐：司隶校尉的属官。《孝经》师：也是司隶校尉的属官。

④ 岁科试：岁考和科考。岁考：清代各省学政巡回所属举行的考试，也称岁试。凡府、州、县的生员、增生、廪生皆须应岁考。科考：清代每届乡试前，各省学政巡回所属举行的考试，也称科试。科考合格的生员才能应本省乡试。

⑤ 督学：清代提督学政别称为督学使者，简称学政。

上，能通《孝经》《论语》，粗知礼义之方，然后冠之[①]。”

朱子《甲寅上封事》云：“臣所读者，不过《孝经》《语》《孟》之书。”知南康[②]时《示俗文》云：“《孝经》云：‘用天之道，分地之利，朱子本注云：“谓依时及节，耕种田土。”谨身节用，本注云：“谨身，谓不作非违，不犯刑宪。节用，谓省使俭用，不妄耗费。”以养父母，本注云：“人能行此二句之事，则身安力足，有以奉养其父母，使其父母安稳快乐。此庶人之孝也。’本注云：“能行此上四句之事，方是孝顺。虽是父母不存，亦须如此，方能保守父母产业，不致破坏，乃为孝顺。若父母生存不能奉养，父母亡殁不能保守，便是不孝之人，天所不容，地所不载，幽为鬼神所责，明为官法所诛，不可不深戒也。以上《孝经·庶人》章，正文五句，系先圣至圣文宣王[③]所说。奉劝民间逐日持诵，依此经解说，早晚思惟，常切遵守，不须更念佛号、佛经，无益于身，枉费力也。”朱子上告君，下教民，皆以《孝经》，学者勿以朱子有刊误之作[④]，而谓朱子不尊信《孝经》也。

朱子《孝经刊误》，以“仲尼居”至“未之有也”为一节，云：“夫子、曾子问答之言，而曾氏门人之所记，疑所谓《孝经》者，其本文止如此，其下则或者杂引传记以释经文。”澧

① 冠之：为他行冠礼。

② 知南康：在南康当知府时。南康：军、路、府名。北宋时置，辖境相当于今江西星子、都昌、建昌等县地，治所在星子。

③ 先圣至圣文宣王：628年唐太宗遵奉孔子为“先圣”，1307年元成宗封谥孔子为“大成至圣文宣王”。

④ 朱子有刊误之作：《孝经刊误》，为朱子重新刊定《孝经》经、传而撰，书中取古文《孝经》分为经一章，传十四章，共删除旧文二百二十三字，故名曰“刊误”。

谓：如朱子之言，则第一节犹《大学章句》所谓“经一章”，其下释经文者，犹《大学章句》所谓“传”也。杂引传记者，犹《中庸章句》所谓“杂引孔子之言以明之”也。朱子所疑者，章首“子曰”二字，及章末之引《诗》《书》，与“天之经也，地之义也”云云，乃《左传》子太叔[①]述子产之言；又疑“严父莫大于配天”[②]，“非所以为天下之通训”。《语类》亦屡有此说。然《中庸》亦有章首用“子曰”二字者，《孟子》每章之末引《诗》《书》者尤多。《左传》：“仲尼曰：‘古也有志，克己复礼，仁之。’”臼季曰：“臣闻之，出门如宾，承事如祭，仁之则也。”此《论语》孔子告颜渊、仲弓者，而皆见于《左传》。则《孝经》有《左传》语，不必疑也。“严父莫大于配天”，与《孟子》所谓“孝子之至，莫大乎尊亲；尊亲之至，莫大乎以天下养”，文义正同，尤不必疑矣。

《孟子》七篇中，多与《孝经》相发明者。《孝经》曰：“非先王之法，服不敢报；非先王之法，言不敢道；非先王之德，行不敢行。”《孟子》曰：“子服尧之服，诵尧之言，行尧之行”，亦以服、言、行三者并言之。《孝经·天子章》曰：“刑于四海[③]。”《诸侯章》曰：“保其社稷。”《卿大夫章》

① 子太叔：游吉，姬姓，字太叔，春秋时人。郑简公、定公时为卿，善辞令，曾使楚、晋等国。郑定公八年（前522）继子产执政。

② “严父莫大于配天”：严父是指敬重父亲，配天是指祭天。语出《孝经》：“孝莫大于严父，严父莫大于配天。”

③ 刑于四海：作为天下的典型。刑，通“型”，法则，模范。

曰："守其宗庙。"《庶人章》曰："谨身。"《孟子》曰："天子不仁，不保四海；诸侯不仁，不保社稷；卿大夫不仁，不保宗庙；士庶人不仁，不保四体"，亦似本于《孝经》也。世俗所谓"不孝者五，惰其四支，不顾父母之养"云云，正与谨身、节用，以养父母相反，亦可以为《孝经》之反证也。司马温公《家范》引《孝经》："五刑之属三千，而罪莫大于不孝"，其下亦引《孟子》所言"五不孝"《孟子外书》四篇，其一篇名曰《孝经》，盖论说《孝经》之语。赵邠卿[①]题辞虽以外篇为后世依托，然亦必出于孟氏之徒也。

陶渊明有《五孝传》，或疑后人依托，澧谓不必疑也。盖陶公于家庭乡里，以《孝经》为教，称引故实以证之。故其《庶人孝传赞》云："嗟尔众庶，鉴兹前式。"司马温公《家范》录《孝经》"居则致其敬，养则致其乐，病则致其忧，丧则致其哀，祭则致其严"五句，每句各引经史以证之。盖《孝经》一篇，皆论以孝顺天下之大道，惟此五句为孝之条目，故加以引证，亦所谓鉴兹前式也。《困学纪闻》[②]云：彭忠肃公[③]以致敬、致乐、致忧、致哀、致严裒集格言，为《五致录》。司马温公《家范》[④]亦以五致类事，忠肃之书本此。澧案：朱子《孝经刊误》卷末云："欲掇取他书之言可发明《孝经》之旨

① 赵邠卿：赵岐，字邠卿，京兆长陵（今陕西咸阳）人，东汉经学家，撰有《孟子章句》等。

② 《困学纪闻》：宋王应麟撰。是书为札记考证之文，博涉经史子集，展示了其精湛的考据学功力。

③ 彭忠肃公：彭龟年，字子寿，临江军清江（今江西樟树）人，南宋政治家，谥忠肃。著有《止堂集》《五致录》等。

④ 《家范》：北宋司马光创作的家教课本。全书共十九篇，系统地阐述了封建家庭的伦理关系、治家原则，以及修身养性和为人处世之道。

者，别为外传。”黄直卿[①]亦辑录诸经传言孝者，为《孝经本旨》二十四卷，见《直斋书录解题》[②]卷三。

《孝经》大义，在天子、诸侯、卿大夫、士，皆保其天下国家，其祖考基绪[③]不绝，其子孙爵禄不替，庶人谨身节用，为下不乱。如此则天下世世太平安乐，而惟“孝”之一字，可以臻此。亡友桂星垣尝与澧论此云：“《论语》第二章言：‘孝弟则不犯上作乱’，即《孝经》所谓‘至德要道，以顺天下。’”斯言得之矣！星垣名文燿，南海人，官江南淮海道。[④]

《四库全书总目》谓《孝经》与《礼记》为近，又以魏文侯[⑤]有《孝经传》，则《孝经》为七十子之遗书。此考据最确，无疑义矣。“仲尼居，曾子侍”，与“孔子闲居，子夏侍”，“仲尼燕居，子张、子夏、言游侍”，文法正同。《大戴礼·主言篇》：“孔子闲居，曾子侍”，文法亦同。其书言孝道乃天下之大本，《中庸》立天下之大本。郑注：“大本，《孝经》也。”故自为一经。此经是孔子之言，其笔之于书者，但可谓之述，不可谓之作，故郑君以为孔子作也。《史记·仲尼弟子列传》则云曾子作。黄东发《日

---

① 黄直卿：黄榦，字直卿，号勉斋，福州闽县人，南宋经学家。从朱子授业，著有《周易系辞传解》《孝经本旨》等。

② 《直斋书录解题》：我国第一部解题体裁之书目，南宋陈振孙撰。振孙，字伯玉，号直斋，浙江安吉人。南宋藏书家、目录学家。

③ 基绪：基业。绪，业也。

④ 桂文燿，字星垣，广东南海人，道光进士，历官至江南淮海道。陈澧年轻时好友。

⑤ 魏文侯：战国时期魏国的建立者，名斯。曾任用李悝为相，吴起为将，西门豹为邺令，奖励耕战，兴修水利，进行改革，使魏国成为当时强国。

钞》[①]以《孝经》为首，而《论语》《孟子》次之，以读经者当先读此经也。王俭《七志》[②]以《孝经》居首，见《经典释文》序录。

《经解》[③]云："孔子曰：'安上治民，莫善于礼。'此之谓也。"此引《孝经》也。《丧服四制》[④]云："资于事父以事君而敬同"，"毁不灭性，不以死伤生"，"丧不过三年"，"资于事父以事母而爱同"，《大戴礼·本命》同。皆《孝经》之语。

《孝经》郑注[⑤]，诸书所引者虽多，然无以定为康成注，惟《郊特牲》[⑥]正义引王肃难郑云，《孝经注》云："社，后土也。此依校勘记所称惠栋[⑦]校宋本。句龙为后土。郑既云社后土，则句龙也，是郑自相反。"郑以社为五土之神，句龙配之，故王肃以为自相违反也。此王萧所难，是康成注明矣。刘光伯[⑧]谓肃无攻击《孝经》郑注者，殆未详考耶？刘说见《孝经》序疏。

---

① 黄东发《日钞》：《黄氏日钞》，又作《东发日钞》，南宋黄震撰。黄震，字东发，慈溪（今属浙江）人。南宋学者。

② 王俭《七志》：王俭，字仲宝，琅邪临沂（今属山东）人。南朝齐文学家、目录学家。《七志》是图书目录分类专著，已佚。

③ 《经解》：此指《礼记》篇名，阐释《诗》《书》《礼》《乐》《易》《春秋》六经在中国古代教育中的不同目的和效果。

④ 《丧服四制》：《礼记》篇名，主要记载丧服制度所据以制定的四项基本原则，故名"丧服四制"。

⑤ 《孝经》郑注：东汉郑玄是否为《孝经》作注，学术界久有争论。陈澧大致肯定《孝经》郑注。

⑥ 《郊特牲》：《礼记》篇名，是一篇杂记诸礼和阐发礼义的文字，对祭祀礼涉及较多。

⑦ 惠栋：字定宇，号松崖，江苏吴县（今苏州）人，清经学家，吴派经学的奠基者。搜集汉儒经说，加以编辑考订，以详博见长。撰有《周易述》《九经古义》等。

⑧ 刘光伯：刘炫，字光伯，河间景城（今河北献县）人，隋经学家。开皇（581-600）中，奉敕修史，后与诸儒修订五礼，撰有《五经正名》等。

评析

《孝经》是儒家经典之一。关于其作者，众说纷纭，莫衷一是，有人说是孔子自作，但以孔门后学所作一说较为合理。

《孝经》主要论述封建孝道，宣传宗法思想。首先，它阐述孝道和孝治意义，并对中国社会各阶层，上自天子下至庶民各等级，规定了不同的孝道标准，以及实践孝道的法则与途径。其次，在中国伦理思想中，首次将孝亲与忠君联系起来，认为“忠”是“孝”的发展和延伸。此外，还把道德规范与刑法制度联系起来，认为“罪莫大于不孝”，提出要借用国家法律的权威，来维护其宗法关系和道德秩序。

归纳起来，《东塾读书记·孝经》主要论述了以下几个问题。

第一，关于《孝经》的地位和意义。指出“《孝经》为道之根源，六艺之总会”，合以《论语》，“而立身治国之道，尽在其中”。其重要意义，于此可知。

第二，关于朱子《孝经刊误》。陈澧尊崇朱子，朱子其地位和影响又非同一般，不能随意贬损。对此，陈澧辩解说，朱子虽有刊误之作，但不能因此“而谓朱子不尊信《孝经》也”。

第三，关于《孝经》的作者。《孝经》的作者，或谓孔子、曾子，或谓曾子门人。陈澧赞同《四库全书总目》的观点，以为“则《孝经》为七十子之遗书。此考据最确，无疑义矣”。

第四，关于郑玄注《孝经》的问题。历史上对此聚讼纷纭，陈澧引用王肃反驳郑注的一条记载，判定“是康成注明矣”，进而肯定郑玄曾注《孝经》。对此，近人曹元弼说，郑玄注《孝经》“徒以文句较他注易明，以便童蒙，叙录家偶佚其目，遂致后人疑难百端，雾圛千载。直至通儒陈氏澧据《郊特牲》正义引王肃难郑《孝经注》，定为礼堂写定之文，聚讼始息”。（曹元弼：《孝经学》卷七，民国刻本，第15页。）

以上都是古今学术界关于《孝经》聚讼纷纭的几个学术问题。陈澧凭借他深厚的学问功底，穿穴经史，旁征博引，给予了解答，学术界对此作出高度评价，赞誉有加。近人伦明指出，“《东塾读书记》论《孝经》诸条，能见其大。”（伦明著、东莞图书馆整理：《伦明全集》第3册，广州：广东人民出版社，2017，第562页。）“能见其大”，就是指能从大处着眼，提纲挈领，不纠结枝节细末，不陷于繁芜琐碎，实为公允之论。

《东塾遗稿》选读

题解

陈澧是一位典型的书斋型学者，勤勉笃实，终其一生，都保持了读书时做笔记和摘录札记的良好习惯。读书每有心得，即手记于小册中，或命长子宗谊抄录，积稿逾千册。

陈澧去世后，经过辗转流传，千余册原稿大部分散失，下落不明，但有486册抄本流入广州岭南大学。这批笔记小册子，原无名称，岭南大学图书馆装订时将其命名为《东塾遗稿》。1952年，高校实行院系调整，岭南大学撤销，并于中山大学。直至今日，《东塾遗稿》抄本仍存于中山大学图书馆善本室中。

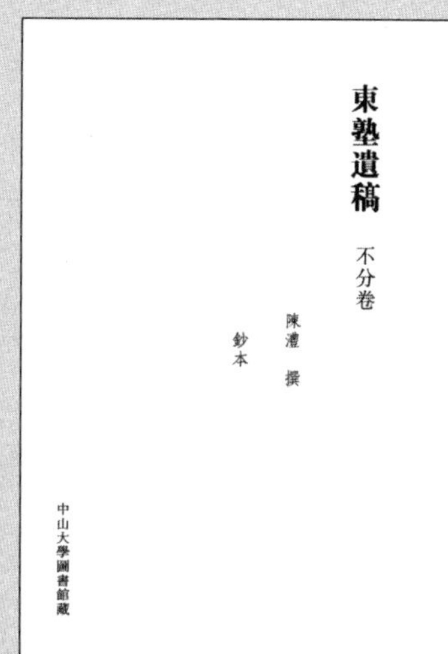
東塾遺稿
不分卷
陳澧 撰
鈔本
中山大學圖書館藏

《东塾遗稿》

《东塾遗稿》内容十分庞杂，涉及范围颇广。遗稿各本卷端原有标识，有《默记》《学思自记》《学思录序目》《杂论学术》及经史子集种种名目。概括起来，《东塾遗稿》主要包括：为撰著《学思录》暨《东塾读书记》而摘录抄写的原始资料；读书时的眉批评注及议论发挥；往事回忆及随感札记等。

虽非正式著述，但直至今天，《东塾遗稿》仍有其独特的价值。它是研究陈澧生平事迹的第一手资料，可以真实了解陈澧读书的范围及其著述治学的方法和途径，也能够提供当时学术文化界一些重要的、准确的信息资料，是可以从中整理汇辑陈澧其他遗著的资料宝库。

近代学者梁启超及钱穆对《东塾遗稿》均十分重视，在文章著述中一再提及，予以高度赞赏。如梁启超说："乡先辈陈兰甫先生死了以后，遗稿流传出来，一张一张的纸片，异常之多，都是在甚么书看了两句，记出来以后，又加上简短的按语。新近广东有人搜得了6000多片，都一般大小，实则他一生的纸片，不知有好几百万张。我正打算设法找来，整理一下，可以看出他治学的方法。"[①]钱穆也说："近年广东岭南大学，购得《东塾遗稿》钞本六百余小册……皆《读书记》之前身也。其中议论，虽《读书记》所未收，而实可说明东塾论学意趣，为《读书记》已刻诸卷之引论。且其畅言当时学风流弊，尤为考论乾、嘉以下汉学所以穷而必变之绝好材料。"[②]这两位学者都是从治学方法角度出发，着重强调《东塾遗稿》的学术价值之所在。

最早整理出版《东塾遗稿》的是岭南大学陈受颐博士。此《东塾遗稿》就是刊行于1931年《岭南学报》第二卷第二期的《陈兰甫先生澧遗稿》，其中包括《默记》《学思自记》和《学思录序目》等。此外，岭南大学杨寿昌教授和中山大学黄国声教授也各自分别整理出版过相关资料。2009年，《东塾遗稿》收入桑兵主编之《续编清代稿钞本》中，第一次影印出版，公之于世，为海内外研究者提供了极大方便。

因《东塾遗稿》部帙繁多，内容庞杂，特选录具有代表性和可读性的《默记》《学思自记》及《东塾读书论学札记》三种，呈现给读者，借以使读者了解《东塾遗稿》的大体内容和具体风貌。

此次选读，尽可能保持原著的完整和原貌。但有某些条目，因过于专业或所引典故生僻难懂，故只好删除弃录，特此说明。

---

① 梁启超：《中国历史研究法》（外二种），石家庄：河北教育出版社，2002，第349-350页。

② 钱穆：《中国近三百年学术史》，北京：商务印书馆，1997，第666-667页。

默记

一　余幼时先君云："此子能读书，惜不能记。"余今老矣，读书不敢不勉[1]，但思数十年所读书皆不能记，与不读等。乃叹一生病痛，先君早已断定，信乎知子莫若父也。

二　作《家藏通鉴跋尾》。

改葬先姊。

三　立身师陶公，

读书师黄东发，

教人师胡安定，

论政师陆宣公。[2]

兼此四者，师司马温公[3]。司马温公十科举士[4]，即胡安定之法也。其《徽言》钞《国语》而下六书，盖亦近于《黄氏日

① 不敢不勉：不敢懈怠，勉励自己继续努力。

② 陶公：指陶渊明。黄东发：黄震。胡安定：胡瑗。陆宣公：指陆贽。

③ 司马温公：司马光，字君实，号迂叟，陕州夏县涑水乡（今山西夏县）人，世称涑水先生。北宋政治家、史学家、文学家。主持编纂了中国历史上第一部编年体通史《资治通鉴》。去世后，赠太师、温国公，谥文正。

④ 十科举士：宋代科举取士的十项科目。宋元祐初，司马光为相，上《乞以十科举士札子》，建议朝廷设置十科，名目是：一、行义纯固可为师表科；二、节操方正可备献纳科；三、智勇过人可备将帅科；四、公正聪明可备监司科；五、经术精通可备讲读科；六、学问赅博可备顾问科；七、文章典丽可备著述科；八、善听狱讼尽公得实科；九、善治财赋公私俱便科；十、练习法令，能断请谳科。

抄》。《稽古录》亦然。①

四　特立独行，独立不惧。

独醒独清。

穷则独善其身。

独旁搜而远绍。

推妻子，息交绝游，独立高山之顶，欢与麋鹿同群，诚耻之也。如遗世独立，羽化而登仙。

五　《学思自记》②，再读三年乃著书，期以五年而成，凡八年。吾年六十，可以死矣。不知可有此福否也？

六　静思此生得为士人读书，一乐也。读书能读好书，二乐也。享二乐久矣，夕死可也。

荣启期③三乐之上，又有此二乐。

七　世事如此，若非有一二卷书，岂能留我在人间耶？

八　十月初一日在粤秀东斋会卷④，座中说一友与人争利，余曰："百年不易满，寸寸弯强弓。"⑤归而自思，近日欲以数

① 《徽言》《稽古录》：司马光在第二次回朝为相期间，辑录《国语》的精要，编成《徽言》一书。又将《历年图》和《百官公卿表》增补、总辑为《稽古录》一书，形成一部"略存体要"的简明通史。

② 《学思自记》：陈澧遗留的读书札记，总名《东塾遗稿》，其中各本卷端标识如《默记》《学思自记》《学思录序目》等名目。

③ 荣启期：字昌伯。春秋时隐士。传说曾行于郕（今河南范县、山东宁阳县东北一带）之野，对孔子自言得三乐：为人，又为男子，又行年九十。后世常用为知足自乐的典故。

④ 粤秀东斋会卷：粤秀，指广州粤秀书院。东斋，指东边房间。会卷，指会聚批阅试卷。

⑤ "百年不易满，寸寸弯强弓"：语出苏轼《次前韵寄子由》诗。意为：人生不过百年，犹如用力拉开的一张强弓，越来越吃力，比喻处事之艰难。

金修治书斋而无之，颇自觉窘乏，今因说此二句而悟此境，正可验我之能弯强弓否，真佳境也。

昔曾告亡儿，穷是佳境，亡儿甚能欣会。

九　于嗜欲之事，如镜中花，如饮食得美味，亦甘之而绝不饬[①]庖厨，此其一端也。

一〇　心光如月，夜萝太多，此病甚大甚深。

一一　八月十六夜五更，起步庭中，月白如雪，盆荷飐风，萧槭[②]有声。喟然长叹，人间大有清境，惜昏睡不知耳。

十二　读书毕，凄然泣下，自古来独自读书如我者，真可悲也，八月廿四夜。

十三　每读书至夜半以后，人静灯残，超然默契于二子载之上。

十四　空斋萧然，一点灯，一杯酒，一卷书，窗外有微月在黑云际。家人皆睡，独衰翁与古人相对耳。此时必心光耿耿，自叹自惜，及此形骸，独在人间。读几篇书，有益于己；著几篇书，以有益于人而已。今之人且勿与谈也。

一五　每读书至夜半，饮酒下之，而酒冷灯昏，心光炯然，上下千年，无人可谈，乃叹曰：可谈者，惟酒意耳。

十六　吾今有一师五友：书，师也；朱、墨、灯、酒、书案，友也。

---

① 饬（chì）：旧指上级命令下级。

② 萧槭（xiāo qì）：凋零或零落，也形容风吹树木的声音。

十七　衰年深夜，读书自语，秋凉疏雨，残荷作声，孤灯炯炯，游心千古上下，良朋墓木已拱[①]，九泉其谁与归？欲哭不得，欲笑不能，长叹就枕而已。八月初三夜书。

若桂星垣文燿，虞子馨必芳[②]可惜可惜！

十八　今夜读《太玄》[③]而手抄之，忽忆亡友桂八文燿若在，可以共谈今夕矣。

十九　吾友桂星垣谓余一介不取，但不能一介不与。[④]吾今思之，伊尹在畎亩[⑤]，所谓乐尧舜之道者，则一介不与，一介不取而已。伯夷[⑥]之清不必论矣，伊尹圣之任者，相汤伐桀，放太甲又反之[⑦]，才气之大，万古一人而已，而其清乃如此，与

---

① 墓木已拱：墓地之树，大可两手合围。后为慨叹人逝已久之词。

② 虞子馨必芳：虞必芳，字子馨，广东番禺人，学海堂高才生，文章为老辈学者赞赏。陈澧早期关系密切的学生之一。

③ 《太玄》：也称《太玄经》，西汉扬雄撰。体裁模拟《周易》，内容则是儒、道、阴阳三家的混合体。全书以“玄”为中心思想，相当于《老子》的“道”和《周易》的“易”。

④ 一介不取，一介不与：出自《孟子·万章上》，“非其义也，非其道也，一介不以与人，一介不以取诸人”。一介，一粒芥菜籽，形容微小。不是正义、正道，一点儿小东西也不给予人，一点小东西也不拿人家的。桂文燿认为陈澧可以一介不取，但做不到一介不与。

⑤ 伊尹在畎（quǎn）亩：畎亩，田间，田地。引申指民间，此指未做官时。伊尹为中国商朝初年著名政治家，辅助商汤灭夏朝，为商朝建立立下汗马功劳。

⑥ 伯夷：商末孤竹君长子，墨胎氏。初孤竹君以次子叔齐为继承人，孤竹君死后，叔齐让位，伯夷不受，后两人都投奔到周。到周后，反对周武王讨伐商纣王朝。武王灭商后，他们逃到首阳山，不食周粟而死。

⑦ 放太甲又反之：伊尹辅助商汤灭夏朝。从商汤至太甲（汤嫡长孙）期间，伊尹一直是商王朝的重要辅臣，掌权元老。但太甲继位，不修德政，昏庸暴虐，伊尹把太甲送入桐宫反省。三年后，见其悔过自新，于是又亲自到桐宫迎接，恢复太甲王位。此事传为千古美谈。

柳下惠[1]不以三公易其介正同。人不论和与任，无不以清植品者也。

二〇　虞子馨今若未死，其乐如何！

二一　月亭先生林伯桐[2]《安雅篇》，不知青皋许[3]曾见之否？惜不令伯眉沈[4]见，以俗人而好字画，月亭先生谓之更俗，真更俗也。可笑可憎。

二二　孝通[5]死将二年，我读书又多所有得，恨不得告之，恨其不得闻之。若我今日即死以告之，甚快也！辛酉[6]七月廿六夜书。

二三　孝通于吾言无所不说[7]，何幸而生此子。虽短命，岂不胜于生一不说吾言之子而长命者乎？

深知我心者谁也？其童乌[8]乎，惜哉！

① 柳下惠：《孟子·尽心上》，“柳下惠不以三公易其介”。介，此指大也。不以三公荣位改变其大志。柳下惠，即展禽，春秋时鲁国大夫，食邑在柳下，谥惠，以善于讲究贵族礼节著称。

② 林伯桐：字桐君，号月亭，广东番禺人，学海堂首任学长。博学多才，著述等身，辑为《修本堂丛书》行世。林伯桐是陈澧前辈老师。

③ 青皋：指许玉彬，字璘甫，后改名鍑，字伯鬲，号青皋，广东番禺人。好诗词、书画、古器。所居“水荭老屋”，藏书极富，著有《冬荣馆遗稿》等。陈澧曾为其撰墓志铭。

④ 伯眉：指沈世良，字伯眉，广东番禺人。乡试不第，以贡生终老，学海堂学长，陈澧好友。著有《小祇陀庵诗钞》《倪高士年谱》等。

⑤ 孝通：陈宗谊，字孝通，陈澧长子。因病逝，年仅21岁。

⑥ 辛酉：咸丰十一年（1861）。

⑦ 说：古同“悦”。

⑧ 童乌：汉扬雄子，九岁时助父著《太玄》，早夭。事见汉扬雄《法言·问神》。后因以指早慧而夭折者。

二四　子思[①]之道在安贫，恨亡儿不及闻之，此彼之不幸也，实则余之不幸也。如有能知此者，则吾道之幸也。使此时此子犹在，当如何？呜呼，惜矣！

二五　近来真觉少可语者，愈欲作怀鬼诗。鬼可与语，吾非斯鬼之徒而谁与？侯、桂、虞[②]皆鬼久矣。

二六　不能胜人者非好酒也，不能饱人者非好饭也，不能胜饱人者非好书也。十一月夜读《传家集》[③]，乐极书此。

二七　人毕竟要聪明，如不聪明，学问难成。毕竟要能文，如不能文，著书无法。有聪明而做迟钝功夫者，则必成矣；能文而肯读书者，则必成矣。然而难得难得。

二八　去权奸不可穷治党与[④]，宜有以消之。

耆旧大臣不可无而不易有也。

师傅不可无，又不易得其人也。

有学识能直言之臣不可无，又不易得也。

各省宜举贤吏一二人，劾不肖者，则愈多愈善，皆不得以无人塞责。此条可行。

二九　嘉庆四年己未会试，朱文正公、阮文达公为总裁，一

① 子思：指孔伋，字子思，孔子之孙，战国初期哲学家。现存《礼记》中的《中庸》《表记》等，相传是他的著作。

② 侯、桂、虞：侯指侯康，陈澧请业问教之师。桂指桂文燿，陈澧年轻时好友。虞指虞必芳，陈澧早期的学生。

③ 《传家集》：宋司马光撰。《传家集》全称为《司马文正公传家集》，八十卷，包括赋、诗、杂文等，其中章奏甚多，约占全书的一半，具有一定史料价值。

④ 党与：同党之人。出自《公羊传·宣公十一年》："纳公孙宁、仪行父于陈。此皆大夫也，其言纳何？纳公党与也。"

榜进士多名儒[1]，可谓极盛。岂能知六十年己未夷寇天津[2]乎？再后六十年己未，盛衰又何如也！

三〇　咸丰八年广东官有丁忧[3]递呈于巡抚柏贵求夺情[4]者云：今夺情者多而卑职一人向隅[5]。柏巡抚大笑。

三一　《诗序》云“挈壶氏[6]不能举其职”，正今日之谓也。壶漏废而外夷之钟表盛行，所费几亚于鸦片。余尝谓中外各衙门及城楼，皆当设壶漏，书时刻于牌，揭之以示众，则钟表可不用矣。

三二　骆吁门[7]所以能保全湖南者，清故也。清则人服，虽搜括属员陋规[8]，抽出商贾厘金，而人不怨，故饷足矣。清则身尝艰苦，兵勇虽为之死而亦不怨矣。清则出号令而人不疑，而赏罚必行矣。大约只一“清”字，便可保境杀贼也。

---

① 一榜进士多名儒：此榜录取者，如吴鼐、张惠言、陈寿祺、王引之、许宗彦、康绍镛、陈钟麟、姚文田、宋湘等，后来皆学有成就，声名卓著。

② 己未夷寇天津：此指第二次鸦片战争。己未，即咸丰九年（1859）。是年五月，英法联军借口换约，又率军舰到达天津大沽口，由此引起第二次大沽口之战。

③ 丁忧：遭逢父母丧事。旧制，父母死后，子女要守丧，三年内不做官，不婚娶，不赴宴，不应考。

④ 夺情：古时官员遭父母丧，须去职在家守制。但朝廷对大臣要员，可命其不必去职，以素服办公，不参加吉礼；或守制尚未满期而应朝廷之召出而任职，叫“夺情”。

⑤ 向隅：面对着屋子的一个角落，比喻因非常孤立或得不到机会而失望。此句谓此官员希望夺情而未能，故满腹牢骚。

⑥ 挈壶氏：古代掌管漏壶的官守。漏壶，又称刻漏或漏刻，是中国古代的时间计量工具。

⑦ 骆吁门：骆秉章，原名俊，改名秉章，字吁门，号儒斋，广东花县（今广州花都区）人。道光进士，历官湖南巡抚、四川总督。

⑧ 陋规：陋规是指历来官场相沿不良成例，特指贿赂需索，其形式表现为官员“馈献”规礼、公职人员非法收入及火耗收入等。清朝是陋规问题形成及发展的“集大成”时期。

三三　知忧鸦片，仍吸鼻烟，好钟表，衣呢羽，可谓知其一不知其三。鼻烟即有深意，即鸦片之嚆矢[①]也。

三四　孔子云："鸟兽不可与同群，吾非斯人之徒与而谁与？"夫子在周时，人心未坏，故云尔，若居今世，斯人之徒不可与矣。令人慨然，时作遗世独立之想。

三五　深夜自思，天只使我读书，置之于孤穷之境。书卷不得多，朋友不得多，甚至儿子稍知读书识道理者亦夭折之，买书之地焚烧之，买书之钱匮乏之，呜呼，穷哉！然安知非造物玉成[②]之乎？君子不怨天，不尤人，抱几卷书，招一二人，共寻绝学，力追古人可也。昨夜书此，今夜闻夷事，则得孤穷为幸矣。忧之至，愤之至！

三六　陶公《停云诗》云："安得促席，说彼平生。"又云："岂无他人，念子实多。"

《答庞参军诗》云："不有同好，云胡以观？"

《归鸟》诗云："虽无昔侣，众声皆谐。日夕气清，悠然其怀。"

三七　浦乡，伯蓟，卓人，宾叔，[③]故人渺渺隔天外！

---

① 嚆矢（hāo shǐ）：响箭。因发射时声先于箭而到，故常用以比喻事情的开端。犹言先声。

② 造物玉成：古人认为有一个创造万物的神力，叫作造物。可以理解为大自然或老天爷。玉成：成全、促成。

③ 浦乡：杨荣绪，字浦乡，陈澧好友。伯蓟：见第152页注⑥。卓人：陈立，字卓人，江苏句容人，清经学家，著有《公羊义疏》等，陈澧友人。宾叔：柳兴恩，字宾叔，江苏丹徒人，道光举人，清经学家，著有《谷梁大义述》，陈澧友人。

三八　急寻觅星垣所赠我《孝经》小册叶，已觅得矣。

近人之卑陋如此，更从何处开口，惟有怀古耳。曾子曰："苟吾自知也。"[①]太史公曰："藏之名山，传之其人。"非其人，安可传哉？

三九　已逝之人，相爱者甚多，后世之人相知者不少，而皆不得见，奈何奈何？前后顾望，嗟叹而已。

四〇　九月廿二、廿三两夜所梦，鬼神警我贪也。悚悚惕惕，可见意之不诚。意之不诚者，失其素守也，岂止贪而已哉？

四一　古人云："心之所思，鬼神知之。"此语真可信。心之思者，故鬼神知之。思无邪[②]。

四二　甚矣，名之难忘也。谓能忘名心而实不能，因摹秦碑有所省觉，而记之以自警。

四三　世人说写字者必云学某家，何以做人不学某家也？

四四　吾年十岁，暑病梦大火，中有五色轮，搜身其中。此列子[③]所谓阳气壮则梦涉大火而燔焫[④]，而或者以为文字之祥，非也。

---

① "苟吾自知也"：出自《曾子立事》，"人知之则愿也，人不知苟吾自知也"。意为：别人知道是我的愿望，假如别人不知道，就自己知道算了。

② 思无邪：没有邪念，思想纯正。语出《论语·为政第二》，"子曰：《诗》三百，一言以蔽之，曰思无邪"。

③ 列子："列御寇"，相传为战国时道家，郑人，著有《列子》，早佚。今本《列子》可能是晋人作品。

④ 燔焫（fán ruò）：燃烧。

四五　行师彭泽，志慕昌黎。[①]学之为言效也[②]。

四六　今文学[③]极衰，海内老师宿儒，零落已尽。江浙书籍最多之地，兵燹残破。吾生长岭南，林、侯[④]诸君子又凋谢已久，近者读书之士，皆清贫不能买书，且亦无书可买。呜呼，天之位置我此时此地，可谓穷矣！家有能读书之子而又夭折之，有自给之资可专心读书而又剥耗之，穷哉，穷哉！或造物者有意欲玉成我乎？未可知也。

四七　《新唐书·李大亮传》：“授土门令，胡贼大至，大亮度不能拒，乃单马诣营说豪帅，为分别祸福，贼众咸服，遂相率降。大亮杀所乘马与之食，至步而返。帝闻之悦，擢金州总管府司马。”

说之肯降，亦大难事。

四八　闻天津音耗甚恶，夜不能寐，起而读《诗》变风[⑤]一篇，庚申[⑥]七月廿七日夜四鼓。

---

① 彭泽、昌黎：彭泽，指陶渊明，曾为彭泽令。昌黎，指韩愈，愈郡望为昌黎，常自称昌黎韩愈，后人称韩昌黎。

② 学之为言效也：学习即仿效。出自《论语·学而》：“学而时习之，不亦说乎？”朱熹注：“学之为言效也。后觉者必效先觉之所为。”

③ 文学：此指儒家学说。

④ 林、侯：林指林伯桐，侯指侯康，均为学海堂学长，广东著名学者。

⑤ 变风：指《诗经》“国风”中邶至豳等十三国的作品，均作于周王朝政治衰乱时期，与“正风”相对。见《诗大序》，“至于王道衰，礼仪废，政教失，国异政，家殊俗，而变风变雅作矣”。

⑥ 庚申：咸丰十年（1860）。此年六月，英法联军二万五千人再次进犯大沽口，由于清军统帅僧格林沁骄傲轻敌，结果英法联军由北塘登陆，占领天津。

翁相国[1]在朝，余惟刻所著书寄呈，自余未尝通片纸。

四九　《新唐书》：崔邠弟“鄯擢进士，累迁至左金吴卫大将军，暴卒，以韩约代之。不阅旬，李训乱，约死于难。世谓鄯之亡，崔氏积善报也。”

暴卒亦积善之报。

五〇　沈伯眉死甚可惜，此真益友也。伯眉腊月三十日尝以书抵余云：“吾丈读书，以何句敌生死？”伯眉好佛，敌生死是佛家之说，我不知也。其问我何句，则真善问，有益于我也。我近年读书，终年不过得一二句或二三句，且尚不能得之于心，安得起伯眉而质之？

五一　每讲书卷道理，恨不得呼我黄须[2]，我黄须乃无须，哀哉！

五二　《曝书亭集·题亡儿书陶靖节文》，末题“竹垞茕独叟书”[3]。

五三　子曰“后生可畏”，诚哉是言也。澧又因而知后世可畏，后生安知不胜于先生乎？后世则必知胜于今世也。

五四　予之学，但能抄书而已，其精者为《汉儒通义》，其

---

① 翁相国：指翁心存。

② 黄须：黄须儿。指曹操次子曹彰，性刚勇，为曹操喜爱。胡须黄色，故称。此处陈澧借指长子陈宗谊。

③ “竹垞茕（qióng）独叟书”：朱彝尊，字锡鬯，号竹垞，浙江秀水（今嘉兴）人。清代著名诗人、学者。茕独，形容一个人无依无靠、孤苦伶仃。此处陈澧借朱彝尊署名，自喻丧子与孤独。

博者非今人所谓博为《学思录》[1]，其切挚者为《默记》[2]，不复著书也。

五五　林月亭先生博学强记，盖过目不忘者。侯君模，月亭弟子也。每读书有不晓，必请问，月亭或答之，或言在某书某卷，检之果然。一日在学海堂，张南山先生说乐器，余儳言[3]曰："方响是何物也？"月亭诵宋人《方响诗》一首，云："此可想矣。"月亭笃志经学，何以此等诗辄能记诵，真过目不忘也。然此不足以称之也，余读《论语》"温良恭俭让"，想其气象，惟月亭五字俱备，其德行之科[4]欤！

五六　谭玉生云："平生所见之人全无瑕类者惟徐铁孙[5]。"昔某甲与余同饮于潘氏园[6]，手捋须曰："若我乃原穿裂烂者矣。"原穿裂烂，乃当票语。某甲时年七十余矣，平日品行甚劣而气甚骄横，至老而自名为原穿裂烂，可哀也哉！

五七　澧老矣，所欲著甲部书[7]，无一成者。欲以付后之学者：

周易费氏义。

---

① 见第99页注②。

② 《默记》：陈澧撰。主要内容是治学心得、个人心态及友朋交谊。

③ 儳言：指别人说话未完便插话，打乱别人的话题。

④ 德行之科：四科是指原为儒家评定人物的分类。始见于《论语·先进》，指德行、言语、政事、文学。汉代察举立四科取士："一曰德行高妙，志节清白。"

⑤ 徐铁孙：徐荣，字铁孙，广州驻防汉军正黄旗人。道光进士，学海堂学长，为陈澧老师辈。

⑥ 潘氏园：广州著名的海山仙馆，园主潘仕成，故名。今荔湾公园为其遗址。

⑦ 见第152页注⑩。

毛诗郑朱合钞。

周礼今释。

仪礼三家合钞。

春秋谷梁传条例。

春秋三传异同评。

论语集说。

五八　明儒查某人，偶忘之有晚年专讲酒色财气之过者，此真切实之语。酒过吾近来无之，色财气之过犹有之，必一齐绝了乃佳，而色字尤甚，尤当痛绝之。正月晦日[①]四鼓书。

老则气衰，必宜绝色字。

五九　《学思录》要驳高邮王氏古韵廿一部之说[②]。

六〇　《学思录》：《十三经注疏》，《十七史》，周末诸子，宋五子[③]，此诸书之语为多。

六一　精谨安详，厚实通大。

六二　丧予祝予未久而孔子梦两楹，益恩殒于黄巾未久而郑

① 晦日：指阴历每月的最后一天，即大月三十日、小月二十九日。

② 高邮王氏古韵廿一部之说：王念孙，字怀祖，江苏高邮人，乾隆进士。清代著名学者，与其子王引之并称“高邮二王”，著有《广雅疏证》等。“古韵”，相对于六朝、唐宋的“今韵”而言，指先秦汉语音韵。宋代郑庠最先分列古音韵部，他把古韵分为六部。清代学者继之，研究更加深入，如顾炎武析为十部，江永析为十三部，段玉裁析为十七部，戴震析为十八部，王念孙析为二十一部，不一而足。

③ 宋五子：又称“北宋五子”，指周敦颐、邵雍、张载、程颢、程颐，是北宋儒学的代表人物。

君梦龙蛇，虽圣贤亦伤于悲恸而寿不长也。况我庸人乎！[①]

六三　孔文举[②]《论盛孝章书》云：“岁月不居，时节如流，五十之年，忽焉已至。公为始满，融又过二。”

我亦过二矣。

六四　王氏《论语解》十卷、《孟子解》五卷，广陆王令逢源[③]撰。令年二十八，终于布衣，所讲《孟子》才尽二篇，其第三篇尽二章而止。王荆公[④]志其墓，不言其所著书。

亡儿年更短，讲《论语》才至《曾子有疾》章，更可哀也。

六五　亡儿长逝已二十月矣！辛酉五月也，今夜误呼其小名，已而自悲。使此儿至今犹在，其学识又增长几许，使我怡悦者又不知若何！今乃于讲论之间，犹仿佛其在侧也。然安知其不在侧也?

感彼柏下人，且进杯中物。[⑤]

---

① 丧予、祝予：颜渊死，孔子说，天丧予！子路亡，孔子说，天祝予！丧予、祝予，为悲悼生徒后辈死亡之词。梦两楹，出自《礼记·檀弓上》。孔子梦坐于两楹之间，知道自己不久于人世，果然七日而殁。后因以“梦两楹”借指孔子之死。郑君：指郑益，字益恩，东汉北海高密（今河北）人，郑玄子。孔融举为孝廉，融为黄巾军所围，益恩往救，遂死。梦龙蛇：谓知命将终，喻死亡，典出《后汉书·郑玄传》注释。此条指自己悲恸于丧子之痛，感叹圣贤悲恸寿不长，何况一般人。

② 孔文举：孔融，字文举，鲁（今山东曲阜）人，孔子二十世孙。汉末文学家，曾任北海相，时称孔北海，著有《孔北海集》。

③ 王令逢源：王令，字逢源，广陵（今江苏扬州）人，北宋诗人，著有《广陵先生文集》《十七史蒙求》等。

④ 王荆公：王安石，字介甫，抚州临川（今江西）人，北宋政治家、思想家、文学家。封舒国公，旋改封荆，世称荆公。

⑤ 感彼柏下人，且进杯中物：前句出自陶渊明《诸人共游周家墓柏下》诗，后句出自其《责子》诗。

六七　《中说》[1]卷三《事君篇》："杨素使谓子曰：盍仕乎？子曰：疏属之南，疏属，山名，《山海经》云：枕汾水，名管涔。汾水之曲，有先人之敝庐在，可以避风雨，有田可以具饘粥[2]，弹琴著书，讲道劝义，自乐也。愿君侯正身以统天下，时和岁丰，则通也受赐多矣，不愿仕也。"

六八　《文选》[3]杨子幼《报孙会宗书》："董生不云乎？明明求仁义，常恐不及能化民者，卿大夫之意也。明明求财利，常恐困乏者，庶人之事也。"善注云："《汉书》董仲舒对策曰：夫皇皇求财利，常恐匮乏者，庶人之意也。皇皇求仁义，常恐不能化民者，大夫之意也。"

六九　余所以不敢为经济[4]之说者，吾能言之而无权位，不能施用之。他人取吾言而施用，或有过差以乱天下，是可惧也。如温伊初著论禁鸦片，黄树斋奏之，林少穆行之，[5]遂乱天下矣，不可不戒也。

---

① 《中说》：书名，王通撰。王通，字公淹，门人私谥曰"文中子"。绛州龙门（今山西河津）人，隋哲学家，著有《中说》，也称《文中子》。

② 饘（zhān）粥：稠粥。

③ 见第123页注⑤。

④ 经济：此指经世济民。

⑤ 如温伊初著论禁鸦片，黄树斋奏之，林少穆行之：温训，字伊初，广东长乐（今梅州）人，著名文学家、诗人。自鸦片流毒全国，朝野议论纷纭。嘉庆、道光之际，广东信宜县训导吴兰修著《弭害》论，主张鸦片开禁。温训特写《弭害续议》，反对种食鸦片，力主严禁。温训好友黄爵滋（号树斋），主要以温训的观点，向道光皇帝上了《严塞漏卮以培国本折》。这个奏折，对道光帝最后决定采取严禁鸦片的政策，派遣林则徐（字少穆）去广东禁烟起了重大作用。陈澧对林则徐禁烟有不同意见，主要是认为其操之过急，致使天下大乱。

七〇　简旷我今当如此，简之时义大矣哉！仲弓①宽宏简重，厚重简默，居敬而行简，不亦可乎？居简而行简，无乃太简乎？简者必默，我言之不简，何况行乎？

廉深简洁，贞夷粹温②，和而能峻，博而不繁。

七一　人品多从天分出，从学问出者绝少矣。

七二　陆放翁诗云："诗酒放怀穷亦乐，文移肆骂老何堪？"又云："小草出山初已误，断云含雨欲何施？"读此自笑不出③之为得计也。

七三　昔有养生者，教余导引术。始左右伸臂，次两臂齐伸向上，又次左右顾其踵，又次左右伸足。予偶读《三国志》注华佗五禽戏，谓猿、熊、虎、鹿、鸟也。因悟左右伸臂者，猿也。猿，两臂通者也。两臂齐向上者，熊也。熊以两手攀树枝而睡也。俯身左右手迭出者，虎也。如虎之出于穴也。左右颅其踵者，鹿也。鹿常自顾其尾也。左右伸足者，鸟也。凡鸟皆如此。

七四　人有恒言曰：学问渊博，博者固少，渊者尤少。嗟乎，吾安得渊者而与之游乎？其惟特夫④乎？

七五　高碧湄大令心夔告郭云仙抚军嵩焘云⑤："欲游罗

---

① 仲弓：冉雍，字仲弓，春秋末期鲁国（今山东菏泽）人，孔子弟子，为人度量宽宏。

② 贞夷粹温：贞夷，指中正和平。粹温，纯真温良。出自颜延之《陶徵士诔》。

③ 不出：指做官。陈澧有多次担任小官的机会，他都辞掉。

④ 见第80页注④。

⑤ 高碧湄、郭云仙：高心夔，字伯足，号碧湄，江西湖口人。咸丰进士，官吴县知县，先后入李鸿章、曾国藩幕府。郭嵩焘，号云仙，湖南湘阴人，曾任广东巡抚。抚军，清代巡抚的别称。郭嵩焘十分尊重和赏识陈澧，曾上奏章荐举。

浮，不然，枉为广东一行耳矣。”抚军云：“君至广东，已见陈兰甫，不枉此行。”大令以告余，余谢不敢当一座罗浮山也。

七六　举直错诸枉[①]。

自已文章通顺者，直也。文理不通而代倩者，枉也。

七七　仆少时喜为诗，年二十四岁始弃去。自此以后，兴到为诗者一年不过数首，亦竟有终年无一首者。偶有应酬之作，皆不惬意，迫于不得不作耳，故皆不存稿也。亦不欲为古文[②]，然亦有不得不作者，此则不可不留稿，与诗异也。性好古碑版书法，而无暇学之，而时人每以纸绢索书，遂亦应酬挥洒。然无笔力，无功夫，安得谓之善书？每为人作书，辄自烦恼，以为何苦为人役也，时欲焚笔砚耳。

七八　天下为真学问者，岂敢谓无人。然师友讲习者，则惟吾粤有学海堂[③]，虽于学不能如汉、唐之经学，宋儒之实行，然于举业之外，尚有此一程学问，惜乎人才不振，文章如虞子馨，学问如赵子韶，[④]则皆死矣！吾又老矣，不能为之振兴也。

七九　李翱《与翰林李舍人书》云：“且不知余年几何，意愿乞取残年以修所知之道，如或有成，是万世一遇；纵使无成，且能早知止足高静，与三老死于林薮之下。上文云“王拾遗”，

---

① 举直错诸枉：选拔正直的人，罢免那些不正直的人。出自《论语·为政》：“哀公问曰，何为则民服？孔子对曰，举直错诸枉，则民服。举枉错诸直，则民不服。”

② 古文：文体名。指先秦两汉以来用文言文写的散体文，相对六朝骈文而言。

③ 见第69页注①。

④ 虞子馨：虞必芳。赵子韶：赵齐婴。二人均肄业学海堂，是陈澧的早期学生，关系密切。

又云“两施子”，此云“三老”，即指彼三人也。比其终日矻矻、耽乐富贵、而大功德不及于海内而卒于位者，所失得伏计[1]舍人必以辨之矣。”

八〇　余年十三岁时，乳母以金环约其腕。余曰：“此女子之物也。”强更约之。余觇[2]乳母不在，脱环弃之。至夜就睡，乳母循余腕无环，问曰：“环何在？”余曰：“弃之矣。”问：“弃何处？”曰：“三厅椅子下。”即持火觅得之，后不复以此强余也。

八一　盗贼纷纭，断非议改选举之时，若近时黎庶昌[3]之论，必不行者也。将来议改，必先命天下士子于十三经内各专一经，默写不错，文理通顺者，即取为附生[4]。岁试，乡试，会试，更命士子为经说，能依注疏及程、朱说者即取中。

八二　“独立高山之顶，欢与麋鹿同群，皦皦然绝其雰浊，诚耻之也，诚畏之也。”[5]

屈灵均曰：“世溷浊而莫余知兮，吾方高驰而不顾。”“登

---

① 伏计：伏，敬辞；计，考虑。

② 觇（chān）：窥视；观测。

③ 黎庶昌：字莼斋，贵州遵义人。同治初，在《上穆宗毅皇帝书》中，论及改革科举制度时，要求罢去一切八比、小楷、试帖之弊，兼举德行、才能、文学与夫孝弟力田、茂才异等之属，以复前代取士之良法。言论比较激进。

④ 附生：附学生员、附学生之简称。明清凡经考试合格取入府、州、县学者，均称生员，俗称秀才。生员又有廪膳生、增广生、附学生之分。清代规定，凡童生初入学，皆为附生。

⑤ 语出刘峻《广绝交论》。雰浊，喻秽俗也。诚耻之也，诚畏之也：比喻小人可耻、可畏。

昆仑兮食玉英[①]。”

八三　昔桂星垣谓我不牢骚为不可及，今我欲牢骚，当与谁言之耶？昔欲营生圹[②]于星垣墓上下。不必牢骚，上也。牢骚，次也。无可牢骚，又其次也。我今日是已也。不知牢骚，民斯为下[③]，不肖至此。与市侩牢骚耶？与不肖名士牢骚耶？与儿童牢骚耶！与妇女牢骚耶？当与草木牢骚耳。宜自号曰“草木子[④]”。

八四　朋友我不敢轻议，门人又难得，以为得而又非者屡矣。儿子可教者又已夭死。看来我只合缄口不道学问，静以待死，不必与活人说话也，否则与草木相对而已。此我所以欲踵学海堂花木也。不必种学海堂花木，并不必种书斋花木，只有全不理人为是。

八五　《陶渊明集》

《陆宣公奏议》

司马温公《家范》《书仪》

处则师陶，出则师陆[⑤]，然我必不出矣。虽必不出，而师陆之心常在，此“刑天舞干戚[⑥]”之志也，恨不得为陶公舁篮舆之

---

① 玉英：花之美称。

② 生圹（kuàng）：指生前预造的坟墓。陈澧与桂文燿为挚友，以至欲营生圹，死后长相伴。

③ 民斯为下：语出《论语·季氏》，“孔子曰：……困而不学，民斯为下矣。”意为遇到困惑疑难仍不去学习的，这种就是下等愚民了。

④ 草木子：《草木子》，为笔记，明代叶子奇撰。此处陈澧借书名为自号，喻自嘲之意。

⑤ 处：此指不做官，当老百姓。出：此指做官，为朝廷效力。

⑥ 刑天舞干戚：出自陶渊明《读山海经》诗。刑天，神话人物。干戚，盾和大斧。刑天和天帝争权，失败后被砍头，仍然挥舞着板斧和盾牌继续战斗。常比喻刚毅不屈的精神。

门生，恨不得为陆公门人之张童子。[1]

八六　《通典》《周易口诀义》二书必读。

八七　自读毕《十三经注疏》之后，功课多间断，不似昔时，固当自责自勉。又以见经书足以管摄人之心性，使无走作，他书不及也。此后仍当读注疏。

八八　喜为嬉弄之语，一病也。

当闲邪。

八九　陈后山[2]《还里》诗云："平生功名念，倒海浣我肠。"

余生平颇似后山，但诗与文异耳。

九〇　我今日酒醉饭饱，读书既倦而睡，厚衾暖褥，不可谓非福也。然而所学不可以语人，著书不可以自成，耿耿然而无与语，亦穷矣哉！最奇者，昔之可与言者，今欲远我而去之，岂非莫之肯归乎？

评析

《默记》原为《东塾遗稿》中的一种。与陈澧遗留的其他札记不同，它独立完整，自成一体，单独成篇，显得比较特别。

---

① 陶公舁（yú）篮舆之门生，恨不得为陆公门人之张童子：意为陈澧尊崇陶渊明，恨不得做他抬轿的门生。尊崇陆公，恨不得做他的门人张童子。舁，抬，篮舆，轿子。韩愈撰有《赠张童子序》，称："愈与童子俱陆公之门人也。"陆公，指唐代学者陆贽。

② 陈后山：陈师道，字履常，号后山居士，徐州彭城（今江苏徐州）人，北宋诗人，著有《后山先生集》。

据汪宗衍《陈东塾先生年谱》，《默记》为未成之作，每条间有纪年，均为咸丰十年（1860）至十一年（1861）间所记。咸丰年间是陈澧一生之中生活最为艰难、遭遇最为悲惨、精神最为苦闷的低谷时期。在此背景下，《默记》就带有动乱时代的鲜明烙印，带有颠沛流离生活的愤懑无奈色彩。

其时陈澧陷入了深深的苦闷和彷徨之中，这些随手所写，短短的杂感笔录，是他当时思想深处真实情感的自然流露，是他苦闷沮丧时精神状态的最好反映。这是理解《默记》的关键。

就内容来说，《默记》虽也涉及读书著述以及治学心得体会，但更多的是对往事的回忆，对时局的忧愤，以及对今后个人前途的迷茫，其中不免夹杂着些许期待。下面略为概括。

第一，往事回忆：除儿时几件小事外，更多的是对师友故旧的缅怀和回忆，包括桂文燿、虞必芳、侯康、赵齐婴、杨荣绪、胡锡燕、陈立、柳兴恩、沈世良、邹伯奇等。其中，广东巡抚郭嵩焘赞誉陈澧"当一座罗浮山"，最值得陈澧引以为豪。

第二，悲悼亡儿：陈澧对长子宗谊十分器重，寄予厚望，可惜宗谊病逝时年仅21岁。宗谊死后，陈澧的精神支柱突然崩塌，整天神志恍惚，茶饭不思，颓坐垂泪，以至失声痛哭，完全变成了另外一个人。《默记》中对亡儿的追思，反映了陈澧悲恸、失意的伤心程度，以及思绪恍惚、无可奈何的复杂心情。

第三，感慨时事：第二次鸦片战争期间，陈澧虽远在广东，僻处岭外，但他仍关心国事，密切注视事态的发展，天津、北京接二连三传来战争失利的消息，令他忧心如焚。在《默记》中，陈澧有部分对时事的感慨和议论。例如，设壶漏不用钟表、提倡官吏清廉、改革科举考试制度等等，虽不免显得守旧迂腐，但毕竟是他对民族命运关怀的体现。

第四，发奋自励：咸丰朝是局势不宁的动乱时期，学术文化长期陷于停滞。陈澧精神比较压抑低落，常常吐露自己的苦闷心情，所谓衰年深夜、空斋残灯、秋凉疏雨、残荷作声、一杯酒、一卷书，就是一个孤独者的真实写照。但陈澧秉承儒家“君子不怨天，不尤人”的优良传统，没有自暴自弃，自我沉沦，而是振作精神，奋发有为，自我砥砺，他认为现在的苦闷困境，“或造物者有意欲玉成我乎？”这种积极的、自强不息的精神，是陈澧精神世界的主旋律，也是《默记》的主导思想，十分难能可贵。

陈澧自己对《默记》曾有明确的评价，他说：“予之学，但能抄书而已，其精者为《汉儒通义》，其博者非今人所谓博为《学思录》，其切挚者为《默记》，不复著书也。”足证陈澧对它的重视。

学思自记

一　魏叔子[①]《答陈元孝[②]手简》云：“天地闭塞，人材寥寥，一二志士，当厚自培养，以供后进挹注[③]。若源之不浚，数流而竭，已则枯槁，乃思润物乎？”“厚自培养”四字，敬当铭[④]之左右。魏叔子时人材殊不寥寥，使叔子生于今日，以为

① 魏叔子：魏禧，字叔子，一字冰叔，号裕斋，江西宁都人。清初散文家，著有《魏叔子集》。

② 陈元孝：陈恭尹，字元孝，号半峰，晚号独漉，广东顺德人。清初诗人，与屈大均、梁佩兰同称“岭南三大家”。工书法，著有《独漉堂集》。

③ 挹（yì）注：比喻从有余的地方取些出来，以补不足的地方。

④ 铭：指刻在器物上用来警诫自己、或称述功德的文字。例如，刻在石上，放在书案右边用以自警的铭文叫“座右铭”。

何如?

魏叔子《与富平李天生书》云:“仆窃谓考古以用今,练事以验理,求友以自大其身,造士以使吾身之可死。”“大”字有病。

二　中年以前,为近时之学所锢蔽,全赖甲辰出都,途中与李碧龄争辩,归而悔之,乃有此廿年学问。①

三　《学思录》当采《文选》,当采《汉魏百三家集》②。

四　时事几不可为,吾固裹足不出矣。即学问亦几无可望者,有之亦极少极少,吾亦将缄口不谈矣。

五　《学思》义例。

《学思录》只论学术,然政事亦兼有之。君德、相业、六曹③、侍从、台谏④、封疆、郡县、学校、营伍及民俗之弊,皆余波及之,无所不有。

① 近时之学:指科举时文、八股文。甲辰:道光二十四年(1844)。李碧龄:李能定,字碧舲,广东番禺人,道光举人,学海堂首届专课肄业生,陈澧老友。二人途中所争不外功名利禄、仕途学问,以及个人做官进退之事。后陈澧有所感悟,有所启发,萌生了绝意科举仕途、一心一意献身学术著述的志愿。

② 《汉魏百三家集》:总集名。一名《汉魏六朝百三名家集》或《汉魏六朝一百三家集》。明张溥编,选自汉贾谊至明薛道衡共一百零三人的作品,将他们的诗文汇成一编,共一百十八卷。

③ 六曹:东汉开始尚书分六曹治事,有三公曹、吏曹、二千石曹、民曹、主客曹,其中三公曹尚书为二人,故称“六曹”。魏晋以后,尚书六曹屡有变更,唐宋时州县也置六曹,故俗以六曹为地方胥吏之通称。

④ 台谏:官名。唐宋为御史台与谏官的合称。掌纠弹者,通称为台官;掌规谏者,通称为谏官,合称台谏。以后历代相沿,名称屡有变更,职责往往相混,凡职掌纠弹、建言之官,多以台谏泛称之。

今所著《学思录》之稿，偏于注疏及朱子。非偏也，为学实当如此。

《学思录》于宋道学独尊朱子，非不尊周子[①]也。《太极》无用，《通书》亦不及《论》《孟》《礼记》也。二程可取者固尊之，至其偏驳者不取也。如《定性书》实无取焉。惟尊朱子而已，朱子虽尊周、程，今不能因朱子所尊而过尊之。

《学思录》或改名《论学》，程易田[②]有《论学小记》，今不宜同之耳。

《史通》[③]自叙云："若《史通》之为书也，盖伤当时载笔之士，其义不纯，思欲辨其指归，殚[④]其体统。夫其书虽以史为主，而余波所及，上穷王道，下掞[⑤]人伦，总括万殊，包吞千有。自《法言》[⑥]已降，迄于《文心》[⑦]而往，固已纳诸胸中，曾不蒂芥[⑧]者矣。夫其为义也，有与夺焉，有褒贬焉，有鉴诫焉，

---

① 周子：周敦颐，字茂叔，道州营道（今湖南道县）人，北宋哲学家，公认为宋明理学开山鼻祖，著有《太极图说》《通书》等。

② 程易田：程瑶田，字易田，一字易畴，号让堂。安徽歙县人，清经学家，著有《通艺录》（卷首为《论学小记》）等。

③ 《史通》：书名，唐刘知几撰，二十卷，我国第一部史学评论专著。全书既评论以前历史著作的优劣得失，更总结出以后史家的任务及其要求。

④ 见第83页注⑧。

⑤ 掞（yàn）：舒展、铺张。

⑥ 《法言》：书名，西汉扬雄模拟《论语》体裁写成，共十三卷，内容以儒家传统思想为中心，具有无神论倾向。

⑦ 《文心》：指《文心雕龙》，古代文学理论专著，南朝梁刘勰撰。全书十卷，分上下编。

⑧ 蒂芥（dì jiè）：也作"芥蒂"，比喻内心不满或不快，心存芥蒂。

有讽刺焉。其为贯串者深矣，其为网罗者密矣，其所商略者远矣。其所发明者多矣。”《学思录》窃效之。

六　《小雅》曰：“高山仰止，景行行止。”①子曰：“《诗》之好仁如此。乡道而行，中道而废，忘身之老也，不知年数之不足也。俛焉日有孳孳，毙而后已。”②吾今亦老矣，年数不足矣，孳毙而后已可也。字字有深味，读之不厌。

七　时习《论语》《孝经》《孟子》；粗览诸经注疏，宋儒理学，周秦诸子；略涉礼、乐、书、数、训诂、音韵、天文、地理、文章、诗词。余之学如此耳。

八　《学思录》排名法③而尊孟子者，欲去今世之弊而以儒术治天下也。排王肃而尊郑君者，欲救近时新说之弊也。排陆、王而尊朱子者，恐陆、王之学将复作也。著此书非儒生之业也④，惩今之弊，且防后人之弊也。

九　国初诸老且不论矣，如惠、戴、钱、纪、段、王怀祖父子、凌次仲、张皋文等⑤，著书皆有法，学者宜审观之。

---

① “高山仰止，景行行止”：高山，喻高尚的德行。景行，大路。比喻行为正大光明。后以“高山景行”比喻崇高的德行。

② 子曰：“《诗》之好仁如此。乡道而行，中道而废，忘身之老也，不知年数之不足也。俛焉日有孳孳，毙而后已。”此一段抄自《礼记·表记》。全句意为：《诗》是如此地爱好仁。向着仁的大道前进，走到半路，实在没有力气了，不得已停下来，忘记了自己身体已经衰老，也忘记了自己的来日无多，仍然孜孜不懈，奋力向前，死而后已。

③ 名法：名家和法家。名家：一称“辨者”，又称“刑名家”，战国时的一个学派，代表人物有惠施、公孙龙等。法家：战国时的一个重要学派，代表人物有商鞅、韩非子等。

④ 著此书非儒生之业也：一般儒生著书没有这样宏大深远的考虑，故说“非儒生之业也”。

⑤ 惠、戴、钱、纪、段、王怀祖父子、凌次仲、张皋文等：指惠栋、戴震、钱大昕、纪昀、段玉裁、王念孙、王引之、凌廷堪、张惠言等。

一〇　《孟子》："若夫豪杰之士，虽无文王犹兴。"[①]虽无朱子犹兴者，亦豪杰之士也。

一一　夫仁亦在乎熟之而已矣。余于学稍有所知，其病只在不熟。

一二　《学思义例》精实深通而未雄博。

郑君之后予所悦服者：陶渊明、陆宣公、韩昌黎、孙宣公[②]、黄东发、顾亭林、陆清献、江慎修。所恶者：王肃、虞翻、王通、石介[③]、陆子静、王守仁、毛甡[④]。本朝诸儒，予不喜陈启源、惠栋、王念孙、张惠言、刘逢禄。

一三　《学思》著书法

韦昭[⑤]《国语》注，称"唐尚书云""贾侍中云"。自称"昭谓"。又称贾、唐为"二君"，称郑康成为"郑后司农"。见《晋语》鄢之战。

一四　读书法

阮文达公续集六十三《题严厚民书福楼图》诗云："校经校《文选》，十目始一行"。自注云："世人每矜一目十行之才，

---

① "若夫豪杰之士，虽无文王犹兴"：出自《孟子·尽心上》。全句为："孟子曰：待文王而后兴者，凡民也。若夫豪杰之士，虽无文王犹兴。"意为一定要等待周文王那样的人出现后才奋发有为的，是平庸的人。至于豪杰之士，即使没有周文王那样的人出现，自己也能奋发有为。

② 孙宣公：孙奭（shì），字宗古，博州博平（今山东茌平县）人，北宋经学家、教育家。

③ 石介：字守道，一字公操，兖州奉符（今山东泰安）人，北宋思想家，宋理学先驱。

④ 毛甡（shēn）：毛奇龄，又名毛甡，字大可，浙江萧山人，清经学家、文学家。

⑤ 韦昭：字弘嗣，吴郡云阳（今江苏丹阳）人，三国吴学者，著有《国语注》等。

余哂[①]之，夫必十目一行，始是真能读书也。”

《周易口诀义》[②]序云：“今则但举宏机，纂其枢要，先以王[③]注为宗，后约孔[④]疏为理。”

一五　先秦古书

宋诸贤求圣人之道于遗经，其心之精，力之大，真度超古人矣。然多取其高者、精者以为说，其所遗者正不少也。除诸经之外，《大戴礼》[⑤]《周书》[⑥]《国语》及秦汉诸子书所记古人言行，在孔子之前者，乃周公之遗教也。在孔子之后者，乃孔子之遗教也。精择之，潜玩之，可以为修己治身之方者甚多。儒者欲求周公、孔子之道，未可一切蔑弃之也。

士人读书，当以《学记》[⑦]为法，以《孝经》《论语》为根本，各习一艺而博通之，求其有益于身，有用于世。其为人也，以狂为志，以狷为行，不同流俗。其著书也，有宗主，有赞，有辨。其出而仕也，难进易退[⑧]，进则尽忠匡救，退则安贫乐道。

---

① 哂（shěn）：讥笑。

② 《周易口诀义》：唐史徵撰，六卷，生平不详。《崇文总目》曰：“河南史徵，不详何人。”

③ 王：指王弼。王弼，三国魏玄学家，字辅嗣，魏国山阳（河南焦作）人，著有《周易注》等。

④ 孔：指孔颖达。孔颖达，唐经学家，字冲远，冀州衡水（今属河北）人，曾奉唐太宗命主编《五经正义》。

⑤ 见第87页注⑤。

⑥ 《周书》：《尚书》组成部分之一，相传是记载周代史事之书。《尚书》包括《虞书》《夏书》《商书》《周书》四大部分。

⑦ 见第69页注⑥。

⑧ 难进易退：意思是做官前要再三考虑，辞官时唯恐不速。

余读书三年，所得者如此而已。

顾亭林氏之学，能有效之者乎，吾老矣！

一六 《学思录》之书必不能完密，以俟后之君子耳。若后来有因此书而昌大之者，则吾死不朽矣。

欲知人之性情，则后世之人不如同时之人；欲知人之学术，则同时之人反不如后世之人。盖人之学术见于所著之书，而著书必俟老而后成，或至死而后出，同时之人乌能尽知之哉？故并世难得知己，转欲望之后世也。后世必有知己，不必望也，但不知其姓名耳。

一七 《学思》义例

《论语》四科①。

《学记》“离经辨志”②一段，此余之学问所得也。

一八 《学思录》大指③：

劝经生读一部注疏。

救惠氏④之学之弊。

救高邮王氏⑤之学之弊。

辟王阳明之谲⑥。

---

① 《论语》四科：指德行、言语、政事、文学，始见于《论语·先进》。

② “离经辨志”：意为断句读经，辨其欲习何经志向。全文出自《礼记·学记》：“一年视离经辨志，三年视敬业乐群，五年视博习亲师，七年视论学取友，谓之小成。”

③ 大指：大旨。

④ 惠氏：指清代经学家惠栋。

⑤ 高邮王氏：指清代经学家王念孙、王引之父子。

⑥ 谲（jué）：离奇古怪。

分别士大夫之学、老博士之学。①

辨语录不由佛氏。

明朱子之学为汉学②。

于晋人尊陶公，明其非诗人，非隐逸。

辟老氏流为申、韩、李斯。

明法家之弊。

发明狂狷之学。

发明性善。

发明《论语·学而》章。

发明《学记》。

发明四科之学。

拈出以浅持博。

尊胡安定③。

尊江慎修④。

指出欧阳公⑤之病。

发明昌黎之学。

昌言科举八股之害。

---

① 士大夫之学、老博士之学：士大夫之学指通贯各学科，失之粗浅。老博士之学指专精一门，见树不见林。

② 朱子之学为汉学：朱熹是理学家，讲究义理，但同时注重考据，故陈澧认为他是汉学本色。

③ 胡安定：胡瑗，字翼之，北宋教育家，泰州海陵（今江苏泰州）人，世居陕西安定堡，人称安定先生。

④ 江慎修：江永，字慎修，婺源（今属江西）人，清经学家、音韵学家。

⑤ 见第55页注③。

明训诂之功。

分别传内、外传[①]之不同。

指汉《易》之病，拈出费氏[②]家法。

标出《礼》意之说。

标出《诗》谱大指。

辨《周礼》之谆。

发明《礼记》之体裁。

标举《孝经》为总会根源[③]。

标出《中庸》博学五事[④]为《中庸》之妥要。

辨格物[⑤]。

辨明德[⑥]。

引伸格物补传[⑦]。

感时事。

辨别先师、名臣之不同。

---

① 传内、外传：传内，也称内传，古代经学家称专主解释经义的书为内传。外传指附经作传，广引事例而不完全以解释经义为主的书，如《韩诗外传》等。

② 费氏：指费直，字长翁，东莱（今属山东）人，西汉古文易学“费氏学”的开创者。

③ 《孝经》为总会根源：出自郑康成《六艺论》，“孔子以六艺题目不同，指意殊别，恐道离散，后世莫知根源，故作《孝经》以总会之”。

④ 《中庸》博学五事：《中庸》，“博学之，审问之，慎思之，明辨之，笃行之”。

⑤ 格物：或称“格物致知”，古代认识论的命题，历来解释分歧。有一种解释认为接触事物（“格物”）是获得知识（“致知”）的方法。

⑥ 明德：光明之德，出自《大学》首句：“大学之道，在明明德。”

⑦ 格物补传：旧本《大学》缺少对“格物致知”的诠释。朱熹断定此处乃系阙文，有必要加以“补”述。这就是朱子《大学章句》中对“格物”章的补传。

拈出陆清献[①]“书自书，我自我”之语。

考周末儒者。

说自己著书之意。

明郑学维持魏晋南北朝世道[②]。

引申阮文达《春秋》学术之说。

辨戴东原《孟子字义疏证》。

明辑古书之功，与其误处。

明读书提要钩元之法。

以上三四十条乃其荦荦大者。

明朱子《诗集传》之善。

明王肃为司马氏之党。

表章汉儒行。

非道非义不取，为尧舜之道，四海困穷，为尧舜所忧，发明《后汉书·郑康成传》。

一九　穷理之功太少，每一事过，乃徐思而得其理。因日间高寄泉[③]来说，夜书此条，亦天分钝也。若星垣，则应机立断矣。

二〇　读书有通晓处，愈觉惶愧，此通晓处，乃前此所不通

---

① 陆清献：陆陇其，字稼书，浙江平湖人，谥清献，清初学者，学宗程朱，反对王守仁“心学”。著有《困勉录》等。

② 郑学维持魏晋南北朝世道：陈澧推崇郑玄，在《东塾读书记·郑学》中说，“然则自魏晋至隋数百年，斯文未丧者，赖有郑君也”。

③ 高寄泉：高继珩，字寄泉，永平府迁安（今河北迁安）人，曾任广东盐场大使。清诗人，著有《培根斋诗抄》等。

晓者也。然则我之不通处，正无涯也。我今真自知不通，自认不通，而又恨今人无自知不通者也。辛酉[1]十一月十三夜三鼓书。

二一　王白田[2]与方灵皋[3]书云："从游问学，绝无其人。"禅家云："寻取一个半个，勿令断绝去。"

二二　读圣人书而求圣人之道，澧不敢言也。读古人之书而求古人之学，零碎抄录，以俟其贯通，此《学思录》之意也。

二三　宋神宗擢司马温公为翰林学士，公力辞曰："臣不能为四六[4]。"上曰："如两汉制诰[5]可也。"

二四　读古贤之书，自觉甚小，甚粗略，惭愧之至。

二五　书卷、性情、伦纪[6]、理学、干济[7]，五者合为一，乃是真学问。

二六　诵诸经，读注疏，以求圣人之道，司马温公教我矣。万不可畏避谦让，须直下承当，况有晋、唐、宋诸贤之书，固已入门升堂，吾读其书，岂可书自书，我自我乎？

注疏，陶、陆、韩、胡、司马、朱，细读诸家书，此是求圣

---

① 辛酉：咸丰十一年（1861）。

② 王白田：王懋竑（mào hóng），字予中，号白田，学者称白田先生，江苏宝应人，著有《朱子年谱》等。

③ 方灵皋：方苞，字灵皋，号望溪，安徽桐城人。清散文家，桐城派创始人。

④ 四六：也称四六文。文体名，骈文的一种。全篇多以四字、六字相间为句，世称骈四俪六。此体形成于南朝，盛行于唐宋，多迁就句式。堆砌辞藻典故，影响内容，故好的作品不多。

⑤ 制诰：文体名，是皇帝所下文告及命令的统称。制、诰原都是"诏令"的一体，后又把"制诰"作为"诏令"的代称。

⑥ 伦纪：指维系人伦关系的秩序和法律。

⑦ 干济：犹言成就，也谓办事干练而有成效。

人之路。今所知者此也，尚有未知者。

读书三十年乃知读书之法。汉学、宋学，门户之见，消融净尽，惟寻求其切要以窥见古贤之学，庶几不虚此一生耳。今年读书颇有所得，恨亡儿①已死，不得举以教之；使其尚在，闻其说，不知欢喜敬信又何如也。呜呼！辛酉十二月，十四夜书。亡儿死至今日二十七月矣。

二七　尚友者，博陵李文博②也，张伟③也。

尚友④古人，则吾岂敢，当云尚师⑤而已。人不可无师，岂可任已意以为学问哉？“学之为言效也。”必当寻师，寻师则必求之古人，郑君也，陶令也，陆宣公也，韩文公也，胡安定也，司马公也，朱子也，顾亭林先生也。

再细读《张文献集》⑥，旁搜远绍。

二八　古之儒者，学成传之其人。我学不成，而又何传与人之有乎？

二九　名位不昌，又值衰世，家计不给，长子早夭，师友

---

① 亡儿：指陈澧长子陈宗谊，死于咸丰九年（1859），年仅21岁。

② 李文博：字译，博陵（今河北蠡县）人，隋学者，性贞介耿直，好学不倦。著有《治道集》等。

③ 张伟：字仲业，太原中都（今山西晋中榆次区）人，北魏学者。学通诸经，讲授乡里，勤于教训。

④ 尚友：以古人为友。

⑤ 尚师：以古人为师。

⑥ 《张文献集》：张九龄，字子寿，谥文献。韶州曲江（今广东韶关）人，世称“张曲江”或“文献公”。唐政治家、诗人。著有《曲江集》，也称《张之文献集》。

零落，命蹇[1]如此！呜呼，奈之何哉！昔桂星垣谓我不牢骚为难能，我今景况较星垣在时更大不如矣，安能不牢骚？向何人牢骚耶？长叹而已！

三〇　得古人之学于群书。

三一　温公诗云："众人俱我笑，我亦笑其人。"

《传家集》[2]十二，第三叶，《消遥四章》，第三章结句。

三二　少时只知近人之学[3]，中年以后，知南宋朱子之学，北宋司马温公之学、胡安定之学，唐韩文公之学、陆宣公之学，晋陶渊明之学，汉郑康成之学。再努力读书，或可知七十子之徒之学欤？"千里虽遥，孰敢不至"，陶公教我矣。"寻坠绪之茫茫，独旁搜而远绍"，韩文公教我矣。

温公《和邵尧夫安乐窝中职事吟》云："我以著书为职业，为君偷暇上高楼。"

三三　余近年读书愈粗疏，愈善忘，每读书辄摘抄之。然所不抄者，皆一过而尽忘矣。所抄者，亦有忘其上下文者矣。

三四　于三代两汉之书，搜求古贤人之学而表明之，所谓"寻坠绪之茫茫，独旁搜而远绍"，宋儒所取精矣，然毋乃所见尚狭乎？且又轻视古人，自孟子外皆以为不知道者也。此则末学所不敢也。

---

① 命蹇（jiǎn）：命运不好，常指仕宦困顿。

② 见第210页注③。

③ 近人之学：指清代盛行的训诂考据之学。

评析

《学思自记》是为《学思录》准备的内容，是《东塾遗稿》中相对独立的一部分。它的要点，或值得引起重视的地方，在以下几方面：

第一，对历史上学术人物的爱憎：陈澧在《学思自记》中公开表示，他悦服郑玄、陶渊明、陆宣公、韩昌黎、孙宣公、黄东发、顾亭林、陆清献、江慎修；厌恶王肃、虞翻、王通、石介、陆子静、王守仁、毛甡、陈启源、惠栋、王念孙、张惠言、刘逢禄等。陈澧在其他地方也零零碎碎表示过类似意见，但在此处是集中表达，毫不含糊，可谓爱憎分明。

第二，《学思录》内容和宗旨的探索：关于《学思录》的宗旨目的、体例结构、内容范围等，陈澧经历了较长时间的上下求索和深化的过程。在札记中有许多零星片段的表述。而在《学思自记》中，"《学思录》大指"条目则完全不同了，它是陈澧现存读书札记中关于《学思录》内容和宗旨最为全面、详细的一次记载，带有明显的阶段性总结的性质。

尽管如此，"《学思录》大指"仍然只是对该书具体宗旨和内容的初步胪列，并未最后定型，而且并未涉及《学思录》一书的体例、结构、形式等关键性问题。可以说，直到著《学思日记》为止，陈澧本人对于《学思录》一书，尚未完全思考成熟，该书的内容、宗旨、体例结构等，并未成型，仍处在不断地探索、修改和游移之中。直至《学思录》改为《东塾读书记》之后，二十五卷的目录出现，才最终定型。

东塾读书论学札记

一 《史记·老子列传》云："庄子，其学无所不窥。"我亦颇似之。庄周者，工于文章者也，然而愚矣。欲使人堕聪明，去礼教，而复于上古，试思能乎？不能乎？不知其不能，愚矣；知其不能而姑以此作为文章，又妄矣。独其文章可取耳。余以论庄子，盖圣人不易者也。[①]

三 《学记》曰："君子如欲化民成俗，其必由学乎！"[②]必由学，断无他术也。是故《学记》一篇，乃治国平天下之本也。不由学，必不能化民成俗。以前不甚可知，自孔子后，儒者必读书。直至宋儒道学，始有不必读书之学。唐时科举之学，读书浅杂。明时科举至今，更不必读书。大约孔子之学，至今欲绝未绝而维持之。代代更懒读书，故将绝。

五 余之学以考据[③]为主。论事必有考据，乃非妄谈；说理必有考据，乃非空谈。

六 我未见贵远而贱近者也，大都贵近而贱远耳。于近时之风气则趋而效之，于古人之学术则轻而蔑之，自宋以来皆如此。宋儒贵周、程而轻汉儒，近儒贵惠、戴而诋宋儒。吾安得贵远贱

---

① 余以论庄子，盖圣人不易者也：意思是圣人对任何人都施行一样的教化。陈澧谓我对任何人的评论都是实事求是，对庄子也不例外。圣人不易：语出《史记· 商君列传》，"圣人不易民而教"。

② 见第69页注⑥。

③ 考据：指研究文献或历史问题时，根据资料来考核、证实和说明。

近者而与之论学问哉！

八　黎二樵[①]诗集自序云："彼风气者，方置吾于其枢，吾不能挠其柄也。"凡学问文章，风气移人，能自立者甚少。二樵颇能自为者，故其言如此。彼但趋风气者，不能为此言也。

九　吾党切不可轻易立说，立说而误，又烦后人驳正，此书籍所以日多也。书多亦何妨，但本无事而自扰之，诚可不必耳。

一〇　今人只讲训诂考据而不求其义理，遂至于终年读许多书而做人办事全无长进，此真与不读书等耳。此风气急宜挽回也。

一三　教小儿，亦当使之常有喜悦意，不然，彼必不好学矣。喜悦在乎读书熟，读书熟在乎功课少而严，不容懒惰。早放学，使得嬉戏。《论语》第一章，即说一个"说"字，一个"乐"字，一个"不愠"，可见为学是一片欢喜境界。

一五　明中叶以前，尊朱子而莫敢异辞，朱子虽有误说，不敢说亦不能说也。杨升庵、王阳明出而诋之，[②]后之学者熟闻之，乃以朱子为真可诋毁者。乾隆中复有戴东原，此后竟有与朱子为仇如汪容甫[③]者矣。汪容甫因恶朱子而并抑《大学》[④]。

---

① 黎二樵：黎简，字简民，号二樵，广东顺德人，清画家、诗人，著有《五百四峰草堂诗钞》等。

② 杨升庵：杨慎，字用修，号升庵，四川新都（今成都）人，明文学家，著有《升庵集》。王阳明：王守仁，字伯安，尝筑室故乡阳明洞中，世称阳明先生，浙江余姚人，明代著名的哲学家、教育家。著有《王文成公全书》，陆王心学的集大成者。

③ 汪容甫：汪中，字容甫，江苏江都（今扬州）人，清哲学家、文学家、史学家。著有《广陵通典》等。

④ 《大学》：儒家经典之一，原是《礼记》的一篇，宋代从《礼记》中把它抽出，以与《论语》《孟子》《中庸》相配合。至朱熹撰《四书章句集注》，为"四书"之一，成为南宋以后理学家讲伦理、政治、哲学的基本纲领。

一六　本朝诸儒倡明汉学者，自惠定宇[1]始，然其所得者，汉学之最不好处。

一七　近儒专讲训诂，试问朝廷若使通经之士为官，能以训诂治百姓乎？

一九　方东树[2]著《汉学商兑》，也难怪，只他无学，又挟嫌，故偏宕如是耳。“浅儒袭汉学，心力每浮躁”[3]，今汉学已衰，《学思录》慎毋轻贬之。

二〇　陆清献之学最正最切实，加以江慎修、顾亭林之学以博之，则成朱子之学矣。此二君子皆朱子之学也。[4]

二一　俗儒妄议宋贤，试思二程、张、朱[5]求圣人之学，凡天地人物之理、圣贤之书、二氏之说[6]，皆尽心力而探索之，讲求之，研之于心而践之于身，自朱子之后，有如此之人否？此等魄力之大，虽亭林先生亦未及也，而况后来小儒哉！

二三　汉儒之书有微言大义，而世人不知也。唐疏亦颇有

---

① 见第200页注⑦。

② 方东树：字植之，安徽桐城人，清文学家、学者。著有《汉学商兑》，以反汉学著称。

③ “浅儒袭汉学，心力每浮躁”：出自阮元《题凌次仲教授廷堪〈校礼图〉次石君师诗韵》。

④ 陆清献：陆陇其。江慎修：江永，字慎修。顾亭林：顾炎武。朱子之学：指朱熹的学问风格。

⑤ 二程、张、朱：二程指程颐、程颢。张指张载，字子厚，凤翔郿县（今陕西眉县）人，北宋哲学家，著有《正蒙》等。朱指朱子。

⑥ 二氏之说：指佛、道两家。

之，世人更不知也。真所谓“微言绝、大义乖”[①]矣。宋儒所说皆近于微言大义，而又或无所考据，但自谓得不传之学，夫得不传，即无考据耳，无师承耳。本朝国初儒者救明儒之病，中叶以来拾汉儒之遗，于微言大义未有明之者也。故余作《学思录》，求微言大义于汉儒宋儒，必有考据，庶几可示后世耳。汉儒得传，宋儒得不传，皆未可尽信。

二六　必读经乃谓之经学。以疏解注，以注解经，既解而读之思之，此经学也。不以疏解注，是读疏非读注也。不以注解经，是读注非读经也。嗟乎，天下岂易有经学哉！此亦《学思录》大指。

二七　若真读注疏，自首至尾，于其疏误而驳正之，虽寥寥数语，亦足珍。一家数条，积之则多，以俟有孔、贾其人者出而集合之，有功于经者大矣。若不自首至尾读之，随意翻阅，随意驳难，虽其说胜于先儒，而失读书之法，此风气之坏，必须救之。

二八　有真汉学，有假汉学，亦犹有真道学、假道学[②]也。要识真汉学，须读郑君[③]书；要识假汉学，读近人书如惠氏[④]之类。

① “微言绝、大义乖”：语出《汉书·艺文志》，“昔仲尼没而微言绝，七十子丧而大义乖”。乖：指背离、违背。见第99页注①。

② 见第96页注⑤。

③ 郑君：指东汉郑玄。

④ 惠氏：指清代惠栋。

二九　惠定宇之讲明堂也，以宋人之说先天，我说后天，又以明堂助成之，可与宋人角立矣。不知宋之先天图，乃宋学之大病，而乃与之角胜，已愚矣。乃又傅会于明堂，而以为大道，且因此舍康成而尊蔡伯喈，可谓傎矣。[①]有学无识，故至于此。

三〇　惠、戴皆攻诋宋儒，戴显言之，惠不显言耳。惠氏甚深沉，戴氏锋芒盛耳。戴氏颇疏通，亦胜惠氏，总之，二人皆非光明磊落之君子也。本朝学术，坏于此二人。王西庄心术亦胜于钱竹汀。[②]

三三　今人多零碎经学而未尝看注疏一部者，此犹不知医者查《本草》[③]药性，查得几味便说几味，如是而曰知医，可乎？如是而曰知经，可乎？此等风气，盖由《九经古义》《经义述闻》而起。[④]

三五　天下之乱由于做官者不知读书，读书者不知做官。

---

① 惠定宇：指惠栋。惠栋撰有《明堂大道录》。明堂，是古代天子施行政教的地方，凡朝会、祭祀、庆赏、选士、教学等大典，都在其中举行。先天、后天：宋儒有所谓《先天图》《后天图》之说，陈澧对此不以认可。康成：指郑玄，字康成。蔡伯喈：蔡邕，字伯喈，陈留郡圉县（今河南杞县）人，东汉文学家。傎：同“颠”。

② 惠：指清代学者惠栋。戴：指清代学者戴震。王西庄：王鸣盛，字凤喈，一字礼堂，别字西庄，江苏嘉定（今上海）人，清代著名史学家、经学家，著有《十七史商榷》等。钱竹汀：指钱大昕。

③ 《本草》：指明代李时珍撰《本草纲目》。

④ 《九经古义》：清惠栋撰，解释《周易》《尚书》《毛诗》《周礼》《仪礼》《礼记》《左传》《公羊传》《谷梁传》《论语》十经，其中《左传补注》别本单行，故名“九经”。它以汉儒训诂为宗，搜采旧文，互相参证，以详博见长，但也有拘泥古义处。《经义述闻》：清王引之撰，于《周易》《尚书》《毛诗》《周礼》《左传》《国语》《尔雅》等加以考辨训释，审定句读、讹字、衍文脱简。因训释大都述其文王念孙之说，故名《经义述闻》。陈澧认为《九经古义》与《经义述闻》都有陷于烦琐考证而不识大义之弊。

读书做官本非两途，无如做官者专为苟且之政，而与事理相背；读书者专为无用之学而与官事不相通，此天下所以乱也。做官者与读书者当分任其咎。做官者不知读书，则无以仁义与王言者矣。[1]

四〇　本朝人之讲汉学，犹明人之讲宋学也。明人之言，其发明义理有过于宋儒者，近人发明训诂亦有过于汉儒者，然明儒不如宋儒，本朝诸儒亦不及汉儒也。明人有假道学，今人亦有假汉学。

四一　余非不能考据繁琐者也，《水道》《声律》《切韵》三书[2]可谓繁琐矣，特不欲效近人说经解字繁琐之习气耳。不同流俗。

四二　本朝诸儒考据训诂之学断不可轻议，若轻议之，恐后来从而废弃之，则成明儒之荒陋矣。今人考古者少，已大不如国初以来之渊博，断不可顺其风气而一空之也。但当取义理以补之耳。

《学思录》必须有一段说明此意。

四三　《隋书·经籍志》：《古今地谱》二卷。余欲为此书，今不暇矣。取历代史外国传而通考之，证以今地，可成一书，甚有用也。

---

① 无以仁义与王言者矣：语出《孟子·公孙丑下》，“齐人无以仁义与王言者”。意思是齐人皆谓王无知，不屑和他谈论仁义。

② 《水道》《声律》《切韵》三书：指《汉书地理志水道图说》《声律通考》《切韵考》三书。

四四　《宋书·范蔚宗[①]传》，《自序》云："至于《循吏》以下及《六夷》诸序论，笔势纵放，实天下之奇作。"又云："赞[②]自是吾文之杰思，殆无一字空设，奇变不穷。"余作《学思录》亦如此。

四五　《宋书·范蔚宗传》："吾杂传论，皆有精意深旨，既有裁味，故约其词句。"余著书颇用此法。

四八　《魏书·胡叟传》："既善典雅之词，又工鄙俗之句。"袁简斋[③]是也。

四九　《魏书·王由传》："好学有文才，性方厚，有名士之风。"名士必方厚。未有圆薄[④]而为名士者也。

五一　《后汉书·臧洪传》："父旻，有干事才。"章怀[⑤]注曰："旻达于从政，为汉良吏。太尉袁逢问其西域诸国土地风俗人物种数，旻具答言西域本三十六国，后分为五十五，稍散至百余国。大小，道里近远，人数多少，风俗燥湿，山川草木鸟兽异物名种不与中国同者，口陈其状，手画地形。逢奇其才，叹息言："虽班固作《西域传》，何以加此乎？"今亦当讲求徼外[⑥]

① 范蔚宗：范晔，字蔚宗，南朝宋顺阳（今河南淅川县）人，撰有《后汉书》。他对此书深为自负，对于所作序、论及赞，称之为"天下之奇作""吾文之杰思"。

② 赞：文体名，用于赞颂人物等，多为韵语。

③ 袁简斋：袁枚，字子才，号简斋、随园老人，浙江钱塘（今杭州）人，清诗人，著有《小仓山房集》。

④ 圆薄：圆滑刻薄。

⑤ 章怀：指章怀太子李贤，字明允。唐高宗第六子，武则天生，谥章怀。曾集学者数人共注范晔《后汉书》，征引广博，训释简当。

⑥ 徼（jiào）外：塞外的意思，泛指外国。

地理。

五二　本朝诸儒倡明汉学者，自惠定宇始，然其所得者，汉学之最不好处。

五三　《学记》："此大学之道也。"正义[①]曰："是大学贤圣之道理，非小学技艺耳。"近百年来之学，皆小学技艺耳。

五四　近儒专讲训诂，试问朝廷若使通经之士为官，能以训诂治百姓乎？

五七　治《诗》当如戴东原、阮文达，勿似陈启源[②]之《稽古篇》也。

五八　张皋文[③]之学以《仪礼图》为最，其次则《易义别录》也。《虞氏易义》吾所不取。其骈文、古文、时文，则皆善于临摹而已。

《仪礼图》亦杨氏之屋下屋[④]耳，杨信斋已有《仪礼图》[⑤]矣。

五九　为王氏《述闻》之学者，必当读注疏，一句不漏，一

---

① 正义：古籍注释名称，为正前人之义疏，始于唐。唐太宗诏孔颖达等整理前代经说，编定统一之经书注释，成《五经正义》。

② 陈启源：字长发，号见桃居士，苏州吴江（今属江苏）人，明末清初学者。生平喜读书，精研经学，于《诗》用力尤多，撰有《毛诗稽古编》等。陈澧不喜陈启源之《毛诗稽古编》，主要是认为他陷于烦琐。

③ 张皋文：张惠言，字皋文，江苏武进（今常州）人，嘉庆进士，清经学家、文学家。专治《周易》《仪礼》，《礼》主郑玄，《易》主虞翻。著有《茗柯文编》等。

④ 屋下屋：屋下作屋，比喻机构或文章结构重叠。同"屋下架屋"。

⑤ 杨信斋已有《仪礼图》：杨复，字茂才，号信斋，福州人，南宋经学家，著有《仪礼图》等。

篇不紊，以注疏解经，使文从字顺。其有不顺，乃考群经训诂以易之。又必先博稽训诂以待援引。若于《十三经注疏》[①]随手翻阅，偶有不安，即为一说以易之，则非王氏之学者。

六一　魏有王肃[②]，蜀有李譔[③]，吴有虞翻[④]，皆与郑为难，盖一大儒出则争名者各出而欲夺之矣。譔五经皆有著述，其学当不下于王肃，惜其不传也。

六二　郑君之学维持魏晋南北朝之世道，至中唐以后，其道衰微寖绝，直至国朝复知尊信，然而其道未明也，以其名尊之而已。朱子之学维持世道，自宋元至于今日，而衰微寖绝，何时复兴，则吾不得而知之矣。然恐兴之亦徒尊其名，未必明其道也。

六三　郑学有王肃与为敌，不能夺也，宋时道学诸儒出而郑学绝。朱学有陆子静、王守仁[⑤]与为敌，不能夺也，本朝汉学诸儒出而朱学绝。

六五　吾之恶王肃，恶其人也，非恶其难郑[⑥]也。吾之恶王

---

① 《十三经注疏》：十三家儒家经典的注疏。包括：《周易》《尚书》《毛诗》《周礼》《仪礼》《礼记》《春秋左传》《春秋公羊传》《春秋谷梁传》《论语》《孝经》《尔雅》《孟子》。现流行为清武英殿本、阮元校刻本。

② 王肃：字子雍，东海郡郯县（今山东省临沂市郯城）人，三国魏经学家。曾遍注群经，不分今文、古文，对各家经义加以综合，世称“王学”。著有《孔子家语》等。

③ 李譔：字钦仲，梓潼涪（今四川绵阳）人，三国蜀汉学者，所著不传。

④ 虞翻：字仲翔，会稽余姚（今属浙江）人，三国吴经学家，所撰《易注》已佚。三人经学上与郑玄多异趣。

⑤ 陆子静：陆九渊，字子静，抚州金溪（今属江西）人，南宋哲学家，陆王心学的代表人物。因讲学于象山书院，被称为“象山先生”，学者常称其为“陆象山”。陆九渊为宋明两代“心学”的开山之祖，与朱熹齐名，而见解多不合。王守仁：王阳明。

⑥ 难郑：与郑玄为难。

肃难郑，恶其作伪也。若平心论辨，如郑之驳许氏《异义》[1]，吾岂恶之哉！江艮庭曰："其人，小人也。"此定论矣。

六六　王肃难郑多矣，岂无郑失而王得者？然王之居心为可恶也。郑之于毛则曰笺，于二郑[2]则曰赞而辨之。即使郑有失，王但当为之笺为之赞辨，乃缘隙[3]奋笔，遂欲夺席，此其居心可恶为如何乎！然终以此见恶于后世。甚矣，心术之不可掩也。朱子曰："郑康成毕竟是好人。"吾则曰："王肃毕竟是不好人。"

六七　颜延年《陶征士诔》[4]云："和而能峻，博而不繁。"以此八字书绅铭座[5]，奉以为师。和而能峻。品行已有，耻博而不繁。学，博学于文。远师彭泽，近法亭林。贱子[6]和多于峻，不繁而未博，愧甚，愧甚。陶公品学如此，吾师乎，吾师乎！勉力学"峻"字。

---

① 郑之驳许氏《异义》：汉代经学有今古文之争。东汉学者许慎撰《五经异义》，分别叙述今文经学与古文经学的不同。郑玄撰《驳五经异义》，融合今文、古文，加以辩驳。两书均已失传。

② 二郑：指郑兴、郑众。郑兴，字少赣，河南开封人，东汉经学家，初治《公羊传》，兼治《左传》及《周礼》。郑众，字仲师，东汉经学家，传其父郑兴《左传》之学，兼通《易》《诗》。郑兴注《周礼》，多引父子二人之说。

③ 缘隙：指乘隙、乘机。

④ 颜延年《陶征士诔》：颜延之，字延年，琅邪临沂（今山东临沂）人。南朝宋文学家。好读书，文章之美，冠绝当时，与谢灵运并称"颜谢"。陶征士：指陶渊明。古人称学行并高而不出仕的隐士为征士。诔：悼念死者的文章。

⑤ 书绅铭座：书绅，意为写在绅带上。后也称牢记他人的话为书绅。铭座，刻写在座位旁边的格言。书绅铭座可通俗理解为座右铭。

⑥ 贱子：谦称自己。

七〇　明人谓陈白沙[①]为活孟子，妄言耳，不足与论也。

七三　东坡云：置之座隅，如见贽陆宣公面。反读熟读，如与贽言。凡读书皆当如此，必当如此。

七四　陆宣公《均节赋税恤百姓第六条》："法贵必行，不在深刻。"使禁烟[②]时知此，则禁绝而无后患矣。

七六　昌黎为文章，自唐虞以来编简[③]，靡不通达。后之学韩文者，不知通几篇几简而谬云学韩文也。凡学韩文者宜知此。

七七　昌黎《与凤翔邢尚书书》云："愈也布衣"云云，"以文名于四方，前古之兴亡，未尝不经于心也；当世之得失，未尝不留于意也。" 学韩文者当如此。学者皆当如此，不独学古文也。

八一　昌黎《答殷侍御书》："近世《公羊》[④]学几绝，非先生好之乐之，味于众人所不味[⑤]，务张而明之，其孰能勤勤拳拳若此之至。"余于《谷梁》[⑥]亦欲如此，后来遂辍业，心常不能忘。近年则亦有味于众人之所不味，张而明之者，《朱子语

---

① 陈白沙：陈献章，见第130页注①。陈澧认为陈白沙一味静坐，不主著书，故不甚敬之。

② 禁烟：指清道光年间林则徐等奉旨在广东查禁鸦片烟。

③ 唐虞以来编简：唐虞，是唐尧与虞舜的并称，意为远古以来。编简：书籍，多指史册。

④ 《公羊》：《公羊传》，也称《春秋公羊传》或《公羊春秋》，儒家经典之一，专门阐释《春秋》，旧题战国时公羊高撰。它是今文经学的重要经籍，着重阐释《春秋》"大义"，史事记载较简略，历代今文经学家时常用它作为议论政治的工具。

⑤ 味：动词。品味，用心观察，思考。

⑥ 见第52页注④。

类》[①]也，陶诗也。味于众人之所不味，余颇有此意。

八二　《易》："风雷，《益》。君子以见善则迁，有过则改。"自问生平少改过工夫。有益之事，无过于此。见善即迁，则德益增；有过则改，则行益纯。我只积得一"廉"字。

八四　《史通·采撰》："务多为美，聚博为功，虽取说于小人，终见嗤于君子矣。"余著书患采撰未博，读此释然[②]矣。

八七　杜《序》云：谓左丘明作传，"将令学者原始要终[③]，寻其枝叶，究其所穷"。近儒摘句解经，成为风气，其原始要终，寻其枝叶，究其所长者，鲜矣。

八八　学者之病在懒而躁，不肯读一部书。此病能使天下大乱。此条入《学思录》。

八九　余不讲理学，但欲读经而求其义理。不讲文章[④]，但欲读经而咀其英华。不讲经济[⑤]，但欲读经而知其法戒耳。

九〇　吾欲学者皆专习一经注疏而渐求其义理，因汉儒经注而求汉儒实行[⑥]。若此学能成，则非小补矣。学海堂课经解[⑦]，引之于经学耳，若但以此为事，则杂然解释群经，固不成经学，而尤不能入于义理矣。

---

① 见第124页注①。

② 释然：指疑虑、嫌隙等消失后心中平静、愉快的样子。

③ 原始要终：指探求事物发展的起源和结果。

④ 文章：文辞或独立成篇的文字。

⑤ 经济：指经世济民。

⑥ 实行：指实际行动，引申义即为人处事。

⑦ 课经解：把对儒家经书的解释作为考课题目。

九一　专习一经以治身心，吾之学如此而已。《学思录》宗旨归宿处。

九三　世之不学者，或以务科第，或以乏书籍，而又欲入于作者之林，则诋考据而言程、朱。

如段茂堂、程易畴、阮文达则可以诋汉学矣。[①]诋宋学者能为许、郑之学，诋汉学者不能为程、朱之学也。[②]

九五　士子懒读书，足以乱天下。懒读书而求科第，遂竞为倩代录旧[③]。以余所知而言之，自嘉庆己卯科至今五十年，倩代录旧而中者不可胜数，其人遂为达官，安得天下不乱乎？

九七　凡风气必有所因而转之，若今忽然举程、朱道学以教人，则必无应之者。且讲道学而不读经，则亦非程、朱之学也。专经而明理敦行[④]，此真汉以来学术之中道[⑤]，人可共由之者矣。

一〇一　天下乱由于学术衰，学术衰由于懒读书，懒读书，乱天下矣。《学思录》切要语。

一〇三　吾著《学思录》之宗旨，惟在分四科，每科又分之，不使为专门之学者谓人人皆当如我。

---

① 段茂堂：指段玉裁。程易畴：指程易田。阮文达：指阮元。陈澧认为三人深于汉学，知汉学流弊，有批评资格。

② 许、郑：指东汉学者许慎和郑玄。宋学重在发挥义理，而发挥义理的基础建筑在训诂考据之上。如诋毁汉学（即训诂考据），则程朱之学（即发挥义理的宋学）乃成无源之水，无本之木，何能凭空发挥义理？

③ 倩（qiàn）代录旧：倩代，请人代替。录旧，抄录旧文。指在科举考试中请人代考以及抄袭旧作等作弊行为。

④ 敦行：敦促，勉励，笃行，付诸行动。

⑤ 中道：中庸之道。不趋极端，即为中道 。

《学思》凡例。

一〇四　少时不读近代文集，今老矣，乃知其不可也。经书难读，近代贤人君子之所言易读易知，读之易得其益，不可不读也。

一〇六　合数百年来学术之弊细思之，若讲宋学而不讲汉学，则有如前明之空陋矣。若讲汉学而不讲宋学，则有如乾嘉以来之肤矣。况汉宋各有独到之处，欲偏废之而势有不能者，故余说郑学则发明汉学之善，说朱学则发明宋学之善，道并行而不相悖也。[①]

一〇七　谓经学无关于世道，则经学甚轻，谓有关于世道，则世道衰乱如此，讲经学者不得辞其责矣。盖百年以来讲经学者，训释甚精，考据甚博，而绝不发明义理，以警觉世人。其所训释考据，又皆世人所不能解，故经学之书汗牛充栋，而世人绝不闻经书义理，此世道所以衰乱也。

一一三　微言大义必从读书考古而得，《学思录》说微言大义，恐启后来不读书不考据之弊，不可不慎。必须句句说微言大义，句句说读书考据，勿使稍堕一偏也。微言大义从读书、考古而得，此二语庶乎[②]无弊矣。

一一四　圣贤之道，修己治人。然修己若何，治人若何，必求之古圣贤之书然后其事不谬，且彬彬乎有文焉，否则乡人而

① 郑学：东汉郑玄之学。朱学：南宋朱熹之学。

② 庶乎：几乎，差不多，将近。

已，俗吏而已，又或黄老商韩[1]而已，其又甚则夷狄而已。修己者，诚意、正心、修身也。治人者，齐家、治国、平天下也。求圣贤之书，格物致知[2]也，其事不谬而彬彬有文，至善也。

一一六　著书必须无一毫私伪留于心目之间。

一一七　心要常虚明而不可热，热则昏矣。非特名利之心不可热，著述之心亦不可热。常湛然朗然[3]超乎万物之上，而后可以读书，可以著书。

一一八　国朝儒者于汉学、宋学、礼乐、书数、天文、地理无不贯综者，江慎修一人也，余所仰慕在此。今年已五十，不能及江慎修，亦不能及戴东原，但似程易田耳。吾友侯君模自言所学似洪、孙[4]。

一一九　本朝经学实出唐人之上，唐之孔、贾义疏[5]，全赖有南北朝旧疏。本朝诸儒后于唐儒千余年，而其说经解字乃时时胜于唐儒，且有胜于汉儒者，真经学之极盛也。阮文达公之刻《皇清经解》，本欲集诸家之说为一书，若此书成，直可继贾、孔义疏之后也。

---

① 黄老商韩：黄老，即黄老学派。战国、汉初道家学派。以传说中的黄帝同老子相配，共同尊为道家的创始人，故名。商韩，指商鞅和韩非，即法家学派。

② 格物致知：语出《礼记·大学》，“致知在格物，物格而后知至”。大意是接触事物（“格物”）是获得知识（“致知”）的方法。

③ 湛然朗然：湛然，有清澈、安然、淡泊、清醒之意。朗然，有光明、磊落、疏朗之意。

④ 洪、孙：洪指洪亮吉，字君直，一字稚存，号北江。江苏阳湖（今属常州）人，清经学家、文学家。通经史、韵语训诂及地理之学，著有《洪北江全集》等。孙指孙星衍。

⑤ 见第83页注③。

一二〇　汉唐宋学，自来无兼之者，余之《学思录》自成一家，不可不勉成之也。谢朝华于已披，启夕秀于未振，[1]其可传者在此。

一二三　士之作时文者，视经书为时文题目也。作经解[2]者，视经书为经解题目也。此皆归震川所谓“不知圣人之书为何物”者也。

一二六　自非圣人，孰能无过，前人疏失，望之后人。然后人读前人之书，必先求其是而后订其非。今则甫[3]唐简编，先寻瑕隙，即使果中其病，而前人所说者千万，后人所订者一二，所得孰多？沾沾自喜，尤伤忠厚。其谬一也。本朝巨儒，顾、阎为之弁冕[4]，二君皆尊朱子。其诋朱子，毛大可[5]为首，戴东原继之，颓风所扇，陋儒小生未识朱子为何如人，不见朱子之书为何如语，而信口轻蔑。其谬二也。《十三经注疏》颁在学官[6]，明儒束阁不观，固可哂矣，今则家标汉学之名，人竞经师之号，不

---

① 谢朝华于已披，启夕秀于未振：语出陆机《文赋》。朝花已披，指别人已经写过的；夕秀未振，指别人没有写过的。强调文艺创作应抛开前人的陈辞，不重复，要锐意创新，不落前人窠臼。

② 见第52页注①。

③ 甫：刚刚、开始等。

④ 顾、阎为之弁（biàn）冕：顾指顾炎武。阎指阎若璩，字百诗，号潜丘。山西太原人，迁居江苏淮安，清经学家，长于考证，撰《古文尚书疏证》，确证东晋梅赜所献《古文尚书》为伪。弁冕：弁、冕皆古代男子冠名，吉礼之服用冕，通常礼服用弁，因以“弁冕”指礼帽，引申为魁首、领袖。

⑤ 见第107页注⑥。

⑥ 学官：学校的房舍，泛指学校。

知一生曾读注疏几部，大抵随手检阅，聊为掇拾[1]之资。不识源流，不知首尾。其谬三也。

一二七　《学思录》由汉唐注疏以明义理而有益有用繁酿之文无益无用者置之。由宋儒义理归于读书而有本有原师心之说[2]无本原者弃之。此《学思录》大指也。

一二八　寻得汉儒真好处，则汉儒之学即圣贤之学矣。寻得宋儒真好处，则宋儒之道即圣贤之道矣。明儒之学宋儒，多学得宋儒不好处。本朝儒者学汉儒，又多学识汉儒不好处也。汉儒好处如何？曰纯。宋儒好处如何？曰切[3]。

一二九　道学不可空讲，经学不可泛讲。且讲人品必须讲明狂、狷、乡原、流俗四等，必须置身狂狷中，不可一步堕入乡原、流俗。区区[4]读书数十年，只读得此数句。此条抄入《学思录·孟子》卷内。

一三一　吾师陈厚甫先生曰："今天下之弊，曰利，曰吏，曰例而已。"[5]此三语亦可当一篇大文字。

一三三　史迁[6]《报任少卿书》云："亦欲以究天人之际，通古今之变，成一家之言，草创未就。"

---

① 掇（duō）拾：采摘、拾取、搜集之意。

② 师心之说：主张各言其志，各自抒发其性情。引申为自以为是，不肯接受别人的正确意见。

③ 切，指恳切，率直。

④ 区区：旧时谦辞，指"我"。

⑤ 利：指利益。吏：指官吏。例：指制度，陈规陋习。

⑥ 史迁：指司马迁《史记》。

《学思录》亦欲如此。《学思录》以甲部为主，亦欲如此耳。《学思录》窃取此意。平生之志与业皆在其中。

一三四　《亭林文集》三《病起与蓟门当事书》："天生豪杰，必有所任，如人主于其臣，授之官而与以职。今日者拯斯人于涂炭，为万世开太平，此吾辈之任也。仁以为己任，死而后已，故一病垂危，神思不乱。使遂溘然长逝，而于此任已不可谓无尺寸之功，今既得生，是天以为稍能任事而不遽放归者也，又敢怠于其职乎？"此一段不记何年所抄，辛未[①]年五月余大病不死，亦如是耳。读之令人神至。

一三七　有学问者不可工书画，工书画能掩其学问。

一三九　由考据而致用，亭林之学也。由考据而明理，余之学也。讲义理必由考据，否则臆说耳，空谈耳。

一四〇　近人诋考据之学，试思本朝之学所以能与汉、唐、宋各极其盛者，非考据乎？若无考据之学，则远出汉、唐、宋之下矣。

一四三　我之学在分四科，而以经学为本。读经即是心性之学，先从耐烦始。耐烦者，勤也。今之人只是一懒字。一懒字足以祸天下，坏圣学。懒而求荣，此今之大病，若何而医治之。必使懒者辱，勤者荣，则可以医之矣。顽不知道，窳不供事，皆懒也。魏默深所谓二病，即顽与窳也。

一四四　士为读书者所笑，曰沉溺于科举中也。读书者又为

① 辛未：同治十年（1871）。

道学者所笑，曰沉溺于书卷中也。道学者又为禅学者所笑，曰沉溺于道学中也。安知不有笑禅学者，以为沉溺于禅学中也哉！

超然特立，我读我书，我修我行而已矣。

一四五　假道学，小人也；真道学，君子也。假经学，小人也；真经学，犹未知其必为君子也[①]。真经学必兼真道学，乃可贵也。真道学虽假经学，亦可贵矣。

一四七　郑小谷《记家学小引》：“读书未求精先求博，为人未求狂先求狷，立言未求华先求实。”

一四八　余近年读汉儒书必求义理，读宋儒书必加考据，如是，则其善者真可依据矣。其否者亦洞见底蕴[②]矣。

一四九　《学思录》庶几成一家之言。

一五〇　亭林《与人书》：“君诗之病在于有杜，君文之病在于有韩、欧。[③]有此蹊径[④]于胸中，便终身不脱‘依傍’二字，断不能登峰造极。”韩、欧蹊径且不可有，而况桐城[⑤]蹊径乎！此等语乃古文真诀，欲写出为一篇以告后之为古文者。

一五一　东坡《荀卿论》：“荀卿者，喜为异论而不让，敢为异论而不顾者也。”意其为人必也刚愎不逊而自许太过。老，

---

① 真经学，犹未知其必为君子也：道学讲究修身，经学只是重学问，故陈澧认为学问好未必品行好。

② 洞见底蕴：透彻地观察到事物的详细内情。

③ 杜：指唐代诗人杜甫。韩、欧：唐代的文学家韩愈和宋代的文学家欧阳修的并称。

④ 蹊径：人行的小路，比喻方法、门路。

⑤ 桐城：指桐城派，清散文流派，代表人物有方苞、刘大魁、姚鼐等，因均为安徽桐城人，故称。

务为深远。庄，恣为荒唐。荀，好为不逊。杨，故为艰深。[1]

一五三　《北周书·薛憕传》："终日读书，手自抄略，将二百卷。"此三句正与余同。

余之日录当名为抄略[2]。

一五四　《孟子》曰："观水有术，必观其澜。"观书有术，必提其要。读经史必须摘录，用《黄氏日抄》[3]之法。此所谓提要钩玄。

一五五　《黄氏日抄》："余苦多忘，凡读书必略记所见。"余亦如此。

一五八　"民吾同胞，物吾与也"[4]，不如杜诗"安得广厦千万间"。杜诗冲口而出，故不可及。杜诗是极穷困时而犹能出此言，故不可及。

一六〇　诗不可多，如陶诗[5]固佳，然更有如此诗数千首，则亦不觉其佳矣。

一六一　朱子《中庸》注云："根本盛大而出无穷。"此语最好。学问文章当如此，南山先生[6]尝举此语。今诸学侣多无根本，不但不盛大而已。

---

① 老：指春秋时思想家、道家的创始人老子。庄：指战国时哲学家庄子。荀：指战国时思想家荀子。杨：指战国初期哲学家杨朱。

② 日录当名为抄略：陈澧读书札记，有许多标有名称，如"日录""学思自记"等。

③ 见第200页注①。

④ "民吾同胞，物吾与也"：出自北宋张载《西铭》。意思是，人民都是我的兄弟姊妹，万物与我都是天地所生。指仁者爱人类，同时也爱自然万物。

⑤ 陶诗：指东晋诗人陶渊明之诗。

⑥ 南山先生：指广东诗人张维平，为陈澧亦师亦友的前辈。

一六五　汉以前书未阅者：《方言》、《东观汉记》、《吴越春秋》、《越绝书》、《孔丛子》（似已阅）、《潜夫论》（似已阅，下二种同）、《申鉴》、《申论》、《握奇经》（似已阅，下七种同）、《六韬》、《孙子》、《吴子》、《司马法》、《尉缭子》、《三略》、《素书》、《素问》（已阅一半）、《灵枢经》、《难经》、《金匮要略》、《伤寒论》、《周髀算经》、《九章算学》、《孙子算经》、《宅经》、《灵棋经》、《易林》、《京氏易传》（似已阅）、《鬻子》（似已阅，以下五种同）、《子华子》、《严文子》、《慎子》、《鹖冠子》、《风俗通义》、《穆天子传》、《神异经》、《海内十洲记》、《汉武故事》、《汉武洞冥记》、《列仙传》、《周易参同契》（似已阅）。

以上四十五种，查未阅者当遍阅之。似已阅者廿种，阅半者一种。余廿四者，除医书四种、算书四种、术数二种、小说七种、神仙一种，共十八种可不阅，必阅者六种。

点读过者：注疏十三部、汉儒说经诸书、《周易集解》、《论语皇疏》、《说文》、《国语》、《国策》、《史记》至《辽史》《金史》、《通鉴》、《通典》、周秦诸子书、司马温公书、二程遗书、朱子诸书、《陆象山集》、《亭林集》、《日知录》、《陆清献集》、《抱朴子·外篇》、《文选》、《骈体文钞》、李杜集，韩、柳、欧、曾、王、苏集、《山谷集》。

一六六　余欲著《三礼表》。此书若三十岁时为之，至今可成。今五十始衰，断不能成，望后来有志者成之耳。盖读《三礼》者，苦其浩如烟海，幸有江氏纲目[①]，整顿礼文，若名物制度之等差，作表以明之，可与纲目并行也。纲目《仪礼》为主，表则《周礼》为主，存此说于《学思录》中。

一六七　《资治通鉴》胡注[②]说地理者不可不读。《稽古录》[③]不可不读，然谁堪读之？本朝人只爱博，如此好书无人识矣，此士大夫之学[④]遂废也。

一六八　昔所抄《水经注》名曰《水经提纲》，或避讳曰《郦注提纲》。然何必避，以此字非余所题也。删去记事及写景语，乃易刻。

一七〇　《大清名臣言行录》。欲著此书，每人第一行书姓与谥，无谥者书其最大之官衔。其下小注名某，字某，某处人，家世、科甲[⑤]、官职、著述及子孙有名者，一一详细书之，而不书事迹。然后提行条录其言与事。每条小注所采之书，如两书并有者，以详者为主，略者为小注。奏疏及所著之书及文集，皆言也，皆采录之。政事皆行也，皆采录之。后人评论亦择而录之

---

① 江氏纲目：指江永撰《礼书纲目》，该书搜集散见经传杂书中的古代礼乐制度，以补正朱熹《仪礼经传通解》。

② 《资治通鉴》胡注：胡三省，宋元之际台州宁海（今属浙江）人。著有《资治通鉴音注》。

③ 《稽古录》：书名，司马光撰，二十卷。自伏羲起，初但述梗概，至周共和元年（前841）始为编年，止于周威烈王二十三年（前403）。

④ 士大夫之学：与专精一门的老博士之学不同，士大夫之学为通才，对各学科略观大意，有综合运用能力。

⑤ 科甲：科举别称。因汉唐时举士考试分甲、乙等科，后世因称科举为科甲。

于后。

又欲著《大清官仪》一书。已告李恢垣[①]。

一七三　《孟子》："有恒产者有恒心。"告齐宣王、滕文公同此数语。《老子》言："安其居，乐其俗，老死不相往来。"即有恒心之谓也，惟欲复结绳[②]为太过耳。今日民心浮动，当思所以安静之，渐复其恒心，乃能不放僻邪侈[③]也。

一八五　学思宋学。变化气质甚难，吾读书三十年，才变得少许，未能变者多矣，每思之，甚愧也。然此事实最要，自己气质尚不能变化，而欲变化天下风俗乎！

一八六　北宋诸贤可以为法者，如胡翼之、范文正、司马文正，[④]岂必周、程哉！讲宋学而但知周、二程、张，隘矣。北宋时朝野风气皆后世所不及，士大夫有学问，有文章，有气节，自魏晋以来未有也。南宋讲道学而不及北宋远矣。

一八七　余为《学思录》，凡无当大义者皆删，固不敢与古人比其渊博，亦无取乎渊博也。且博学非引书多之谓也。

一八八　后世若宋学复兴，无论象山之学误人也，周子之《太极》《通书》，大程子之《定性书》、张子之《西铭》，亦

---

① 李恢垣：李光廷，字著道，一字恢垣。广东番禺人，咸丰进士，曾任学海堂学长，陈澧好友。

② 结绳：指结绳记事。意思是老子主张倒退复古。

③ 放僻邪侈：指肆意作恶。

④ 范文正：范仲淹，字希文，苏州吴县（今属江苏）人，北宋政治家、文学家，谥文正。司马文正：指司马光。

必误人，[①]此朱子所谓“说得太高，两脚都不到地”者也。《学思录》必论之，虽得罪于周、程、张，而不悔也。若宋学复兴，但当为朱子之学而已。北宋诸儒可以为法者不少。

一八九　大约学问高下，全在心粗心细之不同，其博极群书亦为欲考证精细而已。若博而不细，则无益也。程伊川[②]云：“我辈不及圣贤，只在心粗。”此语精确之至。

一九三　小学之功所以大者，为天下教初学童子，凡人无不自童子来者也。

二〇五　今断无提倡陆学[③]之理，恐其将萌，则举其病而先绝之，然后取其善以示持平可矣。今急宜有人提倡亭林之学。行己有耻，博学于文。[④]

二〇八　《庄子》曰：“世俗之人，皆喜人之同乎己而恶人之异于己也。”《在宥》讲学家皆如此，虽朱子不免。

二〇九　今之诗人最不真，故不能动人。

二一〇　老氏之学，流为韩非，又流为鬼谷，真罪之魁也。[⑤]

---

① 象山之学：指陆九渊的学说，陆九渊讲学于象山书院，被称为“象山先生”。周子之《太极》：指周敦颐的《太极图说》。大程子：指北宋程颢。张子：指北宋理学创始人张载。

② 程伊川：指程颐。

③ 见第145页注⑨。

④ 见第111页注①。

⑤ 老氏之学：老子的学说。韩非：出身韩国贵族，战国末哲学家，法家主要代表人物，著有《韩非子》。鬼谷：鬼谷子，相传战国时楚人，姓名传说不一。隐于鬼谷，因以自号，长于养性持身和纵横捭阖之术。所著《鬼谷子》，实系后人伪托。

二一二　《商子·去强》："国为善，奸必多。[①]"前古所无之邪说。

二一六　昔我谓特夫精学，不信者云：未必真精。我举特夫为学长[②]，有问我曰："特夫是你学生乎？"我答曰："是我先生。"其人笑问："何也？"我答："我所不知者，特夫教之，非先生而何？"

二一七　林月亭[③]学问、品行皆好，惟不虚心。恨不得与南山论此。南山虚心，胜月亭远矣。

二一八　昔时余过苏州访陈石甫[④]奂，问江南人讲经学者，石甫曰"无"。当时以为石甫太过，今知不然。如有问岭南讲经学者，何以答之？

二二〇　尝见吴氏《筠清馆帖》[⑤]有唐人写经，成亲王[⑥]跋云："今人见惯宋元明诸家书，故不能出其范围。试观此唐人书，欲求一字似宋元明人而不可得。何以故？心所本无故。"此论最精，文章之道亦然，绝不看近代之文，则作文自然高古。世之学为文者，乃专以近人之文为极则，宜其囿于浅近也。

---

① 国为善，奸必多：国家施行善政，奸诈的坏人就一定会多起来。

② 举特夫为学长：特夫指邹伯奇，广东南海人，近代科学家。此指陈澧荐举邹伯奇为学海堂学长。邹伯奇功名仅秀才，不符合学海堂学长对科举出身的要求。

③ 林月亭：指林伯桐。

④ 陈石甫：陈奂，字倬云，号硕甫。江苏长洲（今苏州）人，清经学家，著有《诗毛氏传疏》等。石甫为硕甫之误。

⑤ 吴氏《筠清馆帖》：吴荣光，字殿垣，一字伯荣，号荷屋。广东南海人，嘉庆进士，官至湖广总督。精鉴金石，工书，著有《筠清馆帖》等。

⑥ 成亲王：爱新觉罗·永瑆，乾隆帝十一子，封成亲王，乃嘉庆皇帝的哥哥，清书法家。

二二四　陈丽秋此去大可忧。近年之人好西夷之说，大可怪也，大可忧也，此乃变于夷者[①]也。中国之技艺失传，则置之，闻外国之技艺，则学之。

二二五　《听松庐诗略》[②]刻成，客问曰："是以比《渔洋精华录》[③]者也，《渔洋精华录》数百首，何此《诗略》之少乎？"余曰："谓之精华而得多乎？若余选《渔洋录》，删之者多矣。何以言之？夫诗题目同者，诗之高下易见也，渔洋、南山皆有匡庐诗，余选南山八首，读之如置身匡庐而见云水之状也。《渔洋精华录》说匡庐之景，仿佛焉[④]而已，使吾选之，但存一二记游历耳。吾正病《渔洋精华录》之多也。"

二二七　翁覃溪[⑤]不为经学，而论经学乃多中肯语，为经学者反不如此也。此何故哉？当局者迷，旁观者清也。

二二九　真书[⑥]有篆隶笔气则高古，篆隶有真书笔气则庸近。犹时文有古文气则佳，古文有时文气则不佳也。此隶书所以难写也。

---

① 变于夷者：语出《孟子·滕文公上》，"吾闻用夏变夷者，未闻变于夷者。"用夏变夷：以诸夏文化影响中原地区以外的僻远部族。变于夷者：被夷人同化。

② 《听松庐诗略》：咸丰九年（1859），张维屏逝世后，陈澧反复阅读张诗数次，抄录其中精华诗作200余首，辑刻为《听松庐诗略》。

③ 《渔洋精华录》：《渔洋山人精华录》，别集名，十卷，清王士禛作。士禛，字子真，号渔洋山人，山东新城（今桓台县）人，清诗人，所作多为日常琐事及个人情怀，生前负有盛名。

④ 仿佛焉：似乎，好像。

⑤ 翁覃溪：翁方纲，字正三，号覃溪，晚号苏斋，顺天大兴（今北京）人。乾隆进士，历官至内阁学士，清书法家、金石学家。精于鉴赏，尤长考证，著有《复初斋文集》等。

⑥ 见第91页注③。

二三〇　隶书所以难好者，以向来习熟真书，虽作隶书终不脱真书蹊径也。篆书去真书虽远，然犹未免沾染，况隶书乎？此造微[①]之论，今夜忽悟得之。癸酉重九夜四鼓书。

二三三　郑公语：闲居以安性，覃恩以终业。[②]诸葛公语：澹泊以明志，宁静以致远。我此时正当如此。

二三四　二王书法[③]所以为美者，其时隶书转为楷书，皆成崛强，右军始变而圆美也。唐有韩文公，本朝阮文达，皆讥右军书，所见超绝，然于右军书之所以为美，恐未得之也。

二三五　余读书有得有失，每逢精理名言，抄撮而抽绎[④]之，惬于心者非同口耳之学，此其所得也。其余则皆略之，与未读同，此其所失也。

二三六　昌黎古文，于寻常句法参差之，颠倒之，盖已无所不有矣。后之为古文者，如复参差之，颠倒之，无论优孟衣冠[⑤]不足贵，且皆昌黎所有之句法，不足为奇也。纵令能于昌黎所有者避之，亦不必然矣。故今作古文，不宜复作参差颠倒之句，文章在乎理足韵高，岂在句法乎？

二三七　地动之说[⑥]，可疑者：投物于空中及鸟飞，皆复其

---

① 造微：达到精妙的程度。

② 语出郑玄《戒子益恩书》。郑公：指东汉学者郑玄。

③ 二王书法：王羲之和王献之父子，并称为“二王”，均是东晋书法家，后人尊为书圣。

④ 抽绎：理其端绪，阐述，寻求事理。

⑤ 优孟衣冠：比喻假扮古人或模仿他人，也指登场演戏。优孟，春秋时期楚国艺人，擅长滑稽讽谏。

⑥ 地动之说：指地球围绕太阳转动。

故处，且火燄炎上，何以不曲也？是可疑也。

二四九　《北史·公孙质传》附《公孙表传》后云："太武征凉州，留穆寿辅景穆。时蠕蠕[①]乘虚犯塞，京师震恐。寿雅信任质，为谋主。质性好卜筮，卜筮者咸云必不来，故不设备。由质，几败国。"

今复见此事[②]，读此为之愤恨。

二五三　《魏书·裴粲传》："左右言贼至，粲云：'岂有此理！'左右又言，'已入州门'。粲乃徐云：'耿王贼耿翔可引上厅事，自余部众，且付城外。'"前时抄此条，非有所指，乃近日叶相之于夷寇，正复相类，为之慨然。戊午[③]正月六日书。

二五四　《曝书亭集·书先太傅奏疏尺牍卷后》[④]："利玛窦[⑤]宜勒其归国。"此真卓识，惜不得其奏稿读之。

二五五　古者帝王弼成王服[⑥]，天下有道，守在四夷[⑦]，其外，存而不论可也。今则不然，自明以来，西海诸国咸来通市。

---

① 蠕（rú）蠕：柔然，4世纪末至6世纪中叶，活动于我国大漠南北。

② 今复见此事：指第二次鸦片战争期间，两广总督叶名琛面对侵略者，笃信卜筮，不积极设防，招致失败。

③ 戊午：咸丰八年（1858）。

④ 《曝书亭集·书先太傅奏疏尺牍卷后》：别集名，清朱彝尊作。

⑤ 利玛窦：号西泰，又号清泰、西江。意大利天主教耶稣会传教士、学者。明万历年间，来中国传教。

⑥ 古者帝王弼成王服：意为帝王在大臣辅佐下成就开疆扩土伟业。《晋书·裴秀传》卷三十五："诏曰：夫三司之任，以翼宣皇极，弼成王事者也。"弼，辅佐。服：古时行政区划、地域名称，王畿（国王直辖领域）外围，以五百里为一区划，由近及远分为甸服、侯服、绥服（一曰宾服）、要服、荒服，合称五服。

⑦ 四夷：古代对中国边区文化水平较低各族之泛称，即东夷、南蛮、北狄和西戎的合称。

今则攻陷省会，直窥京师，盖有数十年久处中国，谙悉地形，且印度之地为彼所得，已与中国邻近者。复造轮船，来往自如，万里之遥，计日可至，而中国之人懵然不知，犹以为极西荒远之国也，岂不愚哉！古人云：知彼知己，百战百胜。故昔之考地理者，考九州之内；今之考地理者，更当考九州之外。时殊世异而犹□□，所谓愚儒无知者矣。禁中国之人不好夷货，不能使彼不好中国之货，则彼之通市不绝；绝之则彼必内犯，沿海之地不得安矣。惟有使中国之商贩中国之货出海互市，而不许外国市舶至中国耳。

二五七　《读书记》古人创始之功，后人日用而不知，如许氏之《说文》、孙炎之反语①是也。《说文》不作，则但有《急就》②之属，无部居之分别，则无《玉篇》③以下诸书，而识字难矣。反语不作，有“读若”之音，无双声叠韵之区域，则无《切韵》以下诸书，而知音难矣。④自魏晋至今，人能识字，皆许氏之教；人能知音，皆孙氏之教也。作者之谓圣⑤，许氏作《说文》，虽谓之文字之圣可也。孙氏作反语，虽谓之音韵之圣可

---

① 孙炎之反语：孙炎，字叔然，青州乐安（今山东博兴县）人。三国魏经学家、训诂学家。反语：指反切，相当于今汉语拼音。

② 《急就》：《急就篇》，西汉史游著。古代教学童的识字课本和常识课本。

③ 《玉篇》：又名《原本玉篇》，南朝梁顾野王撰。中国古代一部按汉字形体分部编排的字书。

④ “读若”：古代注音、释义用语，又作“读如”“读若某同”“读与某同”，拟其音注音。双声叠韵：双声就是两字声母相同，叠韵就是两字韵母相同。《切韵》：是现今可考的最早的韵书，隋代陆法言著，已佚。

⑤ 作者之谓圣：语出《礼记·乐记》。作：制作，谓制礼作乐。圣：聪明睿智，或圣明。

也。近儒皆尊许氏矣，孙氏之功，澧窃欲表章之。

二五八　《东塾记》有《说文》而今人识三代以上之字，有《音学五书》[①]而今人识三代以上之音。夫居今日而著书使人恍若于二千余年之上，岂非亘古奇作乎！后来江、段诸家[②]因而加密，然皆谓之顾氏之学可矣。

二六〇　陶诗《饮酒》："摆落悠悠谈，请从余所之。"今我读书、著书亦是如此，不须随风尚，竞时名也。陶公本言不出仕，非言读书著述，然余别有会心。

二六一　陶公清、真、刚、勇、坚。

二六七　《亭林文集》："百人之中尚有一二读书，而又皆躁竞之徒，欲速成以名于世。语之以五经则不愿学，语之以白沙、阳明[③]之语录则欣然矣，以其袭而取之易也。《与友人论门人书》"余尝谓汉学已衰，异时必讲宋儒之学，然必不讲程、朱，讲陆、王而已。故必宜及此防其萌蘖[④]也。今之讲汉学者亦多归躁竞，语之以孔、贾义疏[⑤]，则不愿读，语之以王氏《述闻》[⑥]，则欣然矣。以其袭而取之易也。

---

① 《音学五书》：清顾炎武著。研究汉语上古音的著作，包括《音论》《诗本音》《易音》《唐韵正》《古音表》五种。

② 江、段诸家：江指江永，段指段玉裁，均为清学者，二人研究上古音，都是在顾炎武的基础上加以发展。

③ 白沙、阳明：白沙，指陈献章。阳明，指王守仁。

④ 萌蘖（niè）：萌芽，喻指事物的开端。

⑤ 见第83页注③。

⑥ 王氏《述闻》：王引之，字伯申，号曼卿，江苏高邮人，清学者，著有《经义述闻》等。

评析

《东塾读书论学札记》，是中山大学黄国声教授从《东塾遗稿》中精心选录出来的陈澧平日读书论学的精华荟萃。与此前陈受颐和杨寿昌整理的《东塾遗稿》相比，《东塾读书论学札记》不但规模大、数量多，而且比较集中、系统，即聚焦于“读书论学”，紧扣主题，特色鲜明。除此之外，《东塾读书论学札记》还有以下几个明显特点。

第一，内容广泛：涉及经史子集，三教九流、诸子百家，凡音韵、地理、诗词、书法、科举、教育、政事、民俗、宗教等，无所不包。既论述古今学术的变迁得失、各色人物的议论评价、读书治学的心得体会，也含有往事的回忆、时事杂谈、师友交谊等。牵涉既广，难免庞杂，但基本上不离“读书论学”这条主线和根本宗旨。下面略为概括。

学术方面。他讥刺庄子又“愚”又“妄”。在点评诸子各家学说时，认为：老子“务为深远”、庄子“恣为荒唐”、荀子“好为不逊”、杨朱“故为艰深”。这些都是极富个人色彩的大胆评判。

陈澧对正统理学代表人物深致不满，直接斥责周敦颐、程颐、程颢、张载、陆象山等人“误人”，认为自己在《学思录》中必须加以论述，“虽得罪于周、程、张，而不悔也”。他也很不满意明代广东大儒陈献章，明确指出：“明人谓陈白沙为活孟子，妄言耳，不足与论也。”显然，这些都与主流学术界意见格格不入，彰显出陈澧独立思考、特立独行的鲜明个性。

教育方面。陈澧主张儿童教育要“功课少”“早放学”，重视“嬉戏”，强调“为学是一片欢喜境界”。这与当时私塾教育中流行的死记硬背、强行灌输、严厉惩罚等教学方式与手段完全不同，形成鲜明对比，而比较符合近现代科学教育学所提倡和关注的提高学习者的兴趣，注意营造一个生动活泼、欢乐轻松的学习氛围等教育思想和教育理念。这些表明他并不是一个刻板守旧、顽固迂腐的老学究式人物，而是一个颇为开明开朗、可亲可敬的好老师。

读书方面。陈澧在札记中保留了一份“汉以前书未阅者”和“点读过者”的详细书单，十分珍贵。这份书单正好印证了陈澧为了撰写《学思录》，做了一次前所未有的、大规模的资料搜集和积累准备工作。这份书单可视为陈澧庞大读书计划的一次阶段性总结和回顾，从中可以窥探陈澧读书的大致范围及涉猎程度。毋庸置疑，为了准备编撰《学思录》，陈澧首先进行了广泛、深入的阅读，读书数量之多、范围之广、态度之认真、阅读之仔细，就他本人而言是前所未有的，在同时代人中也不多见。

第二，畅所欲言：陈澧生平著述极为矜持谨慎，以中正平和为主，对不满者仅委婉其辞，留有余地，不肯为直率之攻击，以免引起无谓的争端。但因为札记小册子属于非正式发表的私记，与正式刊刻问世的著述有别，就不必有所顾忌而过于拘谨了，所以他论事论人，往往直言不避，甚至措辞激烈。

众所周知，在议论、臧否具体的人物时，年代久远的可少顾忌，自当别论；而时间较近的同时代人物，尤其声名卓著者，必须格外谨慎，格外小心。在这方面，陈澧表现如何呢？下面略举数例，以见一斑。

例如，曾钊、林伯桐长期担任学海堂学长，是陈澧尊敬的师长。但在札记中，陈澧批评曾钊“好古之病，一至于此”，批评林伯桐“学问、品行皆好，惟不虚心”。

又如惠栋，陈澧承认他是本朝汉学的提倡者，但认为，“然其所得者，汉学之最不好处”，是“假汉学”“有学无识”。并直言不讳断定惠栋、戴震“二人皆非光明磊落之君子也。本朝学术，坏于此二人。”又批评张惠言“其骈文、古文、时文，则皆善于临摹而已。”又讽刺清散文家、“桐城派”创始人方苞“真不识古文也”……陈澧这些议论和评判正确、恰当与否，自当别论，但他在札记中直抒胸臆，大胆畅所欲言，故更能淋漓尽致地表现其深层次思想和流露其真实诚挚的情感，因而令人尤觉可贵。

当然，陈澧的某些言论，也有可以商榷、辩驳之处。例如，他对近代西方学说传入中国持批评态度，读到前人所谓“利玛窦宜勒其归国”的言论，对之他赞叹说“此真卓识”。更明确表态说：“近年之人好西夷之说，大可怪也，大可忧也，此乃变于夷者也。”此外他还反对正常的国际贸易往来，主张“惟有使中国之商贩中国之货出海互市，而不许外国市舶至中国耳”等，这就明显表现出他的狭隘、保守、偏执，反映了他思想上、认识上落后、局限的一面。

第三，有所重复：《东塾读书论学札记》出自《东塾遗稿》，虽聚焦于“读书论学”，特色鲜明，但在选录时，某些条目不免与《默记》《学思自记》等记载有些许重复，这是需要了解的。

《水经注西南诸水考》选读

题解

《水经注西南诸水考》

陈澧精通地理之学，他花费十余年时间精心撰著的《汉书地理志水道图说》是其成名代表作，得到学术界高度评价。

研究考证中国古代地理，学者们历来公认《水经注》是一部必不可缺的经典、权威著作。陈澧在撰著《汉书地理志水道图说》的过程中，尤其依靠《水经注》一书，一日不可或缺。但在阅读、参考过程中，他发现该书存在不少错误，特别是在西南诸水方面，讹舛更多。于是重新考订、纠正西南诸水错误的想法，便油然而生。《水经注西南诸水考》是陈澧在撰著《汉书地理志水道图说》的过程中，连带所及，触类旁通，是意外的学术著述收获，可谓副产品。

《水经注西南诸水考》三卷，主要考证青衣水、温水、浪水、若水、淹水、沫水、叶榆水、存水等诸篇注文之谬，又连带及于江水篇之注。该书格式，顶格为《水经》经文，低一格为郦道元《水经注》即郦注，再低一格为陈澧考证之文。凡郦注之谬，“条而辨之，既正以今日水道，复就郦《注》[1]为图，俾览者晓然，于其差谬而弗相沿焉。”（陈澧著、黄国声主编《陈澧集》伍《水经注西南诸水考序》，载《水经注西南诸水考》卷首，上海：上海古籍出版社，2008，第450页。）这是清儒考证著作的经典范式，可供借鉴。

《水经注西南诸水考》共三卷，此次仅选读序言和卷二部分。序言概括了陈澧著述《水经注西南诸水考》的由来及主旨。卷二则因其篇幅较小，分量少，便于阅读，借此可深入了解陈澧考证地理时其具体的撰著方法和思路，读者可作为学习参考。

① 郦《注》：郦道元《水经注》。

序

自《禹贡》[1]而后，诸书言水道者，惟《汉书·地理志》，核之今日水道，无少差谬。其次则《水经》[2]，其言泿水过番禺，东至龙川，则已误矣。郦道元身处北朝，其注《水经》，北方诸水大致精确，至西南诸水，则几乎无一不误。

国初黄子鸿[3]为《水经注图》，今不可见，不知其于郦氏之误注将正之欤，若之何而为图也？阮太傅《浙江图考》[4]绘郦《注》之图而指其误，斯可为善。读郦《注》者，盖郦君之书讲水道者，固宜奉为鸿宝，然于郦君之误说，墨守而沿袭之，以误后人，不可也。余固爱读郦氏书，其北方水道，间有小差谬者不暇论。因读《汉志》豚水、郁水，知郦氏《温水》《泿水》二篇注之谬，因连而及之，知《若水》《淹水》《沫水》《青衣水》《叶榆水》《存水》诸篇之注之谬，又连及《江水》篇，自发源至若、淹二水入江以上之注之谬，条而辨之，既正以今日水道，复就郦《注》为图，俾览者晓然，于其差谬而弗相沿焉。其余未

① 《禹贡》：《尚书》中的一篇，作者不详，成书约在战国时期。用自然分区方法，把全国分为九州，记述当时我国的地理情况，包括各地山川、地形、土壤、物产等。是我国科学价值很高的最早一部地理著作。

② 《水经》：我国第一部记述河道水系的专著，相传为汉代桑钦撰。自唐以后，此书遂专附郦道元《水经注》流传。

③ 黄子鸿：黄仪，字子鸿，江苏常熟人，清代地理学家，精舆地之学。曾作《水经注图》，阎若璩叹为“郦道元千古以下第一知己也”。

④ 《浙江图考》：清阮元撰，对“古三江之说”及浙江的水道变迁、名称变化做了详细考证，并精心绘制十幅示意图。

暇悉辨，此非敢攻讦[1]古人也，不敢回护古人以贻误后人也。为书三卷，序而藏之。道光二十七年二月陈澧序。

评析

此篇序文主要说明撰著《水经注西南诸水考》的缘由。其中最主要的原因：“郦道元身处北朝，其注《水经》，北方诸水大致精确，至西南诸水，则几乎无一不误。”于此可见《水经注》错误的严重程度。

由于此书专为纠正郦道元《水经注》错误而发，因此陈澧一再声明：“盖郦君之书，讲水道者固宜奉为鸿宝，然于郦君之误说，墨守而沿袭之，以误后人，不可也。”这说明陈澧仍然本着实事求是的精神和谦逊低调的态度，这是陈澧一贯的思想作风。

存水

［经］[2]**存水出犍为郁鄢县。**

存水，今贵州独山州龙江也。《地理志》牂柯郡毋敛县：“刚水东至潭中入潭。”即此水。盖独山州北境为郁鄢县地，西境为毋敛县地，《志》与《经》各举一县耳。

［注］[3]**存水自县东南流，径牧靡县北，又东径且兰县北，**

① 攻讦（jié）：揭发他人的过失或隐私而加以攻击。

② ［经］：此指《水经》原文。

③ ［注］：此指《水经》注文，即郦道元《水经注》。

而东南出也。

牧靡，见《若水》注，为今云南寻甸州地，此注言存水自郁鄢县东南流，径牧靡县，则以为郁鄢在寻甸州之西北矣。《温水》注云：豚水径且兰县。所谓豚水，为今云南九龙河；所谓且兰县，为今云南平彝县，此水经平彝县北，为今北盘江矣。

［经］东南至郁林定周县为周水。

《地理志》郁林郡定周县："（周）水首受毋敛，东入潭。"即此水。今龙江下流入广西思恩县，盖汉定周县地，龙江自此以下为周水矣。

［注］存水又东径牂柯郡之毋敛县北，而东南与毋敛水合。

毋敛水即《经》之存水，今龙江也。北盘江与南盘江合，如郦言[1]，则北盘江东径独山州与龙江合。

［注］水首受牂柯水，东径毋敛县为毋敛水，又东注于存水。

郦所谓牂柯水者，今广西红水河，此水首受红水河，注于龙江。今河池州有红盆水，出那地州，其源去红水河不远，盖郦以此为首受牂柯水，然红盆水源不与红水河通也。

［经］又东北至潭中县，注于潭。

龙江至柳城县注于柳江。

① 郦言：郦道元所说，与郦《注》皆指郦道元《水经注》注文。

温水

［经］温水出牂柯夜郎县。

温水，今广西西林县同舍河也。《地理志》牂柯郡镡封县有温水，镡封县即西林县也。夜郎县为泗城府治凌云县，西与西林县接界，同舍河流二县之间，《经》与《志》各举一县耳。

［注］县故夜郎侯国也，温水自县西北流。

郦所谓温水，乃今南盘江，故下云西会大泽也。其所云夜郎县亦误，辨见下。南盘江出云南霑益州，南流，非西北流也。

［注］径谈藁县与迷水合，水西出益州郡之铜濑县谈虏山，东径谈藁县，右注温水。

《地理志》益州郡铜濑县："谈虏山，迷水所出，东至谈藁入温。"迷水，今云南宝宁县西洋江，东至西林县南境与同舍河合。宝宁县，汉铜濑县；西林县南境，汉谈藁县地也。郦所谓迷水，则南盘［江］所受之水。盖曲靖府治南宁县北之磨刀溪也，出马龙州北境；郦所谓铜濑县，盖马龙州；所谓谈藁县，盖南宁县也。

［注］温水又西径昆泽县南，又径味县，又西南径滇池，池在县西北，又西会大泽。

南盘江南流，径陆凉州东，屈西流，径州南，郦所谓昆泽县，即陆凉州也。又径宜良县东，盖所谓味县也。又西南径澂江府治河阳县东，即所谓滇池县，今滇池，正在河阳县西北也。

《地理志》益州郡滇池县："大泽在西。"大泽，即今抚仙湖也。南盘江南流，而湖水自西来会之。

［注］与叶榆仆水合。

《经》无仆水。《地理志》益州郡叶榆县："叶榆泽在东。"叶榆县，今大理府治太和县，泽则西洱海也。又越巂郡青蛉县："仆水出徼外，东南至来唯入劳。"仆水，今澜沧江也。郦此《注》言温水与仆水合，《叶榆水》注亦云与仆水同注滇池泽。所云仆水，非澜沧江，澜沧江不得与南盘江同注抚仙湖也。

［注］温水又东南径牂柯之毋单县，桥水注之，水上承俞元之南池，县治龙池洲，周四十七里，一名河水，与邪龙分浦，后立河阳郡，治河阳县，县在河源洲上，又有云平县并在洲中。桥水东流至毋单县，注于温。

《地理志》益州郡胜休县："河水东至毋棳入桥。"又俞元县："池在南，桥水所出，东至毋单入温。"河水，今贵州马别河也。桥水，今南盘江也。俞元，今陆凉州也。池者，中延泽也。入温，当作入河，谓胜休河水也。今贵州兴义县，广西西林县接界地也。郦以桥水与河水合而为一，所谓桥水，则今小曲江也。南盘江既会抚仙湖，南流径宁州东南，小曲江注之。郦所云毋单，则宁州也；所云俞元，则河西县；所云南池，则通海湖也。小曲江不与通海湖通。《水道提纲》云："湖水泛溢，由瓜水会小曲江。"《地理志》益州郡叶榆县："贪水首受青蛉，南至邪龙入仆。"贪水，今漾备江，至云州入澜沧江，则邪龙者，云州也。郦所云南池，既为通海湖，而云与邪龙分浦，则邪龙在通海县，西为嵜嶍县、新平县地矣。

［注］温水又东南径兴古郡之毋棳县东，与南桥水合，水出县之桥山，东流，梁水注之。梁水上承河水于俞元县，而东南径兴古之胜休县，梁水又东径毋棳县，左注桥水，桥水又东注于温。

《地理志》益州郡毋棳县："桥水首受桥山。"今广西红水河也。红水河北受北盘江，其水出云南霑益州之花山，则桥山也。北盘江至广西泗城府治凌云县北境入红水河，则汉毋棳县地也。胜休河水为今贵州马别河，会南盘江，亦至凌云县北境，与北盘江会。故《志》言河水至毋棳入桥矣。如郦《注》言温水东南径毋棳县东，今南盘江既会小曲江，东南径阿迷州，东北则毋棳为阿迷州，其南桥水则州西南泸江河也。其云出县之桥山，盖傅会《地理志》语耳。其言梁水上承河水于俞元县，左注桥水，今无上承小曲江而左注泸江河之水也，云左注，则梁水在桥水之南，云梁水径胜休县，则胜休在泸江河之南，为纳楼恭甸土司地矣。

［注］温水又东南。

南盘江既会泸江河，屈东北流，非东南流也，此盖以为南盘江通盘龙江矣。盘龙江源出州东南境。

［注］温水又东南径律高县南，温水又东南径梁水郡南，温水上合梁水，故自下通得梁水之称，又东南径镡封县北。

如所言，则律高县在今蒙自县北界，梁水郡为今开化府治也。又《地理志》牂柯郡："温水出镡封县"，为今广西西林县。郦《注》至此乃言温水径镡封，其误甚矣。如所言，镡封当在云南开化府治文山县东南境。

［注］又径来唯县东，而仆水右出焉。

《地理志》益州郡来唯县："劳水出徼外，东至麋泠入南海。"越巂郡青蛉县："仆水出徼外，东南至来唯入劳。"劳水，今越南国富良江。仆水，今澜沧江，自云南流入南掌国。来唯当在云南西南边境，郦所言镡封，既在云南开化境，温水东南流，则来唯县在越南东北境也。其云"仆水右出"，即《叶榆水》注所谓东南绝温水也。然《叶榆水》注云与仆水同注滇池泽，即此篇温水所会之大泽为今抚仙湖，三水自此合流，东南至越南国已数百里，即有一水右出，何由知为仆水乎？且又不见仆水所入，殆有阙文欤？

［经］又东至郁林广郁县，为郁水。

《地理志》："温水东至广郁入郁。"又郁林郡广郁："郁水首受夜郎豚水。"是豚水、温水皆至广郁，《志》以豚水为郁水正源，而温水入之。此《经》无豚水，而以温水为郁水正源，似异而实同也。温水为今同舍河，至西林县东南会西洋江，过百色厅有泗城府水自西北来注之，即《地理志》豚水也。广郁县则百色厅也，自厅以东之西洋江则为郁水矣，今则以云南宝宁县水为西洋江正源，古今水道，宾主互易，往往如此。

［注］温水又东。

越南国东北与广西太平府接境，此水自越南东北而东流，则今丽江也。

［注］径增食县，有文象水注之，其水导源牂柯句町县。

《地理志》牂柯郡句町县："文象水东至增食入郁。"今广西泓㳘江也，源出天保县，为汉句町县地，东至隆安县西北入西洋江，为汉增食县地也。如郦《注》所云，则文象水乃丽江所纳之水，句町、增食皆在丽江所过太平府境矣。

［注］文象水、蒙水与卢唯水、来细水、伐水并自县东，历广郁至增食县，注于郁水也。

蒙水未详。《地理志》句町县："又有卢唯水、来细水、伐水。"今不知为何水，然既承文象水，入郁水之下则亦西洋江所纳之水，如郦《注》所云，则为丽江所纳之水，其云历广郁，则广郁亦在太平府境也。云注于郁水，与上文歧异，或"郁"字为"温"字之误欤？

［经］又东至领方县东，与斤南水合。

即卷四十斤江水也。

［注］县有朱涯水，出临尘县，东北流，驩水注之，水源上承牂柯水，东径增食县而下注朱涯水。朱涯水又东北径临尘县。

《地理志》郁林郡临尘县："朱涯水入领方。"今丽江南源龙江也。又增食县："驩水首受牂柯东界，入朱涯。"今丽江北源归顺州水也。郦《注》虽本《地理志》，然所谓郁水，乃今红水河，则此亦为红水河所纳之水。今红水河经思恩府治北，有芦江东北流注之，又有七首水，东南入芦江，郦所谓朱涯水，似即芦江；所谓驩水，似即七首水也。赵子韶[1]曰："上言文象等历广郁，至增食县注于郁水，此亦言驩水东径增食县，下注朱涯水。上增食为太平府境，则此驩

① 见第112页注①。

水似不得为七首水。”

［注］县有斤员水、侵离水，并径临尘，东入领方县，流注郁水。

斤员水，今桥龙江，侵离水，今凭祥土州水。并详卷四十。郦所言二水则红水河所纳之水也。红水河径思恩府治北，东流，径迁江县有青水江合，上林县宾州诸水东北注之，盖即郦所谓斤员、侵离二水矣。赵子韶曰：“《水道图》以上下冻土州水为侵离水，盖自越南来，与《志》言七百里合。”

［经］东北入于郁。

此郁水而云入于郁者，当有脱误。《浪水》篇云：“至苍梧猛陵县为郁溪。”此“郁”下疑脱“溪”字也。观郦《注》云：“郁水即夜郎豚水。”则以此郁为郁水，盖其时已脱误矣。今郁江过浔州府治东，东北与柳江合。

［注］郁水，即夜郎豚水也。豚水东北流径谈藁县，东径牂柯郡且兰县，谓之牂柯水。楚将庄蹻泝沅伐夜郎，径牂柯系船，因名且兰为牂柯矣。元鼎五年，武帝伐南越，发夜郎精兵下牂柯江，同会番禺是也。

上云温水自夜郎县西北流径谈藁县。此云夜郎豚水东北流径谈藁县，是二水同出而分流。温水为南盘江，则此豚水为北盘江矣。然牂柯郡且兰县为沅水所出，为今贵州都匀府地，北盘江东北流径宣威州、威宁州，又东径水城厅，在都匀府西五百里，不得径且兰县，此已误矣。豚水下流为郁水，即今郁江，广西之左江也。如郦说，乃今红水河，则为广西右江原，其所以致误者，乃由误以楚将庄蹻泝沅伐夜郎，谓夜郎必近沅水之源，不知庄蹻所伐者，古夜郎国也；豚水所出者，汉夜郎县也。庄蹻泝沅至夜郎国北境，汉灭夜郎国，置郡县，其夜郎一县，岂必在庄蹻所至之地乎？既误以汉夜郎县为近沅水，于是以豚水、郁水移于今之北盘江、红水河矣。惟牂柯水为今红水河不误。“牂柯水”之名不见于《汉书·地理志》，郦《注》称武帝伐南越云云，见《西南夷传》。今红水河下流合柳江、郁江、桂江，入广东为西江，即此水也。

［注］牂柯水又东南径毋敛县西，毋敛水出焉。

《地理志》牂柯郡毋敛县：“刚水东至潭中入潭。”郁林郡定周县：“水首受毋敛，东入潭。”今贵州独山州水，下流为广西庆远府龙江也，龙江之源不出于红水河，郦以为毋敛水出于牂柯水也。

［注］又东，驩水出焉。

此以为今七首水出于红水河也。

［注］又径郁林广郁县为郁水。

《经》言：“温水至广郁为郁水。”而郦《注》言牂柯水径广郁为郁水，其异如此。《经》之广郁，今百色厅；《注》之广郁，为七首水之东境，为今思恩府治矣。

［注］又东北径领方县北。

《经》及《地理志》：领方县并为斤员水。（《经》作“斤南”）入郁水之地为今新宁州。郦所言斤员水为青水江，其水至迁江县入红水河，则领方县为迁江县，红水河径其北也。

［注］又东径布山县北。

《地理志》苍梧郡猛陵县：“龙山，合水所出，南至布山入海。”今廉江也，源出广西郁林州治，西南流，过博白县入广东，至廉州府治西南入海，则布山县为博白县西南境也。红水河径来宾县，其南直博白县，然中隔郁江，相距稍远矣。

［注］又径中留县南与温水合。

《地理志》益州郡毋棳县：桥水“东至中留入潭三”。今红水河东至武宣县西北与柳工合，则中留为今武宣也。郦所云郁水为红水河，温水为郁江，此云郁水径中留县南与温水合，则是红水河自来宾县东南流，不与柳江合，而南与郁江合矣。

［注］又东入阿林县，潭水注之。

《地理志》武陵郡镡成县：“玉山，潭水所出，东至阿林入郁。”今柳江也，源出贵州永从县东南，至广西浔州府治桂平县与郁江合也。《水经》无潭水，惟《存水》篇云：“至潭中县注于潭。”此谓柳城县西之柳江也。至象州以下之柳江，则以义江为其正源，谓之浪水，浪水即《地理志》之康谷水，《志》以康谷水入潭，潭水入郁，如《水经》，则潭水入浪水，浪水入郁，宾主互易，此《注》与《志》同，与《经》异也。

［注］水出武陵郡镡成县玉山，东流径郁林郡潭中县，周水自西南来注之。潭水又东南流与刚水合，水西出牂柯毋敛县，东至潭中县入潭。

牂柯郡毋敛县：“刚水东至潭中入潭。”又郁林郡定周县：“水首受毋敛，东入潭。”实一水也。此《注》潭水不误，惟误分周水与刚水为二耳。《存水》篇注云："周水与毋敛水合。"亦误分为二，然下流仍合。此《注》二水各入于潭而不合，亦自相歧异。

［注］潭水又径中留县东、阿林县西，右入郁水。

今柳江径桂平县东与郁江合，则郦所谓中留县者，今桂平县也，阿林县在其东，则今平南县也。自此以下，郦所云郁水乃与《地理志》合，《水经》则以为浪水也。

［注］《地理志》曰："桥水东至中留入潭。"又云："领方县而有桥水。"余诊其川流，更无殊津，正是桥、温乱流，故兼通称。作者咸言至中留入潭，潭水又得郁之兼称，而字当为温，非桥水也，盖书字误矣。

全氏祖望[①]曰：《汉志》桥水，益州郡有二，郁林郡有一，三桥水各为源流，善长[②]既以俞元之桥混入毋棳之桥，兹又以毋棳之桥混入领方之桥。赵氏一清[③]曰：《汉志》郁林郡领方县下云：又有娇水，是"又"字不是"而"字，亦是墧字从"土"不从"木"。师古[④]曰：墧音桥，善长即混而一之，而于下文又出墧水，则以萌渚墧为名，何也？然则南桥水之名直是谬词，岂所

① 全氏祖望：全祖望，字绍衣，号谢山，浙江鄞县（今宁波）人。乾隆进士，清代著名史学家、文学家。精深地理之学，曾七校《水经注》，另著有《汉书地理志稽疑》等。

② 善长：郦道元，字善长。

③ 赵氏一清：赵一清，字诚夫，号东潜，浙江仁和（今杭州）人。国子监生，清代学者，著有《水经注释》《水经注刊误》《直隶河渠志》等。

④ 师古：颜师古，名籀，字师古，以字行。京兆万年（今陕西西安）人，唐代著名经学家、训诂学家、历史学家，著有《汉书注》《匡谬正俗》等。

见有别本耶？澧按：今红水河乃汉末毋棳桥水，郦误以为郁水；今南盘江乃《汉志》俞元桥水，郦误以为温水；今郁江乃《汉志》郁水，郦误以为温水，于是毋棳桥水无可位置，而改为入温，则为今南盘江所纳小水，与《汉志》行三千余里不合矣，且如此，则桥水不得至中留，于是为桥、温乱流通称之说。又今红水河先与柳江合，然后与郁江合，郦误以郁水先与温水合，然后与潭水合，则桥、温虽通称，亦不得入潭。于是又为潭水，又得郁兼称之说，然此语意仍不明也。潭水纵可称郁，亦当言桥水入郁，何作者咸言桥水入潭乎？当云郁水得潭之兼称乃通耳。然郁水未合潭水，必不得称潭也。《汉志》领方墧水，郦所见本即或作桥，然此水乃今丽江南源，在广东钦州、广西上思州接界之地，郦所谓郁水既为今红水河，于是郁水所过领方县亦遂焉今红水河所过之地，其所谓朱涯水、斤南水、侵离水，至领方入郁者，既为今红水河南之水，更无一水可当领方桥水者，于是与毋棳桥水强合为一，而为更无殊津之说，又改《汉志》之文，作南有桥水矣。戴东原校官本[①]欲伸郦说，乃改易数字，而仍不能伸也。

［注］郁水右则留水注之，水南出布山县，下径中留入郁。

此盖今剑江也，源出北流县南，汉布山县地也，至藤县入郁江下流之浔江。藤县在平南县东，阿林县既为平南县地，则剑江

① 戴东原校官本：乾隆年间开四库馆，戴震任纂修官，从《永乐大典》所载《水经注》加以校辑，排缀成编，而郦书始有善本，这就是著名的《水经注》四库馆校本。官本指《永乐大典》所载《水经注》。

所入更在阿林之东，不得为中留县也。

［注］郁水东径阿林县，又东径猛陵县，浪水注之。

《经》浪水又东至猛陵，则柳江自雒容县以下，《地理志》及郦《注》以为潭水者，即《经》之浪水，乃郦于此言浪水注郁，则有洛清江不与柳江合，而东入浔江也。

［经］斤江水出交趾龙编县东，北至郁林领方县，东注入郁。

即《温水》篇之斤南水也，今曰丽江，源出越南国广源州，流入广西上下冻州，又东径龙州曰龙江，又东至新宁州注于郁江。《地理志》郁林郡临尘县有斤员水。又领方县“斤员水入郁”，即此水。但《志》不言出龙编，且有朱涯入之。《志》云朱涯水入领方，谓入领方斤员水也。而驩水入朱涯，则斤员水较短，当以今桥龙江为其源，故与此《经》异耳。

［经］侵黎。

盖今凭祥州水也，源出越南，入广西镇南关，东北流与龙江合。《地理志》郁林郡临尘“有侵离水，行七百里”，即此水。

评析

清代学者研究地理，大都局限于梁启超所称“历史的地理学”，（梁启超：《中国近三百年学术史》，天津：天津古籍出版社，2003，第352页。）偏于考据一途。凡属考证，就离不开引经据典，旁征博引，在文献材料上下功夫，而与实地考察无涉，这是通病。《水经注西南诸水考》也同样如此，陈澧考证地理，以《汉书地理志》为主，同时辅以若干清代治地理学者的专著，如全祖望、赵一清、戴震、赵齐婴等的著作。其中赵齐婴为与陈澧关系密切的早期弟子，陈澧在《水经注西南诸水考》中多处引用赵齐婴的研究成果，比较罕见，这不但说明赵齐婴确实学有成就，而且说明了陈澧有意奖掖、扶植门生弟子。

《水经注西南诸水考》序文作于道光二十七年（1847）二月，这表明此书已大致完成。但该书在陈澧生前并未付刊，直至光绪中才由广雅书局首次刻梓问世。今人陈桥驿曾经指出："《水经注西南诸水考》是考证《水经注》有关这个地区河川的最完整、最详细的著作。"（陈桥驿：《水经注记载的广西河流》，《广西民族学院学报》第20卷第1期，1998年1月。）这是公允之论，也足证陈澧在地理学方面作出的特殊贡献。

肇庆府修志章程

题解

清代是我国方志编纂的鼎盛时期，从中央到地方各级官吏，对此都高度重视，且乐此不疲，展示出极大的热情。尤其雍正年间，诏令全国五十年一修，从此“盛世修志”便成为传统，对后世有深远影响。官方修志，虽不免有附庸风雅、粉饰太平之嫌，但频开志局，广聘名儒参与其事，有保存一代文献之功，成就不可抹杀。由于陈澧为广东名儒，故地方大吏仰慕其声誉，多次延聘他领衔主修或参与编修，纂修方志成为陈澧学术生涯活动中的一项重要工作，他曾先后参与纂修《番禺县志》《广州府志》《香山县志》等。

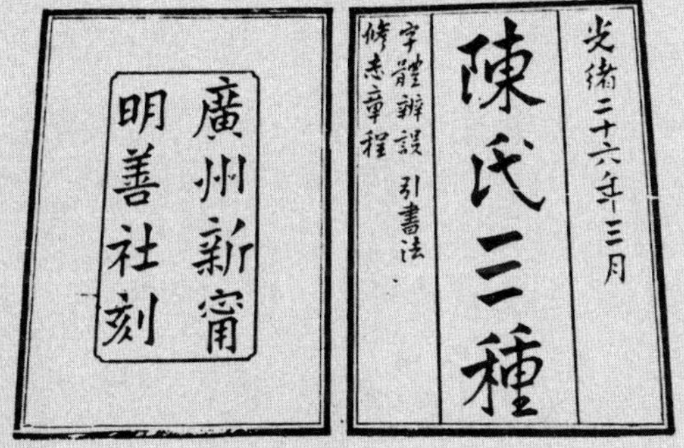

《陈氏三种》

《肇庆府修志章程》，写于同治七年（1868），是陈澧应肇庆知府五福之请所拟定的修志大纲。主要内容包括：修志程序、采访事宜、修志体例、绘制地图等，并且还对训典、前事、物产、金石等事项和内容，予以分析和讨论，初步作了一些具体规定。此文既体现了陈澧继承、吸收前人修志的优良传统，又展现了他不拘泥保守，善于变通、创新的灵活性。但《肇庆府志》出于各种原因迁延未果，终未能开局纂修，其事不了了之。

一、修志之事，拟分三节，一曰述旧，二曰增新，三曰删正。述旧者，钞录通志、旧府志、各县志，无稍遗漏，乃合纂以成一编，名曰底本，此述旧也。增新者，钞录案牍，钞录群书，钞录采访册，无稍删改，乃分类增入底本内，于是名之曰长编。仿司马温公[①]修《通鉴》，先为长编也。然后加以删正。凡虚妄者，削去之；冗蔓者，剪截之；鄙俚者，修饰之；讹误者，订正之；或长编排纂错乱者，移易之。则成新志矣。

二、编底本之事。众人分阅诸志书，某人阅通志，某人阅旧府志，某人阅各县志。书多者数人阅一种书，少者一人阅数种。俱用红笔，每一段勾勒起止，以付钞写者，每段钞为一叶。钞写之纸，先刻一格板以红色印之，有直行无横格，其每叶板心鱼尾之下，嘱钞写者写据某志书某卷钞录字样。每钞志书一种毕，钉为几本，交回原阅之人，用红笔于每叶上方标写此叶应入之门目。用木戳[②]印之，尤齐整。各志书俱钞毕，标门目毕，一齐拆开，依门目分开编排次第，有一段而重见者，不必抽去，以俟删订。如此则成底本矣。

旧府志、各县志必须全钞，阮通志[③]只钞肇府事。仍要全部查阅，恐有肇府事在各府卷内者，亦必勾勒发钞。

三、钞录案牍之事。依阮通志门目查阅府署及各县署案牍，发交钞写者每段钞为一叶。仍用红格纸写，其鱼尾下写据某署案卷钞录字样。钞毕，钉成书本，交回原阅之人，每叶上方用红笔标写门

---

① 见第205页注③。

② 木戳（chuō）：就是木头做的印章。

③ 阮通志：清代道光年间阮元编纂的《广东通志》。

目。用木戳尤便。俟将来拆开，增入底本各门内。

四、钞录群书之事。凡阮通志所采之书今已无存者，如郝通志、黄通志[1]之类。不必访求，但访求今日所有之书，聚于志局，请众人分阅。凡有肇府事，夹以纸签，写明自某行某某字起，钞至某行某某字止，以付钞写者，亦每段钞为一叶。亦用红格纸钞，其鱼尾之下写据某书第几卷钞录。钞毕，钉成书本，交回原阅之人，每叶上方标写门目。用木戳尤便。俟将来拆开，增入底本各门内。

五、钞录采访册之事。凡采访者有册交局，以一二人专管之，用红笔勾勒分段，付钞写者。每段钞为一叶。仍用红格纸钞，其鱼尾下写据采访册。钞毕，钉成书本，交回原阅之人，每叶上方标写门目。用木戳尤便。俟将来拆开，增入底本各门内。

六、采访之事，为修志之至要，必须堪胜纂修之人，然后堪胜采访。兹拟于举定纂修、采访人数时，齐集志局，将阮通志公同披阅，讲究十余日，公同开列应采访事物门类。其词宁俗毋雅，使见者能解。开列已定，刻板刷印，采访者各执一纸，亦以分散各处。

凡众人撰一书，每至各不相顾，牴牾、重复、遗漏诸病迭出，须众人心目如一人，乃能精善。故拟公同讲究十余日，欲使归于一也。

七、此时修志，最关紧要者，近日土客[2]一案，必须采访者

---

① 郝通志：清代雍正年间郝玉麟辑纂的《广东通志》。黄通志：明代嘉靖年间黄佐编纂的《广东通志》。

② 土客：指土著人与客家人之间的纠纷、摩擦及械斗。

秉公以记其事，分纂者斟酌以着于编，没其真不可也，增其怨尤不可也。

八、坐局收掌之事。凡采访册及各处书籍、碑版送局，设簿按日登记，仍于书面碑侧贴纸，标写某年某月某处送到，以便将来送还本处。

九、修志之体例，略仿阮通志。昔阮文达公修通志时，遍选各志书，以谢中丞启昆所修《广西通志》为最佳，故《广东通志》仿其体例。嗣后各府、县修志，多依阮通志体例。今修《肇庆府志》，亦宜依阮通志体例。其有应变通者，再议。

十、阮通志以训典①为首，然所载者已不尽系广东之事，颇为失于限断。嗣后各府、县志多相沿袭，尤非一府一县之事。考古之志书，如景定《建康志》、咸淳《临安志》之类，②皆无此一门。近时湖南《宝庆府志》则以诏谕与祭祀礼节名曰公典，置于卷首，不入卷数，亦委曲将就之法。今拟将肇府所有宸翰③恭录为第一卷，而凡诏谕不专系肇府者，皆不载。否则如《宝庆志》之法，不入卷数亦可。学宫祭丁礼节及从祀牌位，天下皆同，志书载之，最为无谓。《宝庆志》别之曰公典，最确矣。

---

① 训典：指朝廷颁布的诏谕等官方文书。

② 景定《建康志》：建康指南京。该志为南宋理宗景定年间编纂。咸淳《临安志》：临安指杭州。该志为南宋度宗咸淳年间编纂。

③ 宸翰（chén hàn）：原义为帝王的墨迹，后泛指诏谕等。

十一、阮通志前事一门，载至明末而止。但明裔僭号[①]之事，《肇府志》不可不载，当据《明史》及《御批通鉴辑览》而不采私家著述，则无可议矣。

十二、阮通志以物产入舆地之内，颇觉未善。肇庆物产以砚石为最，此甲于天下者，尤与他物不同。若以砚石入舆地内，实为不类，兹拟分物产为一门，砚石又为一门。

十三、阮通志有金石一门，通省之大，尚有古碑版可以著录，近日修县志者，亦为金石一门，乃至无可著录，殊为寒俭。应删去此一门，凡有碑刻，俱载于其本处，如诗文之例可矣。

十四、绘地图之事最难，南海现修县志，用邹征君[②]之法绘图，精确无匹。番禺亦欲仿而行之，但一县犹易，一府则难，当再缓商耳。

评析

金武祥在《粟香四笔》中评论说，陈澧所拟《肇庆府修志章程》十四条，“语虽浅近，皆切要之言。”（金武祥：《粟香四笔》卷六，光绪十七年刊本，第19页。）

所谓“切要”，指切合实际，无虚言废话，并且重点、要点醒目突出。例如，《肇庆府修志章程》中，“述旧”“增新”“删正”三节，简

---

① 明裔僭（jiàn）号：僭，超越本分。古代指地位在下的冒用在上的名义、礼仪和器物等。明朝灭亡后，明朝宗室在南方建立了多个流亡政权。如福王弘光政权、唐王隆武政权、鲁王政权、唐王绍武政权、桂王永历政权、韩王定武政权，总称南明。1646年，明两广总督丁魁楚、广西巡抚瞿式耜等拥戴桂王朱由榔于广东肇庆称帝，年号永历。

② 邹征君：指邹伯奇，见第80页注④。

明扼要，将修志的总体布局和进程，概括无遗，起到纲举目张的作用。又如体例问题，规定以仿效阮元编纂的《广东通志》为主，并略有变通，这样一来，既有法可依，又避免拘泥。此外，还对一些具体问题，分门别类，予以布置，附有解释说明，显得详略得当，不遗不漏，是一篇非常专业和优秀，具有切实指导性和操作性的修志纲领。因而《肇庆府修志章程》既可视为陈澧自己修志思想的完整体现，也可以在某种意义上说是清后期广东修志实践活动在理论和方法上的一次系统、深入的归纳和总结。

《肇庆府修志章程》全文始载于光绪十七年（1891）刊刻的金武祥《粟香四笔》之中。光绪二十六年（1900）广州新宁明善社刊《陈氏三种》、1934年南海黄任恒刻《信古阁小丛书》，均收此文。1971年陈澧曾孙陈之迈编录的《东塾续集》，也收录此文，但删去了原有夹注。2008年上海古籍出版社出版黄国声主编的《陈澧集》，也收入《肇庆府修志章程》，以《粟香四笔》所载为底本，加以标点，较为完善。

摹印述

题解

《摹印述》

陈澧曾自言："余自幼喜刻印。"（陈澧：《和张韶台谢孟蒲生刻印并简蒲生八首》之八诗注，载汪兆镛辑《陈东塾先生遗诗》，1931，第30页。）这与当时广东社会文化氛围关系密切。

广东著名女学者冼玉清说："吾粤鉴藏之风，嘉道后始盛。大抵游宦京沪者，受彼都风雅之影响，始事蓄聚。"（《广东之鉴藏家》，载广东省文史馆等编《冼玉清集》，广州：中山大学出版社，1996，第3页。）陈澧妻兄潘正炜，为广东著名鉴藏家，其"听帆楼"收藏书画、彝鼎、印章甚富，其中收有古铜印1700余方，皆得自其伯父潘有为之"看篆楼"。潘有为是清代广东鉴藏先驱。因此，受姻亲关系影响及当时广东鉴藏风气的熏陶，陈澧喜爱刻印便不足为奇了。他常与同道交游切磋技艺，其中与孟鸿光来往最多，受其影响也最大、最深。

孟鸿光，字蒲生，自号绿剑山人，道光举人，广东番禺人。幼聪敏，好小学及金石文字，能为篆隶书，尤善刻印。在孟鸿光的影响和指教下，陈澧刻印技术大为长进，"绿剑山人善妙词，即论摹印亦吾师。"（陈澧：《和张韶台谢孟蒲生刻印并简蒲生八首》，载汪兆镛辑《陈东塾先生遗诗》，1931，第29页。）可见陈澧是将孟鸿光视为己师的。现存陈澧书帖文稿中所钤印章，如"陈澧""陈澧之印”“兰甫”“陈氏兰浦”“在此山斋”“己卯年七十”等，多为自刻，皆精妙绝伦，为行家所叹赏。所谓“琢白填朱，并皆佳妙，真是置于汉印之林而无逊色。”（马国权：《广东印坛三百年》，载《艺林丛录》第四编，香港：商务印书馆香港分馆，1961，第263页。）

陈澧虽非篆刻专门名家，但对治印史上的流派渊源、风格异同、藏印掌故等有深刻的了解，有自己精辟独到的见解。著有《摹印述》《何昆玉印谱序》《双桂堂印谱序》及《论印五首》诗等。如《双桂堂印谱序》一文，专述大印，序文虽短，却言简意赅，要言不烦，一语中的。对此，张维屏评论说：“深于篆法，深于印法，又深于汉唐宋元明诸印之源流体制，乃能言之明白洞达如是。老渔识。”（陈澧著、陈之迈编《东塾续集》卷二，载《近代中国史料丛刊》第77辑，第48页。）他在摹印史上的造诣，于此可见一斑。

颛民近欲学刻印，余谓此秦书八体之一，谓之摹印[①]，古人小学之一端也。古摹印，既有师法，故文字精雅。为物虽小，而可与鼎彝碑版同珍。后人为之，不能及也，不讲小学，不能作篆书、隶书故也。因举古今人论印之语，撮其大略，并溯源于篆书之法，以告颛民。丁未[②]正月，兰甫书。

篆书之体有三：一曰古文仓颉始作之。周太史籀所作曰籀文，较古文笔画稍繁，亦可谓之古文。《说文》重文[③]所载及世传古钟鼎彝器铭字是

① 摹印：秦书八体之一，就小篆稍加变化。本用于玺印，后也用于一般印章。秦书八体是指秦代通行的八种书体：大篆、小篆、刻符、虫书、摹印、署书、殳书、隶书。

② 丁未：道光二十七年（1847）。

③ 重文：重复出现的异体字。

也。二曰篆文，秦丞相李斯作。亦谓之小篆，籀文谓之大篆，故秦篆谓之小篆。《说文》正体字是也。三曰缪篆，世所传古铜印字是也。汉延光残碑、张迁、韩仁碑额即缪篆体，汉晋铜器及瓦当文、砖文亦多作此体。

摹印以缪篆为字主，而缪篆仍当以小篆为根本。小篆之有《说文》，犹楷书之有《康熙字典》。《说文》所无之字作小篆不可用，犹《字典》所无之字作楷书不可用也。《说文》虽无，而小篆碑版有之则亦可用，如秦碑有诏字，汉少室石阙有佐字，汉碑额有铭字，皆《说文》所无。犹《字典》虽无，而楷书碑版有之亦可用也。小篆碑版之字不尽合《说文》，作篆者可仿之，如大徐本《说文》[①]卷末所载篆文笔迹相承小异诸字是也。犹楷书碑版之字不尽合《字典》，作楷者可仿之也。唯碑版字间有太怪太谬者不宜仿耳。怪者如碧落碑，谬者如李阳冰《城隍庙记》，以目字为日字之类。

缪篆之体方正缜密，其字较小篆有省有变，而苦无专书，惟于古印谱[②]求之，然字不能备也。世俗所行《六书通》不可依据，《汉印分韵》较胜。昔人言，“当仿汉隶字体而仍用篆书笔画”，此语盖得之矣。凡作印先检《说文》，识其字从某从某，然后酌其章法。如尽依《说文》觉其窒碍，宜有省变，则仿汉隶之体为之可也。省变非但指全字而言，偏旁皆可仿之。故欲知汉隶省变，当先识

① 大徐本《说文》：徐铉，字鼎臣，于宋太宗雍熙年间奉旨校定《说文解字》，世称大徐本。大徐本是《说文解字》最为通行的版本。其弟锴，字楚金，也精于小学，著《说文解字系传》，是为小徐本。两本文字的次第略有不同。

② 印谱：搜集历代玺印和名家篆刻精品编印成册，供人研究、鉴赏和临摹，如《集古印谱》等。

《说文》正体。

隶书较之篆书有省变太甚者，如水旁作三点是也。缪篆偏旁亦可作三点，然必须字字相称，否则仍当作水。举此一字，余可类推。

考汉隶当检《顾氏隶辨》宋人有《隶韵》《汉隶字原》二书，《隶韵》刻本失真，《汉隶字原》之字《隶辨》已尽收，而更收近代所出碑字，故最为全备。《隶辨》每一字载数体，大约以第一体为最正。其注论篆隶之流变亦可参究。

《说文》所无之字作小篆当假借[1]，至缪篆则不必尽拘《说文》，缪篆本非《说文》字体故也。如俗字，缪篆亦不可用。但欲知假借及字之雅俗，正不易耳。

作古文篆，当据《说文》所载及《博古图》[2]等书，取其字易识者用之，难识者勿用。

以上所论，乃字体也。既知字体，当讲求作字家法，此非多见古碑版，不能知也。

篆书碑版以石鼓[3]为最古，相传以为周鼓，盖籀文也。其字大小不等，方圆斜整不拘，然有疑为宇文周[4]时物者。唯秦碑实为小篆之祖，今传于世者有琅邪、泰山二碑残字，峄山碑亦有宋

---

① 假借：指借用、凭借、借助。

② 《博古图》：《宣和博古图》，旧题宋王黼撰。书成于宣和五年（1123）之后，著录当时皇室在宣和殿所藏的古代铜器。每器皆摹绘图形、款识等。

③ 石鼓：指石鼓文，我国现存最早的刻石文字。刻在十块鼓形的石上，所刻字体，为秦始皇统一文字前的大篆，即籀文。其制作时代，说法不一，但被公认为秦刻石。

④ 宇文周：北朝时期的周朝，皇室姓宇文，历史上也叫宇文周。

人刻本。峄山前段韵语字体皆方，后段诏书及琅琊、泰山残字二碑残字亦皆诏书。皆稍圆。至汉碑篆书则多方体，有颇近缪篆者。吴天发神谶碑[1]更方而有棱，峻厉极矣。唐李阳冰[2]书则纯用圆转之笔，宋僧梦英、郭忠恕皆阳冰嫡派。

梦英与郭忠恕论篆书有云“挠而无折”，又云“方上圆下”，二语最得阳冰家法。“方上圆下”，如“口”字是也。下圆是一笔挠转，上两角方则两笔所辏合也。凡阳冰书，方者是辏合处，非一笔所接折，故曰无折。

篆书笔画两头肥瘦均匀末不出锋者，名曰玉筋，篆书正宗也。其垂笔末渐肥大如汉尹宙碑额，或出锋如天发神谶，皆非小篆正派。

篆书笔画两头有圆者，有方者。其圆者，秦碑是也；方者，天发神谶是也。

篆书有不垂脚者，有垂脚甚长者，唯二李李斯、李阳冰最为适中。

楷书笔锋全露，隶书稍藏。篆书更藏，然锋虽藏而意仍在也，其有起有应，正与隶楷同，如艸字，两中形体虽同，而精神则左右相顾，即中字旁两笔亦然，并非两边如一有似印板也。非深于此道者不能知也。

作篆以雅正为尚，李阳冰《谦卦》奇形迭出，殊不足尚。至

---

① 吴天发神谶（chèn）碑：一名《吴天玺纪功碑》，三国吴刻石。用隶书笔法作方整的篆体，笔力雄强。

② 李阳冰：字少温，谯郡（今安徽亳州）人，唐代书法家。

梦英十八体[①]之恶劣，更不待言矣。

作印固当学篆书，且当学隶书，古印往往似汉隶。

古人名印，其文曰“姓某”，曰“姓某印”，曰“姓某之印”，曰“姓某私印”，曰“姓某印信”。二名则曰“姓某某”，曰“姓某某印”，其印字在姓下，回文读之也。[②]单名者不得回文读也。有称臣者，曰“臣某”，二名则曰“臣某某”，不加姓，亦无“之印”“私印”等字。今人作印，称臣又加姓与印字，非古法。

古人字印，曰“姓某某”，后人多不加姓。又有加“氏”字者，曰“某氏某某”。近有以姓、名、字合为一印者，有云“某某一字某某”者，皆非古法。

古多两面印，一面姓名，一面曰“臣某”，凡称臣者必两面印。或一面姓名，一面姓字。亦有一面姓名，一面作吉语，如“大年”“长年”“日利”“常富”“长乐”之类。

古无道号印。今人竞尚道号。如作印，则作朱文为宜，然白文亦无不可。

古姓名印无加地名者，后人有之，如“赵郡苏氏”“楚国米芾”是也。

---

① 梦英十八体：梦英，法号宣义，宋代衡州（今湖南衡阳）人。著有《十八体书》，为书法理论著作。余绍宋《书画书录解题》卷二：“十八体者，一古文，二通鸾篆，三形虫篆，四飞白，五薤叶篆，六璎珞篆，七大篆，八柳叶篆，九小篆，十芝英篆，十一龙爪篆，十二悬针篆，十三籀文，十四云书，十五填篆，十六剪刀篆，十七蝌蚪篆，十八垂露篆。大抵采唐玄度《十八体书》，更加附会，宜《宣和书谱》斥其不经也。”对此书评价显然不高。

② 回文：指回文印，文字回旋排列的印章。方式有多种，如在姓下加“印”字，作“姓印某某”。回文应读作“姓某某印”。

今人多以官衔作私印，然须用古官名，或今官名为古所有者。此与成语作印无异，否则似官印也。或有不古不今，凭空杜撰，贻笑识者矣。

屋匾作印，以唐人“端居室”三字白文印为最古。吾子行[①]云：“不若用朱文。”

昔人有收藏图书印，文曰“某某图书”，此印章所以讹俗称“图书”也。亦有曰“某某家藏”“某某珍玩”之类。

古人封书印，文曰“某某启事”，且有作韵语者，曰“姓某某印。宜身至前，迫事毋间。愿君自发，印信封完”。今人用“护封”等字，俚俗之甚。

诗句文句作印，古人所无。近人多尚之，亦颇有致。至有刻成篇诗文者，殊可笑。

昔人有自撰二语作印者，姜白石之“鹰扬周郊，凤仪虞廷”是也。隐寓“姜夔”二字。有以俗语作印者，吾子行之“好嬉子”是也，然不必效之。

既知作印之式，宜讲章法笔法。吾子行谓“印文当平方正直，纵有斜笔当取巧避过”，是也。然此所论乃其常格，古印亦有用斜笔圆笔者，总在章法相配得宜耳。

行又谓“印字有自然空缺，悬之最佳”，是也。又当知有一空处，必更有一二空处配之。

子行又谓“印字笔画多者占地多，少者占地少也”，但如四

---

① 吾子行：吾丘衍，一作吾衍，字子行，浙江钱塘（今杭州）人。元代金石学家，著有《三十五举》，此书是我国最早研究印学理论的著述。

字，大印则占地宜略相等，不可多少悬殊。

古印字画疏密肥瘦均匀者为多，其不均匀者，其斟酌尽善处也，不均匀乃其所以为均匀也。

篆书重文皆作二小画，此古法也。而俗工刻印，遇两字偏旁同者亦作二小画，谬甚。

昔人论印文，"不可臃肿，不可锯牙燕尾[①]"，又谓"古印字转折处及起处住处非方非圆，非不方不圆"，可谓形容尽致矣。总之，深于篆隶之学，多见古碑古器古印，则方圆皆得其妙。不须以臃肿锯牙燕尾之类貌为古拙，即或有之亦不足为病矣。

近人作篆，于十字相交处描之使圆。梁抚部《退庵随笔》[②]言，有于黑漆方几贴四圆纸，曰："此篆书田字也。"此虽谑语，深中其病。

白文不可太细，太细者必当有古劲朴野之趣。朱文不可太粗，明人朱文印有字极粗边极细者，俗格也。

古铜朱文印，其字方正而多逼边，边与字画粗细相等，或较字画稍细。

古朱文小印多阔边细画，其字往往破碎诡异不可识，然甚奇妙。

元明朱文印，字多与边连，其边之粗细略与字等。

---

① 锯牙燕尾：锯牙，像锯齿一般的锐牙。燕尾，像燕子的尾羽一样分叉。

② 梁抚部《退庵随笔》：梁章钜，字闳中，号退庵。福建长乐人，嘉庆进士，官历江苏巡抚、两江总督，著有《藤花吟馆诗钞》《退庵笔记》等。抚部：指巡抚。

古印多有半白文半朱文，或三白文一朱文，其章法一片浑成。骤观之，朱文亦似白文，其妙如此。

一印中兼有白文朱文，或白文有边，或中有界线，古人皆有法。若旁作龙虎，则虽古人所有，亦不必效，昔人尝论之矣。盖龙虎宜朴拙，工巧则俗矣。其无字之印，但作兽形及鱼鹭之类者亦然。

刻印，有作篆极工但依墨刻之不差毫发即佳者，有以刀法见长者，大约不露刀法者多浑厚精致，见刀法者多疏朴峭野。孟蒲生孝廉[①]云："古人刻碑，亦有此二种。"蒲生深于篆隶金石之学，其所论往往造微。

古印笔画断烂，由于剥落之故，不必效颦[②]，印边断缺亦然。

古铜印文今人遇古铜印辄曰汉印，其实不尽汉物也。古茂浑雅，章法则奇正相生，笔法则圆而厚，苍而润，有钗头屈玉鼎石垂金之妙，与古碑篆隶无异，令人玩味不尽。然好古印者少，好时样者多，甚矣识古之难！

古铜印或铸或刻，刻者往往不如铸者之精。铸法有二：一为拨蜡[③]，一为翻沙，盖拨蜡者尤精。

① 孟蒲生孝廉：孟鸿光，字蒲生，自号绿剑山人。道光举人，广东番禺人。好小学及金石文字，能为篆、隶书，尤善刻印。陈澧曾向其拜师学习篆刻。孝廉，明清对举人的称呼。

② 效颦（pín）：指不善模仿，弄巧成拙。

③ 拨蜡：制作金属印章的方法。一般先雕刻蜡模，外面用泥作范，熔金属注入泥范而成。

昔人谓唐时印皆九叠文[1]，其实不尽然，厉樊榭[2]尝辨之矣。九叠文甚俗，然实出于缪篆屈曲填满之法，但加甚耳。

赵松雪[3]始以小篆作朱文印，文衡山[4]父子效之，所谓圆朱文[5]也，虽非古法，然自是雅制。作印能作圆朱文，可谓能手矣。

古印似汉碑，圆朱文佳者则似李阳冰篆碑。

印自文氏之后遂为一家之派，汪尹子最佳，何雪渔、梁千秋[6]之为白文往往恶劣，浪得名耳。

程穆倩[7]以古文[8]作印，但取新奇，不必效也。或偶为之，亦当用玉筯篆[9]法书之。盖古文本当作尖笔，所谓蝌蚪文[10]也，以之作印则不相宜。

---

① 九叠文：又称九叠篆，用于印章的一种篆字别体。九叠篆非必九叠，有六叠、七叠、十叠不等。九叠，形容折叠之多。创自宋代，多用于官印。

② 见第186页注④。

③ 赵松雪：赵孟頫，字子昂，号松雪道人。浙江吴兴（今浙江湖州）人，元书画家。能诗文，兼工篆刻，以“圆朱文”著称。

④ 文衡山：文徵明，初名壁，字徵明，以字行。江苏长洲（今属苏州）人，明书画家，著有《甫田集》。

⑤ 圆朱文：也叫“元朱文”，是元代朱文印章的简称，后则成为一种印章篆刻之风格流派。而“元”后来变为“圆”，则是由于其文圆转妩媚，故曰“圆朱文”。

⑥ 汪尹子：汪关，字尹子，安徽歙县人，明代著名篆刻家。何雪渔：何震，字主臣，号雪渔，徽州婺源（今属江西）人，明代著名篆刻家。梁千秋：梁袠，字千秋，江苏扬州人，明代著名篆刻家。

⑦ 程穆倩（qiàn）：程邃，字穆倩，安徽歙县人，明末清初书画篆刻家。

⑧ 古文：此古文指上古的文字，泛指甲骨文、金文、籀文和战国时通行于六国的文字。

⑨ 玉筯篆：篆书的一种。“筯”，一作“箸”，即筷子。指秦李斯所创之小篆。

⑩ 蝌蚪文：也叫“蝌蚪书”“蝌蚪篆”，古文字体的一种。笔画多头大尾小，形如蝌蚪，故称。

浙派[1]今时盛行，其方折峻削似天发神谶及魏碑隶书。近人变本加厉，或近粗犷，或又纤仄，颇乖大雅。

前明及国初人以刻印名者甚多，周栎园有《印人传》[2]，观之可知诸家流派。

近时汪氏印谱[3]自汉以来至近代之印搜罗最富，吾粤则以潘氏《看篆楼印谱》[4]所收为最夥，皆古铜印也，程易畴撰序，考证甚精。见《通艺录》[5]。

古官印不过方寸，私印尤小。今人多用大印，然甚难工，字少则尤难也。宋元人官印甚大，多有佳者，可仿之。明人大印亦间有佳者，大约大印作朱文较易耳。

今人印有小如豆者，亦古所无。

古印皆正方，少长方者。至两小方印相连各刻一字者，后代乃有之。

圆印、椭圆印、壶庐印，但宜作朱文。古铜印有椭圆“军

① 浙派：著名的篆刻流派之一。清乾隆时丁敬开创，继起者有蒋仁、黄易、奚冈、陈豫钟、陈鸿寿、赵之琛、钱松等。他们宗秦、汉，兼取众长，讲究刀法，善用切刀，不主一体，各具特点，在艺术上有较高成就。凡属仿效以上诸人艺术风格的通称“浙派”。因丁敬等八人都是浙江杭州人，故也称“西泠八家”。

② 周栎（lì）园：周亮工，字元亮，号栎园，学者称栎园先生。河南祥符（今河南开封）人，明末清初文学家、篆刻家、收藏家。《印人传》：篆刻家传记，记录作者鉴藏的宋、明旧印，对明文鹏至清初篆刻家中的五十九人作了传记。

③ 江氏印谱：汪启淑，字慎仪，号秀峰，安徽歙县人，清代藏书家。酷嗜印章，纂辑有《集古印存》《飞鸿堂印谱》等。

④ 《看篆楼印谱》：潘有为，字卓臣，号毅堂。乾隆进士，广东番禺人，官至内阁中书。官京师时，广搜古铜印，得一千三百余方，拓为《看篆楼印谱》。

⑤ 《通艺录》：清代著名学者程易田著。

曲”二字白文，天然配合，不能有意为之也，且椭圆印即作朱文亦难工。孟蒲生云：“但宜阔边细画。”此外，如连环样已纤俗，琴样、鼎样、楸叶样之类尤俗之甚，不可用。复有因石形为之者亦不雅观。

两面印甚古，其后有四面印，且有六面印，五面刻字，一面作钮，其钮上平，亦刻字。

古有子母印，空其中而藏一小印也。

古印皆用铜，王元章①始用花乳石。今私印皆刻石，铸铜者少矣。孟蒲生云：“今人钤印用油朱，与铜性不相宜。”

晶玉印难刻，若令工人凿碾，多不如人意，不如用石，固不必贵玉而贱珉②耳。

古铜印之体皆扁，即两面印亦扁。或兽纽，兽头或正，或左顾，无右顾者。或龟纽、或瓦纽、鼻纽、其贯纽必横。今人石印多高如石柱，雕刻人物山水，尤近俗矣。

石印刻款字于旁亦有致，然其语与字皆宜雅，否则不如不刻。

古人封书以泥，以印印之。其后用水和朱，又其后乃用油。今有仍谓油朱为印泥者，取其语近古耳。

古人书画署名不必皆钤印，即钤之亦只一印。今人辄钤两

① 王元章：王冕，字元章，浙江诸暨人，元末画家、诗人。

② 珉（mín）：像玉的石头。

印，至卷端及下角与接纸处皆可钤印，盖自宋元以来已如此。昔尝有讥人用引首印[①]者，此泥古之论也。

评析

陈澧的《摹印述》，初看杂乱零散，难以得其要领。其实它的主体内容清晰可循，结构布局井然有序。他在《摹印述》文中，说“以上所论，乃字体也。既知字体，当讲求作字家法”，又说“既知作印之式，宜讲章法笔法。”这是值得注意的关键之语，也是全文分段、转折之处。据此，《摹印述》的内容结构大体可分为：摹印字体、作字家法、作印之式、章法笔法，及杂论诸部分。下面稍做分析，得其要点。

印宗秦汉、师法古人，一直是篆刻审美思想的主流，也是篆刻艺术创作的不二法门，这一点陈澧也不例外，他说：“摹印以缪篆为字主，而缪篆仍当以小篆为根本。”但陈澧也不是完全拘泥于此，例如，他说，《说文解字》所无之字，“而小篆碑版有之则亦可用”。这就是他灵活的一面。

作字家法：主要涉及篆书不同时期的书法风格及演变过程。陈澧认为，《石鼓文》篆法最古，方圆斜整不拘；然后是秦小篆，方圆兼有；汉篆最大特点是方体居多；而唐李阳冰则是以圆笔为主，宋僧梦英、郭忠恕皆阳冰嫡派。这种方圆变化，就是评价篆书古法的关键。

作印之式：包括姓名印、字号印、道号印、加地名姓名印、加官衔私印、成语作印、屋匾作印、收藏图书印、封书印、诗句文句作印、自撰二

---

① 引首印：书画印章分为名章、闲章二类。名章泛指作者姓名、字号等。闲章又分为三类：引首章、拦腰章、压角章。引首章即引首印，起开头、补白、说明作用，包括年号、祖籍、吉祥语等。

语作印、俗语作印等。

章法笔法：指印章的体势布局，含印文平方正直、斜笔圆笔、自然空缺、字画疏密肥瘦、篆书重文的处理等。陈澧指出："总在章法相配得宜耳。""总之，深于篆隶之学，多见古碑古器古印，则方圆皆得其妙。"

杂论：涉及诸家流派、印谱、官印、私印、大印、小印、方印、圆印、椭圆印、壶庐印、两面印、四面印、六面印、子母印、铜印、石印、印纽、印泥、钤印方式等。

由于陈澧学殖深厚，精通金石文字之学，师法汉人而不为所囿。故所著《摹印述》被长沙叶德辉大为赞叹，其弟子记曰："吾师每称陈东塾集中《摹印述》一篇为甘苦有得之语，以为在元吾邱衍《学古编》、近人桂馥《续三十五举》之上，明赵宧光《篆学指南》、孙光祖《篆印发微》犹隔藩篱也。"（崔建英整理《郎园学行记》，载中国社会科学院近代史研究所近代史资料编辑组编《近代史资料》总57号，北京：中国社会科学出版社，1985，第122-123页。）这说明叶德辉对陈澧的推崇可谓无以复加。

今人段成贵也指出："《摹印述》作为晚清印学理论专著，不仅代表了当时岭南地区印学研究的理论高度，同时也反映了篆刻审美的方向，对于了解岭南印风、印人、印论具有极大的参考价值。"（段成贵：《陈澧〈摹印述〉研究》，《中国书法》2018年第20期，第132页。）

《摹印述》成书于道光二十七年（1847），为启导弟子而作。有光绪间《广雅丛书》刊本、1911年上海神州国光社《美术丛书》排印本、1921年西泠印社《遯盦印学丛书》木活字排印本等。2008年黄国声主编的《陈澧集》也收入此文，乃据《广雅丛书》本标点，是为最新校勘本。

引书法

题解

撰写书籍、文章，尤其是研究性质的专著、论文等，往往免不了要引用前人成果。而引用前人成果要讲究方式、方法，因此，《引书法》实际上就是论述有关“引书规范”的问题。陈澧认为这是做学问的基础和前提，是基本功。

《引书法》全文较短，一共十条，主要精神包括：尊重前人学术成果，杜绝抄袭剽窃；引书贵精不贵多，不引浅陋之书；引书时要注意时代先后，不应随意错乱；所引重要的书名、作者须详细著录，否则仅举其名而已；若所引之书太长，可概括大意，不必直录全文；转引必须注明出处；文中加按语时应区别引文与自己之说，不要混淆；辩驳前人必须斟酌语气，不可诋毁谩骂等。其中，杜绝抄袭剽窃和辩驳前人要注意方式、方法这二条，是《引书法》的关键。

说经之文与时文[①]不同者，时文不能引书，说经之文则必须引书。引书有引书之法，得其法则文辞雅驯，不愧为读书人手笔，且将来学问成就著述之事亦基于此矣。其法本不难知，今为初学者详述之。

一、前人之书当明引不当暗袭，《曲礼》[②]所谓“必则古

---

① 同第112页注②。

② 《曲礼》：《礼记》篇名，杂记各种贵族礼制，以丧礼居多。

昔”[①]，又所谓“毋剿说”[②]也。明引而不暗袭，则足见其心术之笃实，又足征其见闻之渊博；若暗袭以为己有，则不足见其渊博，且有伤于笃实之道矣。明引则有两善，暗袭则两善皆失之也。

二、引书须识雅俗，须识时代先后。书之雅者当引，俗者不可引也；时代古者当先引，时代后者当后引，又或不必引也，在精不在多也。若引浅陋之书，则不足以登大雅之堂矣。

三、书之显赫者但当举其书名，亦有当兼举其人之姓氏者，其次则当兼举其字或号或官或谥[③]；若其人其书皆不显赫，则举其名，此当斟酌于其间也。文字之内说古人亦当斟酌，如韩、苏岂可直呼为韩愈、苏轼？此最显而易知者也惟应制[④]文字则当称其名。

四、所引之书卷帙少而人皆熟习者，但引其文可矣。否则当并引篇名，或注明卷数，以征核实。

五、引书数条，固当以时代先后为次第，然亦不可尽拘。有以此一说为主以彼一说佐之者，有以此一说牵连彼一说而出之者，此当审其文义以定其次第也。

六、所引之书其说甚长者，当择其要语，或不必直录其文而

---

① 必则古昔：则，法则，效法之义。昔，久远之事。“必则古昔”，关键是“言必要依据”。

② 毋剿（chāo）说：谓不取人之说以为己说。

③ 谥：君主时代帝王、贵族、大臣等死后，依其生前事迹所给予的称号。例如，诸葛亮谥“忠武”，岳飞谥“武穆”。

④ 应制：应皇帝之命写作诗文。

但浑括其意，如孔疏[①]引郑注[②]有云“郑以为”者，此亦引书之一法。

七、引书必见本书而引之，若未见本书而从他书转引则恐有错误，且贻诮[③]于稗贩[④]矣。或其书难得不能不从他书转引，宜加自注云“未见此书，此从某书转引”，亦笃实之道也。若其书已亡，自当从他书转引，然亦必须注明所出之书也。

八、引书之后继以自己之语，宜加案字，或“据此”云云。如引书多，不能每条如此，亦须斟酌文气，使自己之语与所引之说不相混淆。

九、引前人之说而加以称赞必须斟酌，如郑君、朱子之经注，许氏[⑤]之《说文》，马、班之《史》《书》，何待称赞？若必须称赞，则其语须简而实，如以浮辞称赞则愚矣。

十、前人之说有当辨驳者，必须斟酌语气，如郑君、朱子之书亦岂能无误？但当辨析，不可诋諆，即辨析亦须存尊敬之意。如郑注《周礼》，不从先郑之说者但曰“玄谓”云云，此当奉以为法者也。若其人不必尊敬，其说又乖谬足以误人，则当正言斥驳，仍不可加以谩骂，致有粗暴之病。至其人其书皆无足轻重，则更不必辨驳矣。

---

① 孔疏：指唐代孔颖达《五经正义》，融和南北朝经学家的见解，唐代用其作为科举取十的标准。疏：指阐释经书及其旧注的文字。

② 郑注：郑指郑玄。注：给书中或文中的字句做解释。古代有传、注、故、训、笺、疏、章句、解诂等名称，后通称为“注”。

③ 贻诮（yí qiào）：见笑。被人耻笑。

④ 稗贩（bài fàn）：小贩，买贱卖贵以取利的人，引申为地位低下之人。

⑤ 许氏：指许慎。

评析

陈澧是一位严谨不苟的学者，著述文章以博学笃实、功底深厚著称，获得学术界一致好评。他所撰著的《引书法》一文，出于各种原因，流传不广。但时隔一百多年后的今天，仍被学者们关注，特地加以宣扬，推崇不遗余力。这种情况比较少见，对陈澧来说，是一项殊荣。

河南师范大学教授吕友仁在《向学术界推荐一个引书规范》一文中写道："学术界的剽窃之风，愈演愈烈……此情此景，令人扼腕。长此以往，不知伊于胡底？学术兴亡，匹夫有责。有鉴于此，谨向学术界推荐一个引书规范。"

吕友仁推荐的正是陈澧的《引书法》，认为它"可以说条条都非常对症，都很有现实教育意义。"吕友仁对《引书法》评价很高，肯定它"在中国学术规范史上应占有一席之地。"并且还认为，"笔者忝列高校教师，且不自揣，愿意借此机会向全国的高校教师发出倡议：陈澧既然能够将此'引书法'示给他的学生，我们何不也把它示给我们的大学生、研究生呢，以期形成良好的引书规范。"最后他还说："被我们最近几年吵翻了天的学术规范，不是我们原来没有，而是有；不但有，而且早就有。似乎也用不着'引进'。"（杨玉圣、张保生主编《学术规范读本》，开封：河南大学出版社，2004，第414-416页。）

此外，西北师范大学姚军博士也撰有《从〈引书法示端溪书院诸生〉谈引文规范》一文。认为《引书法》"是对清代学者引书实践的科学总结，也是着眼于从实实在在的学术规范去教育学生的一个典型实例。陈澧留下的法宝，既让我们感知了前贤的正气，也让我们醒悟，当今时代也有着共同的期待，那就是提倡科学精神，遵守学术规范。"（姚军：《从〈引书法示端溪书院诸生〉谈引文规范》，《沈阳大学学报》2008年第4期，第59页。）

以上二位学者的论述，足以证明一百多年前陈澧提出的《引书法》仍未过时。他所倡导的严谨笃实的科学精神，他所提出的应共同遵守的学术规范，至今仍有积极的指导意义。

《引书法》原附于《字体辨误》后。光绪二十六年（1900）广州新宁明善社刊刻《陈氏三种》，其中之一即《引书法》。另有清末广州意林斋刊本，书坊误题书名作《象形字误》。1985年陕西人民出版社出版张舜徽选编的《文献学论著辑要》，也选有此文，但不知何故题目被改为《引书法示端溪书院诸生》，附有“东塾未刊遗文”字样。2008年黄国声主编的《陈澧集》，也收入此文，以意林斋为底本点校，是为最新校本。

附录

陈澧编年事略

嘉庆十五年（1810）　一岁

二月十九日（公历3月23日）生于广州城南木排头旧宅。生母王氏。

嘉庆二十一年（1816）　七岁

入塾读书，启蒙师为徐达夫，授读《论语》《唐诗》。以后尉继莲、郑光宗、胡徵麟等先后任教，授读《大学》《中庸》《孟子》《诗》《易》《书》等，并初学作诗及时文。

嘉庆二十四年（1819）　十岁

父亲陈大经病逝。

道光三年（1823）　十四岁

冬，出考县试。

道光四年（1824）　十五岁

府试第八名。赴学院试，因墨污卷不取。十一月，伯兄陈清辞世。

道光六年（1826）　十七岁

七月，为督学翁心存考取为县附学生员。

道光七年（1827）　十八岁

科试第一名，同时诸名士皆出其下。补增生，旋补廪生。

翁心存命入粤秀书院就读，与杨荣绪、卢同伯、桂文燿为友，极受院长陈钟麟赏誉，时有“杨陈卢桂”之目，号“粤秀四俊”。

道光十一年（1831）　二十二岁

就读粤秀书院。乡试不中，九月，督学徐士芬选为优行贡生。

道光十二年（1832）　二十三岁

九月，中乡试第十八名举人。冬，北上会试，与梁国珍、庞文纲同行。

道光十三年（1833）　二十四岁

会试不第。南归，与梁国珍同行。九月，娶原配潘宜人，为潘有度之女。

道光十四年（1834）　二十五岁

始著《汉地理图》。治《谷梁春秋》。举为学海堂首届专课肄业生。冬，北上会试，与谢念功同行。

道光十五年（1835）　二十六岁

会试失败。寓居京师，准备参加明年宣宗太后六旬万寿恩科考试。

道光十六年（1836）　二十七岁

会试落榜。惠郡王请馆于其府，辞谢。与侯康、侯度同行南归。嫡母刘宜人病逝。

道光十七年（1837）　二十八岁

馆于张维屏家，教其子张祥晋读书。秋九月，张祥晋乡试中举，遂解馆。始著《切韵考》。

道光十八年（1838）　二十九岁

设馆于功德林禅院，虞必芳等10余人从受业。著《切韵考》，始著《说文声统》。

道光二十年（1840） 三十一岁

鸦片战争爆发。著《说文声统》成。十月，被补为学海堂学长。冬，北上会试，与姚国成、段景华同行。

道光二十一年（1841） 三十二岁

北上途中，谒阮元于扬州。会试下第，南归。

道光二十二年（1842） 三十三岁

撰成《切韵考》。

道光二十三年（1843） 三十四岁

参加越台词社。四月，撰《唐宋歌词新谱序》。冬，北上会试，与李能定、章凤翔同行。

道光二十四年（1844） 三十五岁

会试不第，大挑二等。五月，南归过扬州，谒阮元，请书“忆江南馆”匾。

道光二十五年（1845） 三十六岁

初识邹伯奇，与订交。

道光二十八年（1848） 三十九岁

《汉书地理志水道图说》初成，撰写序文。

道光二十九年（1849） 四十岁

正月，选授河源县学训导。十一月，北上会试，与张瑞墀、冯焌光同行。

道光三十年（1850） 四十一岁

在京与柳兴恩、莫友芝相识，遂定交。会试不第，南归。十一月二十日，到河源县训导任。

咸丰元年（1851） 四十二岁

二月，辞河源县学训导职，告病而归。著《初学编·音学》。冬，北上会试。

咸丰二年（1852） 四十三岁

会试不第，独行南归，从此绝意科举，专心著述。途中过山东曲阜，谒孔林。便道访问高邮知州魏源。

咸丰三年（1853） 四十四岁

著《汉书地理志水道图说》成。

咸丰四年（1854） 四十五岁

二月，馆于南海县署，授知县胡湘子读书。三月，胡湘卒，乃解馆归。六月，各路天地会红巾军围攻广州，携全家避难萝冈洞。八月，自萝冈洞回归城中。

咸丰六年（1856） 四十七岁

拣选知县到班，不愿出仕，请京官得国子监学录衔。

咸丰七年（1857） 四十八岁

八月，撰成《声律通考》。九月，英法联军炮轰省城。十月，携家避祸，住内城豪贤街梁国琦家。十一月，英法联军攻陷省城，携家避居南海县横沙村。

咸丰八年（1858） 四十九岁

仍寓横沙村。《汉儒通义》刻成。始著《学思录》。

咸丰九年（1859） 五十岁

八月，从横沙村迁回广州城南木排头旧居。

咸丰十年（1860）　五十一岁

三月，任东莞龙溪书院主讲。闰三月，游罗浮山。同月，受两广总督劳崇光聘，回省城，总校补刊《皇清经解》。九月，编纂《朱子语类日钞》刻成。

咸丰十一年（1861）　五十二岁

九月十八日，英法联军从广州撤出，结束了长达三年多的殖民统治。

同治元年（1862）　五十三岁

补刊《皇清经解》完工。管义仓，买仓谷。

同治二年（1863）　五十四岁

学海堂重修落成，撰《重修学海堂碑记》。

同治三年（1864）　五十五岁

二月，重刻阮元主修之《广东通志》完成。三月，聘为广东舆图局总校。

同治五年（1866）　五十七岁

正月，学海堂专课肄业生恢复招生，与学长金锡龄、陈璞、邹伯奇四人专司指导课程。

同治六年（1867）　五十八岁

辞广东舆图局事。秋，任菊坡精舍院长。

同治七年（1868）　五十九岁

三月，任广东书局总校，刻《四库全书总目提要》。

同治十年（1871）　六十二岁

正月，大病几殆。秋，选编张维屏《听松庐诗略》刻成。将《学思录》改名为《东塾读书记》。

同治十一年（1872）　六十三岁

三月，广东书局重刻《十三经注疏》完成。

同治十二年（1873）　六十四岁

聘为《香山县志》总纂。六月，编定邹伯奇所著《邹征君遗书》，集资刻之。十月，广东书局《通志堂经解》、《古经解汇函》附《小学汇函》刻成。

光绪元年（1875）　六十六岁

学海堂重刻《续通典》《皇朝通典》成。此年听从友人劝告，修改刻成《东塾读书记》一、二卷。从此修改刊刻《东塾读书记》便成为晚年主要任务。

光绪三年（1877）　六十八岁

著名学者沈曾植游粤，因与之交，讲学甚契。梁鼎芬从受业。

光绪四年（1878）　六十九岁

冯焌光卒，为撰墓碑铭。

光绪五年（1879）　七十岁

《香山县志》纂修完成。张之洞自京师寄赠楹帖贺寿，联云："棲迟养老，天下服德。锐精覃思，学者所宗。"《切韵考外编》刻成。

光绪六年（1880）　七十一岁

四月，原配潘宜人病卒。《东塾读书记》刻成九卷。

光绪七年（1881）　七十二岁

七月初三日，奉旨加恩赏给五品卿衔。

光绪八年（1882） 七十三岁

正月，病情加剧。临终前，对儿子与门人说：“吾所著《读书记》，已成十余卷，其未成者，俟儿子与门人编录，名曰《东塾杂俎》，此书当可传也。”并亲以遗书交付门人陈树镛编录。二十二日逝世。

延伸阅读推荐书目

1. 《陈东塾先生年谱》，汪宗衍编，载沈云龙主编《近代中国史料丛刊》第77辑，台湾文海出版社，1966—1973年版。

2. 《学海堂考》，容肇祖著，《岭南学报》第3卷第4期，1934年。

3. 《清代学术概论》，梁启超著，上海古籍出版社，2000年版。

4. 《中国近三百年学术史》，梁启超著，天津古籍出版社，2003年版。

5. 《中国近三百年学术史》，钱穆著，商务印书馆，1997年版。

6. 《清代扬州学记》，张舜徽著，广陵书社，2004年版。

7. 《岭南文学史》，陈永正主编，广东高等教育出版社，1993年版。

8. 《复堂日记类抄》，［清］谭献撰，载李德龙、俞冰主编《历代日记丛钞》第63册，学苑出版社，2006年版。

9. 《郎园学行记》，崔建英整理，载中国社会科学院近代史研究所近代史资料编辑组编《近代史资料》57号，中国社会科学出版社，1985年版。

10. 《清代朴学大师列传》，支伟成著，岳麓书社，1986年版。

11. 《文廷式集》，汪叔子编，中华书局，1993年版。

12. 《张之洞全集》，苑书义等主编，河北人民出版社，1998年版。

13. 《清稗类钞》，徐珂编撰，中华书局，1986年版。

14. 《越缦堂读书记》，［清］李慈铭撰，上海书店出版社，2000年版。

15. 《艺风堂友朋书札》，顾廷龙校阅，上海古籍出版社，1980年版。

16. 《苌楚斋随笔　续笔　三笔　四笔　五笔》，刘声木著，中华书局，1998年版。

17. 《世载堂杂忆》，刘禺生著，中华书局，1997年版。

18. 《辛亥以来藏书纪事诗》，伦明著、雷梦水校补，上海古籍出版社，1990年版。

19. 《艺风老人日记》，缪荃孙著，北京大学出版社，1986年版。

20. 《明清笔记谈丛》，谢国桢著，中华书局，1960年版。

21. 《郎潜纪闻初笔　二笔　三笔》，陈康祺著，中华书局，1997年版。

22. 《校礼堂文集》，凌廷堪著，中华书局，1998年版。

23. 《郎园先生全书》，叶启倬辑，中国古书刊印社，1935年版。

24. 《胡适文存》，胡适著，《民国丛书》第一编，上海书店，1928年版。

25. 《九十年代日记》，王元化著，浙江人民出版社，2001年版。

26. 《陈澧集》，［清］陈澧著、黄国声主编，上海古籍出版社，2008年版。

27. 《续编清代稿钞本》，桑兵主编，广东人民出版社，2009年版。

28. 《陈澧思想研究》，王惠荣著，中国社会科学出版社，2008年版。

29. 《清代岭南大儒陈澧》，李绪柏著，广东人民出版社，2009年版。

30. 《乾嘉学派研究》，陈祖武、朱彤窗著，河北人民出版社，2005年版。

后记

广州大典研究中心与广州出版社共同策划出版《广州大典》普及书系，这是一件功德无量的大好事。作为一名历史工作者，大力支持可说是责无旁贷。十分有趣的是，我所负责编纂的《晚清“新学风”的倡导者——陈澧作品选读》一书的主人公陈澧，就是一位学术普及的热心提倡者，也是一位身体力行的先行者或先驱。

学术普及，又可称为学术通俗化、学术启蒙，三者名称虽然不同，但其实质则一，陈澧自己习惯称之为“以浅持博”。陈澧曾说：“故精深浩博之书，反不如启蒙之书之为功较大，而独恨百年以来，未有著此等书者也。”[①]这里陈澧已十分明确地提出了编纂“启蒙之书”的意愿，旗帜鲜明，毫不含糊。

学术启蒙、通俗化是陈澧一贯重视、强调、坚持的学术思想。之所以重视学术启蒙，源于他对当时学术尤其是朴学衰歇整个大环境的忧虑和反省，同时也与他意欲发愤重新振作学术、促进学术繁荣有密切的关系。

咸丰年间，陈澧曾主动发起、邀请几位志同道合者，包括师友门生，计划编写一套专门针对初学者的入门书籍——《初学编》。他给友人的信中写道：“本朝儒学奥博，而无以浅持博之书，初学之士难得其门而入，故其道易衰。因欲取礼、乐、书、数、天文、地理之类，以其浅者粗辟门径，启导初学。”[②]这是一个比较系统的写作计

① 陈澧著、陈之迈编《东塾续集》卷四《与徐子远书二十一首》，载沈云龙主编《近代中国史料丛刊》第77辑，台湾文海出版社，1966-1973年，第179页。

② 陈澧：《东塾集》卷四《复王倬甫书》，光绪十八年刻本，第15页。

划，涉及的范围比较广泛，内容包括礼制、音乐、书法、数学、天文、地理几个学科门类，可以说是一套内容涵盖儒家基本学科领域的丛书。

但《初学编》的编纂计划，出于各种原因进展并不顺利，故迟迟未能付诸实行。

虽然《初学编》的整个编纂计划最后未能如愿实现，但陈澧自己却完成了其中的一部分，这就是《音学》一书。由于陈澧深邃于小学，精通音韵，著有《说文声统》《切韵考》等专著，下过苦功，故他编撰启蒙读物《音学》一书，正是驾轻就熟、举重若轻。符合他自己所说的“且启蒙之书，又非老师宿儒不能为”[①]，即应由学有专长、功力深厚的专家学者亲自来编撰启蒙读物。陈澧正是渊博精深的音韵学专家，他所编撰的《初学编·音学》这本通俗启蒙读物，质量自然有保障，属上乘之作。《初学编·音学》曾经刻版，后刻版遗失，金武祥《粟香四笔》载有全文。

多年前我曾申请广东省社会科学基金项目，完成《陈澧评传》，这应属于“精深浩博之书”的范畴。以后应《广东历史文化名人丛书》和《岭南文化知识书系·南粤先贤》编委会之邀，先后撰写《清代广东大儒：陈澧》及《陈澧》两本小册子，再加上现在的《广州大典》普及书系《晚清“新学风”的倡导者——陈澧作品选读》，这些都是名副其实、不折不扣的“启蒙之书”了。应该说在学术普及和学术通俗化方面，自己也尽了一份力量，做了一些有益的工作，值得欣慰。

李绪柏

2020年6月24日

① 见第325页注①。